DER WESTERN-FILM

von THOMAS JEIER

Originalausgabe

WILHELM HEYNE VERLAG
MÜNCHEN

HEYNE FILMBIBLIOTHEK
Nr. 32/102

Herausgeber: Bernhard Matt

Für John Wayne und Gary Cooper,
für Howard Hawks und John Ford,
und nicht zuletzt für Joe Hembus –
sie reiten in einem anderen Tal,
wo ihre Schatten niemals kürzer werden

Redaktion: Cornelia Zumkeller

Umschlagfoto: Stiftung Deutsche Kinemathek, Berlin
Rückseitenfoto: Archiv Dr. Karkosch, Gilching
Innenfotos: Archiv Lothar Just, München; Stiftung Deutsche Kinemathek,
Berlin; Archiv Dr. Karkosch, Gilching
Umschlaggestaltung: Atelier Ingrid Schütz, München
Printed in Germany 1987
Satz: Fotosatz Völkl, Germering
Druck und Verarbeitung: Ebner Ulm

ISBN 3-453-86104-3

Inhalt

The Duke

Vorwort

Der Stoff, aus dem die Träume sind, war schon Legende, als die Helden noch lebten. William F. Cody wurde zu Buffalo Bill, weil Ned Buntline, ein findiger Vielschreiber, auf die Idee kam, den Wilden Westen zu vermarkten und weil er selber gern den Helden spielte. Der im wirklichen Leben eher durchschnittliche Büffelschlächter und Scout scharte die abgetakelte Western-Prominenz um sich, verpflichtete sogar den alten Sitting Bull und reiste mit seinem Wanderzirkus bis nach Europa. Die Westernhelden erklärten sich selbst zur Legende, und es überrascht heute nicht mehr, daß sie auch die Helden der ersten Westernfilme waren.

Der erste Film war ein Western, heißt es oft. Das stimmt nicht ganz, aber es klingt so schön, daß es wahr sein sollte. »Wenn die Legende zur Wirklichkeit wird, drucken wir die Legende«, sagt der Zeitungsverleger in *The Man Who Shot Liberty Valance,* der vielleicht wichtigste Satz in einem Western und die Geschichte des Westernfilms in einem Satz. Der Western war ganz selten ein Abbild der Wirklichkeit und entfernte sich gerade in den wirklich schönen Filmen meilenweit von den tatsächlichen Ereignissen. Die Produzenten und Regisseure reagierten eher auf politische und kulturelle Strömungen in den USA – der Western als Abbild einer Kultur und Gesellschaft.

Niemand hat jemals alle bisher erschienenen Westernfilme gezählt. Es sind Tausende und Abertausende. Niemand hat alle gesehen. Aber ein Westernfan wie ich, der sich auch beruflich mit diesem Genre beschäftigt, hat sich natürlich die wichtigsten Western angeschaut. Als Kind war ich fast jeden Samstag und Sonntag in der Jugendvorstellung, und jeder zweite Film war ein Western. Randolph Scott und Joel McCrea wurden zu guten Freunden. Als Jugendlicher und Erwachsener war ich in den Abendvorstellungen, da ritten Kirk Douglas, Burt Lancaster und natürlich John Wayne über die Leinwand – und die Anti-Helden der Italo-Western.

Für dieses Buch schaute ich mir die wichtigsten Filme noch einmal an, in kleinen Programmkinos, bei den Produktions- und Verleihfirmen und natürlich auch auf Video. Ich interviewte Produzenten, Schauspieler, Autoren und andere Kenner des Genres und wälzte die Bibliotheken in Los Angeles und New York.

Besonders zu danken habe ich diesen Firmen und Bibliotheken, aber auch Larry Edmunds' Cinema Bookshop, Louis L'Amour, Will Henry, Thomas Thompson, Doug Netter und Loren D. Estleman. Und natürlich meiner Frau fürs Tippen und den vielen Helfern hinter den Kulissen.

Thomas Jeier

1. KAPITEL

Cowboys und Indianer

1903–1920

> »Ich glaube nicht, daß der liebe Gott viel
> von mir hält, Ma'am.
> Aber wenn ich Sie anschaue, fühle ich, daß
> ich auf dem falschen Trail reite.«
>
> Untertitel aus *Hell's Hinges*

Die Geburt des Western fiel mit der Geburt der Filmindustrie zusammen. *The Great Train Robbery,* knappe neun Minuten lang und 1903 in New York uraufgeführt, war zwar nicht der erste Film, auch nicht der erste Film, der eine Geschichte erzählt, wie es uns viele Bücher glauben machen wollen, der zweihundertfünfzig Meter lange Streifen war nicht mal der erste Western, aber er setzte Maßstäbe, nach denen auch in den fünfziger Jahren noch Western gedreht wurden. Er hatte so großen Erfolg, daß die Industrie das neue Medium Film vereinnahmte und mit dem neuen Jahrhundert auch eine vollkommen neue Ära einleitete.

Laufen konnten die Bilder bereits im neunzehnten Jahrhundert. 1893 ließ der Erfinder Thomas Edison das erste Kinetoskop aufstellen, und schon ein Jahr später strömten die Menschen in sogenannte *penny arcades,* um in den Guckkästen rasante Action-Sequenzen zu bestaunen. Auf Zelluloid wurde alles gebannt, was sich bewegte, und da der Wilde Westen noch lange nicht tot war und Zirkusunternehmen wie *Buffalo Bill's Wild West Show* große Erfolge feierten, lag es natürlich nahe, auch Westernszenen aufzunehmen. *Sioux Indian Ghost Dance, Indian War Council, Cripple Creek Bar-Room* und *Bucking Bronco* sind nur einige der Titel, die damals in großen Buchstaben auf den Plakaten in den *penny arcades* standen. Kaum einer dieser »Filme« war länger als eine Minute, aber es zeigte sich schon jetzt, daß die Menschen große Freude an bewegten Bildern hatten und die aktionsreichen Westernszenen am meisten bewunderten.

Die Erfindung der Projektion verlagerte das Geschehen in Lichtspieltheater. Als einer der ersten erkannte Edwin S. Porter den Wert dieser Erfindung. Er drehte *The Life of an American Fireman* und hatte mit diesem zehn Minuten langen Streifen so großen Erfolg, daß er sich gleich an das nächste Projekt wagte. Nach einem Stück von Scott Marble entstand *The Great Train Robbery,* die neun Minuten lange Geschichte eines Zugüberfalls im Wilden Westen. Gedreht wurde allerdings im amerikanischen Osten, an den Schienen der Delaware & Lackawanna Railroad in New Jersey, für die Porter bereits einen kleinen Werbestreifen gedreht hatte. Nur zwei Tage benötigte der Regisseur, um die dramatische Geschichte auf Zelluloid zu bannen.

The Great Train Robbery gilt noch heute als kleines Meisterwerk und enthält bereits viele Elemente, die für heutige Action-Regisseure selbstverständlich sind, damals aber noch gar nicht bekannt waren. Edwin S. Porter drehte als erster an unterschiedlichen Schauplätzen. Durch geschickte Schnitte brachte er Spannung und Tempo in den Film, dem erstmals angewandten *jump cutting* verdankte es der Lokführer, daß nicht er, sondern eine leblose Puppe aus dem Zug stürzte. Rasante Verfolgungsjagden, zum erstenmal in dieser Perfektion gefilmt, wechselten mit ruhigen Szenen und *close-ups* ab, die einen *stuntman* zum Schauspieler machten – auch das war ein Novum in der kurzen Geschichte der bewegten Bilder. Zum erstenmal wurde keine Szene, sondern eine ganze Geschichte auf die Leinwand gebracht, und man kann sich vorstellen, mit welcher Nervosität Edwin S. Porter der Premiere seines kurzen Films entgegengesehen haben muß. Seine Nervosität war unbegründet. Die Erstaufführung im Eden Musee an der 14th Street in Manhattan wurde zu einem rauschenden Erfolg, der Siegeszug des Westernfilms hatte begonnen.

Natürlich versuchten andere Filmemacher, sich an den Erfolg von *The Great Train Robbery* anzuhängen. Das war früher nicht anders als heute – aber einfacher. Es gab noch kein

Copyright, das bewegte Bilder schützte, und die Plagiatoren brauchten nur herzugehen und den Film nachzudrehen – Bild für Bild und Szene für Szene. Lediglich unwichtige Einzelheiten wie etwa ein Kalenderblatt wurden verändert, ansonsten glich der zweite, dritte und vierte Zugüberfall dem ersten wie ein Ei dem anderen. Sogar eine Parodie mit dem Titel *The Little Train Robbery* tauchte in den Lichtspieltheatern auf.

Was sich heute in einem Western wie ein phantasievolles Märchen ausnimmt, war damals noch bittere Realität. Zugüberfälle im Stil von *The Great Train Robbery* waren um die Jahrhundertwende an der Tagesordnung, und jenseits des Mississippi gab es ihn ja noch, den Wilden Westen. In Arizona kämpfte die Kavallerie gegen versprengte Apachenbanden, in Wyoming befehdeten einander Rancher und Cowboys, und in abgelegenen Nestern trug ein Mann, der etwas auf sich hielt und den nächsten Morgen erleben wollte, noch immer einen Colt im Holster. Auch viele der legendären Helden lebten noch. Buffalo Bill Cody zog mit seinem Wanderzirkus durch die Lande, Sitting Bull schrieb Autogramme, und einst berüchtigte Banditen traten auf Jahrmärkten auf. Für sie kam der Film gerade recht, und sie brauchten nicht mal zu bitten und zu betteln. Die Westernregisseure der ersten Stunde nahmen sie mit offenen Armen auf. Buffalo Bill spielte in *The Life of Buffalo Bill* (1909) und *Buffalo Bill's Far West and Pawnee Bill's Far East* (1910), Emmett Dalton, einziges überlebendes Mitglied der berüchtigten Dalton-Bande, trat in *Beyond the Law* (1915) auf, und in dem Epos *The Indian Wars* (1913) kämpften viele Soldaten und Indianer, die schon während der Indianerkriege aufeinander losgegangen waren, noch einmal gegeneinander. Bill Tilghman, einer der angesehensten Gesetzesbeamten des Westens, führte sogar Regie. Sein 1908 in der Umgebung von Cache, Oklahoma, entstandener Streifen *The Bank Robbery* war zwar kein Meisterwerk, und auch die simple Story braucht an dieser Stelle nicht wiederholt zu werden, aber der Film überzeugte durch eine Authentizität, die auch in späteren Western kaum erreicht wurde. Nur selten sah eine Filmstadt so heruntergekommen und staubig aus, nur selten waren in einem

Westernfilm so echte Typen zu sehen. Kein Wunder. Einer von ihnen war tatsächlich echt. Al Jennings hatte jahrelang Züge ausgeraubt, bevor er ins Filmfach übergewechselt war. Doch der Western brauchte Helden, harte und kernige Typen, die ein Publikum zu begeistern wußten. Spannende Verfolgungsjagden und turbulente Schlägereien, schön und gut, und gegen einen Buffalo Bill war auch nicht viel einzuwenden, aber so ein richtiger Held, mit dem sich das Publikum identifizieren konnte, war noch nicht aufgetaucht. Zu dieser Erkenntnis kam ein erfolgloser Schauspieler, der bereits in *The Great Train Robbery* vom Pferd gefallen war: Gilbert M. Anderson. Er war jüdischer Abstammung und hieß eigentlich Max Aronson – und er erfüllte eigentlich alle Voraussetzungen, um *kein* Westernstar zu werden. Er hing wie eine lahme Ente im Sattel, hatte noch nie ein Lasso in der Hand gehalten und sah viel zu hart und streng für einen Westernhelden aus. Aber er lernte schnell, und er verstand es vor allem, ein riesiges Publikum mit seinen Filmen zu begeistern. Zwischen 1908 und 1925 ritt er in über dreihundertfünfundsiebzig Bronco-Billy-Folgen über die Leinwand und in die Herzen von Millionen Zuschauern, die Woche für Woche wiederkamen, um die Fortsetzung des spannenden Abenteuers zu sehen. Da machte es gar nichts, wenn Bronco Billy in einer Folge starb oder mit einem Mädchen davonritt, im nächsten Film war er wieder da, lebendig und bereit, ein neues Mädchen in den Stand der Ehe zu entführen.

G. M. Anderson war Regisseur, Drehbuchautor und Hauptdarsteller in einer Person. Mit einem Budget von achthundert Dollar pro Woche drehte er Filme wie *Bronco Billy and the Baby* und *The Bandit Makes Good,* die eigentlich alle denselben Inhalt hatten: Aus einem Bösewicht, der eigentlich nie einer sein wollte, wird in einer Ausnahmesituation oder in den Armen eines Mädchens ein anständiger Kerl. G. M. Anderson füllte diese Rolle mit seiner ganzen Persönlichkeit aus, er wirkte schusselig und deshalb liebenswert, drehte nervös seinen Hut zwischen den Fingern, wenn er einem Mädchen gegenüberstand, und verstand es, auf dem schmalen Grat zwischen gefühlvoller Liebesgeschichte und kitschiger Klamotte zu wandeln. Keine andere Serie aus der großen Zeit der *series western* wirkt so ausgewogen wie die Bronco-Billy-Filme, wechselt so geschickt zwischen Action und gefühlvoller Liebesszene. Keine andere Serie vermittelt so viel Charme. Seinen verdienten Lohn bekam »Bronco Billy« Anderson aber erst 1957, als er für sein Gesamtwerk mit dem Oscar ausgezeichnet wurde.

Das Kino wurde zur Industrie. Zu einer Maschinerie, die neue Berufe schuf und neue Stellen für Schauspieler, Techniker und Autoren bot. Die Leute rannten in Scharen ins Kino, verfolgten jeden Samstag die Abenteuer ihrer Helden. Fortsetzung folgt. Serien waren gefragt so wie heute im Fernsehen, und gäbe es heute nicht *Dallas* und *Miami Vice,* wären wohl wieder die guten alten Serienfilme dran. Bei Bronco Billy & Company konnte man den Alltag vergessen, sich einer Scheinwelt hingeben, die vorher nur in Büchern existiert hatte. Was machte es da, wenn die Filme auch nicht den geringsten Bezug zur Realität hatten? Wenn in einen Sechsschüsser zwanzig und mehr Kugeln paßten? Wenn die Cowboys auch nach einer Schlägerei im Schlamm immer sauber und adrett angezogen waren? Wenn die Pferde alle kugelsicher waren und der erhobene Zeigefinger einer zweifelhaften amerikanischen Moral immer deutlich zu sehen war? Die Wirklichkeit war eine Sache, das Kino eine ganz andere. Eine Scheinwelt zwar, aber eine Welt, die sich ständig veränderte.

Entscheidenden Einfluß auf die Entwicklung des Western hatten zwei Männer, die das Genre sehr unterschiedlich auffaßten und ihm jeder auf seine Weise wichtige Impulse verliehen: D. W. Griffith und Thomas Ince. Griffith wollte eigentlich Bühnenschauspieler werden, landete aber dann beim Film und fand schon bald heraus, daß er hinter der Kamera am besten aufgehoben war. Er war ein sehr kreativer Mensch, der im Western die beste Möglichkeit sah, seine üppige Phantasie auszuleben. Er arbeitete ohne Skript, verließ sich auch bei historischen Spektakeln nur auf sein Gefühl und seine Eingebung und experimentierte fast in jedem Film mit neuen Einstellungen und Techniken.

Thomas Ince dagegen war ein nüchterner Geschäftsmann, der eine Menge von Organisation und Marketing verstand und immer ein genaues Drehbuch verlangte, obwohl die anderen Regisseure meist darauf verzichteten und genaue Dialoge ja auch nicht für einen Stummfilm verlangt wurden. Zum Western kam er mehr oder weniger durch Zufall. Als er im Jahre 1911 in Kalifornien aus dem Zug stieg, erkannte er nämlich sofort, daß man auch beim Film durch richtige Planung und Organisation immense Kosten sparen konnte. Also verpflichtete er die Cowboys und Indianer der 101 Ranch, eines Wanderzirkus der Millis Brothers, und siedelte sie in einer Westernstadt an, die bald als Inceville bekannt wurde. Er brauchte niemals eine neue Kulisse, drehte immer auf seinem eigenen Land, in seiner eigenen Stadt und mit immer denselben Leuten. Damit nahm er den Studiobetrieb und die Arbeitsweise des Films der zwanziger, dreißiger und vierziger Jahre und des Fernsehens vorweg.

D. W. Griffith war bei vielen Schauspielern und Technikern als Chaot verschrien, war aber nicht minder vorausschauend und nahm in seinen Filmen so ziemlich alles vorweg, was auch in späteren Western zu sehen war. Bereits 1911 lockte er das Publikum in *The Fighting Blood* mit einer rührseligen Geschichte, die sich um die Liebe zu einem Kind drehte und zum erstenmal den Begriff *child appeal* in der Kinoindustrie auftauchen ließ. Mit einem unschuldigen Kind fängt man ein großes Publikum – nach diesem Motto wurden die Filme in späteren Jahrzehnten gleich dutzendweise gefertigt. In *The Last Drop of Water* erzählte D. W. Griffith zum erstenmal die Geschichte des großen Planwagenzuges nach Westen, inzwischen ein Standard-Westernthema, so wie die aktionsreichen Schlachtenszenen aus *The Battle of Elderbush Gulch* und die Custer-Schlacht, die in *The Massacre* zum erstenmal behandelt wurde. Für die damalige Zeit beinahe revolutionär war die Betrachtungsweise in *The Massacre*. Es gelang Griffith nämlich, auch den Standpunkt der Indianer zu vermitteln, was besonders den Regisseuren in den fünfziger Jahren unmöglich erschien.

Als Meisterwerk des ersten bedeutenden Westernregisseurs

›The Massacre‹, einer der besten Filme von D. W. Griffith

allerdings gilt ein Film, der eigentlich gar kein Western ist, obwohl er amerikanische Geschichte zum Inhalt hat. In *The Birth of a Nation* (1915) zeigt er die Entwicklung des jungen und ungebändigten Amerika zum Staatenbund, und ein Westernfan der damaligen Zeit wird unschwer festgestellt haben, daß er dabei Techniken und Szenen verwendete, die zum erstenmal in einem seiner Western gezeigt wurden. Die Belagerung der einsamen Hütte zum Beispiel und die Rettung eines in Not geratenen Mannes durch einen Freund in letzter Sekunde.

Thomas Ince drehte vor allem Indianerfilme und wird von den Kritikern noch heute als ein Regisseur gefeiert, dem es auch darauf ankam, die Seite des Roten Mannes zu zeigen. Dabei interessierte ihn das Indianerproblem gar nicht sonderlich. Er kümmerte sich nur darum, weil bei seiner 101 Ranch so viele Indianer angestellt waren und natürlich auch beschäftigt werden wollten. In Filmen wie *War on the Plains* (1912) und *The Indian Massacre* (1912) ritten sie in ganzen Heerscharen vor die Kamera und schufen dramatische Bilder, die heute oft mit historischen Aufnahmen aus den Indianerkriegen verwechselt werden.

In fast allen seiner vielen Indianerfilme zeigte Thomas Ince, daß der amerikanische Westen nicht nur erschlossen, sondern vor allem erobert wurde. Skrupellose und machthungrige Einwanderer fielen in das Land des Roten Mannes ein, geschäftliche Interessen überwogen moralische Bedenken, und die Soldaten der vielgerühmten US-Kavallerie waren lediglich Handlanger einer Maschinerie, der es um Besitz und Profit ging. Die Indianer hatten ihr Land wiederum anderen Indianern abgenommen und gingen in ihrer Rachsucht auch gegen unschuldige Frauen und Kinder vor. Thomas Ince machte beide Standpunkte in seinen Filmen deutlich und revolutionierte den Western bereits in seinen Anfängen. Nach seinem Rückzug aus dem Filmgeschäft schwang das Pendel allerdings wieder zurück, und es dauerte über dreißig Jahre, bis Delmer Daves mit *Der gebrochene Pfeil* (1950) wieder ein halbwegs authentischer und fairer Indianerfilm gelang.

Auch in technischer Hinsicht überraschte der sparsame und penible Thomas Ince. Als erster Filmemacher verwendete er *stock footage,* also bereits abgedrehte und in einem Archiv abgelegte Massenszenen, die beliebig oft in seine Filme einmontiert werden konnten. Das sparte Zeit und Kosten und gehört beim Fernsehen noch heute zum guten Ton. Seifenopern wie *Dallas* und *Dynasty (Der Denver-Clan)* würden sonst viel zu teuer und könnten in der kurzen Zeit gar nicht abgedreht werden.

Auch um die Moral der puritanisch angehauchten Amerikaner kümmerte Ince sich wenig. In seinem Film *The Woman* heiratet eine Frau gleich zweimal, um Geld für ihren kranken Mann zu bekommen, und in anderen Streifen verzichtet Ince sogar auf das damals übliche Happy-end, was vor 1920 allerdings noch relativ leicht war, weil es noch kein Starsystem gab und ein unbekannter Schauspieler eher leiden konnte als etwa Gary Cooper.

D. W. Griffith verließ Hollywood bereits im Jahre 1913, während Ince blieb und mit William S. Hart den nach »Bronco Billy« Anderson zweiten großen Star auf die Leinwand brachte. Bronco Billy ritt gerade zum letztenmal in den Sonnenuntergang, als Hart in Los Angeles aus dem Zug stieg und von einem Wagen zu Ince gebracht wurde. Die beiden sehr unterschiedlichen Männer verstanden einander nicht besonders, bildeten aber eine Interessengemeinschaft, die den Western aus der Masse der Serienproduktionen hoben und zu neuem Ansehen verhalfen.

William S. Hart war bereits vierundvierzig, als er seine erste Rolle in Hollywood übernahm. Er hatte in New York auf den ersten Bühnen am Broadway gestanden und vor allem Shakespeare gespielt. Er überzeugte allein schon durch seine Erscheinung: hochgewachsen, mit einem kantigen und sehr strengen Gesicht, das eisenhart und unnachgiebig, aber auch hilflos und gefühlvoll wirken konnte, besonders wenn er einer schönen Frau gegenüberstand. In Hollywood ging die Mär um, daß er jeder seiner Partnerinnen einen Heiratsantrag machte und zu Tode betrübt war, wenn sich die anschmiegsame Heldin aus dem Film als widerspenstige Kratzbürste erwies.

Obwohl er aus einer Metropole im dicht besiedelten Osten kam, war Hart prädestiniert für die Rolle eines Westernhelden. Er war im Westen aufgewachsen, beherrschte den Dialekt eines Cowboys und kannte die legendären Westernhelden Wyatt Earp und Bat Masterson sogar persönlich. Er wußte, was es hieß, im Staub einer Rinderherde zu reiten und sich im Saloon mit betrunkenen Siedlern zu schlagen. Und das wurde in fast jedem seiner Filme deutlich. Die von ihm dargestellten Helden waren eisenharte Männer, wenn es gegen Viehdiebe und Bankräuber ging, und schüchterne Kava-

›The Great Train Robbery‹

liere im Umgang mit Frauen. Sie waren hoffnungslose Romantiker wie er selbst, und wenn sie auf der schiefen Bahn ritten, wurden sie spätestens beim Anblick einer Frau wieder gut. Sie hatten Charakter und waren keine schablonenhaften Comicfiguren wie die Cowboys in den Serienwestern. Natürlich spielte die Action eine große Rolle, aber die Spannung eines Films resultierte auch aus den unterschiedlichen Charakteren und ihrem Innenleben. Mit anderen Worten, bei Hart kam es mehr auf die Charaktere und den Inhalt einer Story an und nicht so sehr auf die vordergründigen Schießereien und Verfolgungsjagden.

Sein wohl bester Film war *Hell's Hinges* (1916), aber auch

Wild Bill Hickok (1923), in dem er den legendären Revolver-schützen und Marshal darstellte, konnte sich sehen lassen. In seinem letzten Film *Tumbleweeds* (1925) ging es um die berühmte Landnahme in Oklahoma, wo Tausende von Siedlern auf einen Startschuß hin um die Wette ritten, um das beste und schönste Stück Land für sich zu ergattern. Der Film beeindruckte vor allem durch seine moderne Schnittechnik und kam so gut beim Publikum an, daß er 1939 noch einmal veröffentlicht wurde – zur gleichen Zeit kam *Stagecoach* in die Kinos.

William S. Hart als Wild Bill

Auch John Ford, der Regisseur des Klassikers *Stagecoach,* begann seine Karriere sehr früh. Schon 1914 trat er als Schauspieler in Nebenrollen und als Stuntman für seinen Bruder Francis auf. 1917 bekam er einen Vertrag als Regisseur, und während der nächsten vier Jahre entstanden fast dreißig Filme, unter anderem *Straight Shooting* (1917) und *The Outcasts of Poker Flat* (1919), die alle schon die meisterliche Handschrift des Könners trugen, der uns viele Jahre später so geniale Werke wie *Stagecoach* und *My Darling Clementine* bescherte.

Der Western war auf dem Vormarsch. Manche Cineasten behaupten sogar, die einzigen wichtigen Filme vor 1920 seien Western gewesen. Wenn das stimmt, muß es auf die zwanziger Jahre noch eher zutreffen, denn die waren auch für den Western wahrhaft golden, während es in den dreißiger Jahren dann erst mal bergab ging.

2. KAPITEL

Die ersten Pferdeopern

1921–1930

»Hätten sie geahnt, was wir daraus
machen würden, hätten sie uns nicht
gewähren lassen.«

John Ford über seinen Film *The Iron Horse*

Die Goldenen Zwanziger begannen alles andere als golden –
zumindest für den Westernfilm, der zum erstenmal beträcht-
liche Einbußen hinnehmen mußte und sich nach Meinung
vieler Produzenten auf dem absteigenden Ast befand. Lediglich der *series western* brachte noch Gewinne und half den
kleinen Kinos auf dem Lande, im Kampf gegen die großen
Lichtspielhäuser zu bestehen.
Die Qualität dieser B-Western, wie sie in den dreißiger Jahren heißen würden, war erstaunlich gut. Noch gab es keine
Double Features (Doppelvorstellungen), in denen ein solcher
Film an zweiter Stelle, also der Position B (daher der Name
B-Western), laufen würde, der Streifen mußte also durch
Qualität überzeugen und konnte sich nicht an ein erfolgrei-
ches Vehikel anhängen. Das Ergebnis dieser Politik waren
höhere Budgets als später in den dreißiger und vierziger Jah-
ren und vor allem bessere Stories.
Tom Mix war der unbestrittene Held dieser B-Western oder
programers, wie sie auch genannt wurden, ein Held ohne
Fehl und Tadel, ein Ritter im Cowboykostüm, der hilflosen
Siedlern und unschuldigen Mädchen zu Hilfe eilte und gegen
das Böse kämpfte. Er war der einsame, aber immer fröhliche
Cowboy, ein makelloser Streiter für das Recht, der für die
ganze Familie ritt und niemals mit einem Mädchen in den
Sonnenuntergang ritt. Ein Lucky Luke der zwanziger Jahre,
der mit seinem Pferd Tony von einem belanglosen Abenteuer ins nächste ritt.

Obwohl sich seine erfundene Biographie kaum von seiner echten trennen läßt, steht fest, daß Tom Mix auch vor seiner Filmkarriere ein mutiger Bursche war. Er kämpfte im Spanisch-Amerikanischen Krieg, er war Champion der Rodeo-Reiter und Trickreiter und Kunstschütze bei der 101 Ranch der Miller Brothers. Zwischen 1911 und 1917 drehte er hundert Filme für die unabhängige Selig Company, zuerst belanglose Komödien, dann immer turbulentere *stunt shows* wie *Pony Express Rider* und *The Stagecoach Driver and the Lady,* bis er von der großen Fox verpflichtet und zum Superstar aufgebaut wurde.

Das Konzept blieb auch bei der Fox das gleiche. Die meist belanglose Handlung eines Tom-Mix-Films diente lediglich dazu, den Star ins rechte Licht zu setzen und ihm eine Vielzahl von reiterlichen Kunststücken und anderen Zirkustricks zu ermöglichen. Um die ebenfalls in dieser Weise auftrumpfende Konkurrenz auszustechen, ließ es die Fox weder an Kosten noch an Mühen fehlen, um aus jedem der Filme ein Ereignis zu machen. Ein Top-Kameramann wie Dan Clark wurde verpflichtet, die feinste Technik wurde herangeschafft, und in der Liste der vielen Regisseure taucht auch der illustre Name John Ford zweimal auf. Gedreht wurde vorzugsweise in den Nationalparks des amerikanischen Westens, der Streifen *Sky High* entstand in voller Länge im Grand Canyon National Park, und *The Great K and A Train Robbery* wurde auf der Denver & Rio Grande Railroad in Colorado gedreht – in diesem Film zeigt Tom Mix übrigens seine besten *stunts.*

Tom Mix wurde zu einer amerikanischen Institution, und man kann seine Popularität nicht mit der heutiger Fernsehstars vergleichen, weil keine Serie des amerikanischen Fernsehens, nicht mal *Bonanza* oder *I Love Lucy,* so lange lief wie seine Serie von Filmen. Dabei hatte er starke Konkurrenz. Fred Thomson zum Beispiel kopierte ihn bis in die letzte Einzelheit und sah nicht mal schlecht aus dabei. Ken Maynard und sein Pferd Tarzan agierten in handwerklich sehr sauber gemachten Western und überzeugten in zirkusähnlichen Action-Auftritten. Mit *Red Raiders* hatten sie sogar einen grö-

›The Great Train Robbery‹

ßeren Kassenerfolg. Hoot Gibson brachte eine menschliche Komponente in den *series western,* verlor schon mal eine Schlägerei oder fiel vom Pferd und kam damit besonders bei Frauen an. Harry Carey war so etwas wie der Ben Johnson der zwanziger Jahre, ein bißchen zu alt für die Heldenrolle, eher der weise und abgeklärte Cowboy und vor allem ein erstklassiger Schauspieler, der später in zahlreichen John-Ford-Western auftrat. Die stärkste Konkurrenz für Tom Mix aber waren Buck Jones und sein Pferd Silver. Auch Jones verkörperte den mutigen und tugendhaften Helden, er liebte den Westen wie kaum ein anderer Schauspieler und schaffte es, in seinen Filmen immer die richtige Balance zwischen Action und gefühlvollen Szenen zu finden. In den dreißiger Jahren würde er Tom Mix an Popularität sogar übertreffen.

Eine Sonderstellung in der langen Garde von B-Cowboys nahm Colonel Tim McCoy ein. Er kannte den amerikanischen Westen wie seine Westentasche und konnte sich zumindest anrechnen, in den 1927 und 1928 für Metro-Goldwyn-Mayer gedrehten *series western* für eine sonst in dieser Art von Filmen nie erreichte Authentizität gesorgt zu haben. William S. Hart ging, und Tom Mix ritt als der neue strahlende Held über die Kinoleinwand – aber auch er konnte den vorübergehenden Niedergang des Western nicht aufhalten. 1922 waren noch über hundert Western gedreht worden, ein Jahr später waren es noch knapp fünfzig, und davon waren die meisten *series western*. Alle großen Produktionen waren beim Publikum durchgefallen. Bis ein Film in die Kinos kam, der den Western revolutionierte, ihm eine völlig neue Richtung gab und für seine Entwicklung so wichtig war wie *The Great Train Robbery* und *Stagecoach*. Dieser Film hieß *The Covered Wagon* und entstand 1923 unter der Regie von James Cruze. Achthunderttausend Dollar, für damalige Verhältnisse eine schier unglaubliche Summe, ließ die Paramount sich dieses Epos kosten, aber schon wenige Monate nach der Premiere hatte *The Covered Wagon* über vier Millionen Dollar eingespielt und bewiesen, daß der Western noch lange nicht tot war.

The Covered Wagon war der erste Superwestern. Ein Epos von gigantischen Ausmaßen, das neue Maßstäbe setzte. Nicht so sehr, was die schauspielerische Leistung oder die Story anging, auch die filmtechnische Qualität des Streifens wurde später als miserabel eingeschätzt – es waren die gigantischen Massenszenen, die das Publikum in ihren Bann schlugen. Der Westen selbst, seine Landschaft, avancierte zum neuen Helden im Western-Kino.

Die Story ist simpel: Ein junger Held und ein Schurke ziehen mit einem Wagenzug nach Oregon und interessieren sich für dasselbe Mädchen. Das geht nicht ohne Reibereien ab, aber alle persönlichen Auseinandersetzungen verblassen vor dem monumentalen Hintergrund der gewaltigen Landschaft von Nevada, wo die meisten Aufnahmen des Films gedreht wurden. Immer wieder erscheinen die vielen Planwagen im Bild, wie sie sich in einer riesigen Staubwolke nach Westen schieben; man glaubt förmlich, das Knarren der Räder und die anfeuernden Rufe der Männer zu hören. Eine Massenszene löst die andere ab. Kriegerische Indianer überfallen den Wagenzug in einer Schlucht, ein Präriefeuer bedroht die Siedler, eine riesige Büffelherde trampelt das Gras nieder, und alles vor dem Hintergrund mächtiger Felsen und endloser Weite.

Das erste Westernepos kam so gut an, daß ein zweiter Film dieser Größenordnung nur eine Frage der Zeit war. Es dauerte genau ein Jahr, bis die Fox nachgezogen hatte – mit einem Film, der genauso monumental wirkte, vom künstlerischen Standpunkt aber weitaus professioneller war. Bessere Schauspieler, eine bessere Story, ein viel besserer Kameramann und ein Regisseur der Extraklasse. Sein Name war John Ford.

Wie *The Covered Wagon* erzählt auch *The Iron Horse* (1924) von einem bedeutenden Abschnitt der amerikanischen Pioniergeschichte: dem Bau der Union Pacific Railroad. Viele tausend Arbeiter, zumeist irische Einwanderer, hatten die Schienen im vorigen Jahrhundert nach Westen getrieben, durch Wälder und Wüsten, durch Wind und Wetter, immer von feindlichen Indianern bedroht, bis sich die Gleise mit denen der von Westen kommenden Central Pacific bei Promontory Point in Utah vereinigten.

Das abenteuerliche Unternehmen, das unendlich viel Blut und Schweiß und viele Menschenleben gekostet hatte, geriet auch in der filmischen Nacherzählung zu einem monumentalen Ereignis. Neben zahlreichen Schauspielern, Komparsen und Technikern wurden beschäftigt: ein Regiment amerikanischer Soldaten, dreitausend Eisenbahnarbeiter, tausend chinesische Arbeiter, achthundert Sioux-, Cheyenne- und Pawnee-Indianer, zweitausendachthundert Pferde, eintausenddreihundert Büffel und zehntausend Rinder aus Texas. Weil die Crew so groß war, wurde sogar eine eigene Zeitung für die Mitarbeiter des Films herausgegeben. Gedreht wurde *on location* in Nevada.

Vor diesem gigantischen Hintergrund mußte die Story natürlich erneut verblassen, es sei lediglich erwähnt, daß ein Mann den Mörder seines Vaters sucht und dabei in die historischen Wirren des Eisenbahnbaus gerät. Wie fast immer ging John Ford auch in diesem Film sehr großzügig mit der historischen Wahrheit um, ihm ging es vor allem um die optische Umsetzung eines gigantischen Unternehmens, er wollte die Entschlossenheit und den Geist der Pioniere in Bildern ausdrücken. Wenn man bedenkt, daß er damals erst neunundzwanzig war und seinen vierzigsten Western, aber ersten großen und den längsten Film seiner Karriere drehte, ist ihm dieses Unterfangen vorbildlich gelungen.

Man könnte vermuten, daß nun auch andere Regisseure versuchten, sich an den großen Erfolg von *The Covered Wagon* und *The Iron Horse* zu hängen, aber was vielerorts befürchtet wurde, nämlich eine wahre Inflation von Westernepen, blieb glücklicherweise aus. James Cruze selbst brachte mit *North of '36* eine Fortsetzung von *The Covered Wagon* in die Kinos und zog 1925 mit *The Pony Express* nach, aber keiner der beiden Filme erreichte den großen Erfolg des Planwagenepos'. Das gelang auch *The Vanishing American* nicht, der 1927 in die Kinos kam und sich nicht mehr mit einem Ausschnitt aus den Geschehnissen im amerikanischen Westen begnügte, sondern gleich dessen ganze Geschichte erzählen wollte – von der prähistorischen Zeit bis in die Gegenwart. Ein solches Unternehmen war natürlich von vornherein zum Scheitern verurteilt, obwohl die literarische Vorlage von Zane Grey durchaus akzeptabel ist. Bedenklich erscheint, auch vor dem Hintergrund eines neu erwachenden amerikanischen Nationalstolzes, die faschistische Tendenz dieses Films. Jede Rasse muß einer stärkeren weichen, heißt es mehrmals in dem Film, der in einem Atemzug mit vielen anderen Indianerfilmen der damaligen Zeit und dem John-Wayne-Epos *The Green Berets* (»Die grünen Teufel«) genannt werden muß. Aber diese Grundhaltung stieß damals noch nicht so sehr auf wie nach dem Zweiten Weltkrieg und Vietnam.

1928 kam der Tonfilm – und damit die bisher größte Krise für den Western. Wo die meisten Filmemacher jubelten und dem Film eine neue und große Zukunft voraussagten, litten

Das Epos über die Eisenbahn: ›The Iron Horse‹

die Western-Produzenten unter dem plötzlichen Trauma, daß mit dem Sound auch das endgültige Aus für den Western gekommen sei. Die Zuschauer, die früher vor allem die Action-Sequenzen und Außenaufnahmen bejubelt hatten, ergötzten sich auf einmal an minutenlangen Dialogen und Wortgefechten und ließen den Abenteuerfilm links liegen. Die Fachleute taten es ihnen gleich, weil keiner daran glaubte, bei Außenaufnahmen und vor allem bei Action-Szenen einen anständigen Sound bekommen zu können.

Aber immer, wenn der Western am Boden liegt, feiert man irgendwo schon wieder seine Auferstehung. Da konnten die Verträge von Tom Mix und Ken Maynard nicht verlängert werden und Buck Jones freiwillig seinen Abschied nehmen – irgendwo in Hollywood bastelte man bereits am Comeback des Western. Die ersten Wiederbelebungsversuche endeten allerdings kläglich. Der als erster Western-Tonfilm gefeierte

The Big Hop (1928) war nichts weiter als ein Stummfilm, der keine Zeile Dialog und keine Musik enthielt und lediglich mit ein paar Geräuschen aufgemotzt worden war. Er wurde zu einem finanziellen Desaster für Buck Jones, der fünfzigtausend Dollar in diesen Pseudo-Western gesteckt hatte und nach dem Mißerfolg entnervt aufgab.

Der Knaller kam im Januar 1929 in die Kinos. *In Old Arizona* hieß der Film, der den Beginn einer neuen Western-Blüte bezeichnet und seinem Hauptdarsteller Warner Baxter sogar einen Oscar einbrachte. Raoul Walsh hatte den Streifen im Zion County von Utah inszeniert und auf eindrucksvolle Weise bewiesen, daß Tonaufnahmen im Freien möglich waren. Die Perfektion späterer Tonfilme war zwar noch lange nicht erreicht, doch konnte sich der Ton für die damalige Zeit durchaus hören lassen.

Während Cisco Kid, eine Figur aus O'Henrys Kurzgeschichte *The Caballero's Way,* in dem Walsh-Film zum erstenmal über die Leinwand ritt, tauchte der Virginier in dem 1929 entstandenen Streifen *The Virginian* bereits zum drittenmal auf. Dustin Farnum hatte den bekanntesten Cowboy der amerikanischen Literaturgeschichte schon 1914 für Cecil B. DeMille gespielt, und Kenneth Farland war 1923 ins Herz seiner Molly geritten. Im ersten Tonfilm, der nach der Romanvorlage von Owen Wister gedreht wurde, brillierte Gary Cooper als der schweigsame Cowboy, der sich in dasselbe Mädchen wie sein Freund Steve verliebt. Molly entscheidet sich für den Virginier. Dann wird Steve auf frischer Tat als Viehdieb überführt und vom Virginier und anderen Cowboys gehängt. Der wahre Schurke ist aber Trampas. Der Virginier stellt ihn und tötet ihn im Duell und reitet einer glücklichen Zukunft mit Molly entgegen.

Von dem millionenfach verkauften Roman unterschied sich der Film lediglich durch das etwas unglaubhafte Happy-end. Im Roman reitet er davon, und ein Cowboy bemerkt: »Man könnte meinen, er wäre unglücklich.« Ansonsten gelingt es Regisseur Victor Fleming vortrefflich, die sentimentale Stimmung der literarischen Vorlage auf die Leinwand zu übertragen, und Gary Cooper glänzt zum erstenmal als stiller und romantischer Held. »Victor Fleming inszenierte die Version mit einem gewissen Gusto und bediente sich geschickt des Tons. Die Photographie der Landschaften in den High Sierras war sehr eindrucksvoll, und das Drehbuch von Howard Estabrook enthält so glänzende Dialoge wie Coopers Antwort auf eine Beleidigung Walter Hustons im Saloon: ›When you call me that, smile!‹ Diese Zeile, einer der berühmtesten Dialoge der Filmgeschichte, wurde sogar auf die Publicity-Photos des Films gedruckt. Es ist auch die am häufigsten fehlzitierte Zeile der Filmgeschichte. In Wirklichkeit sagte Cooper zu Huston: ›If you want to call me that, smile!‹ Randolph Scott als geborener Virginier half Cooper, den Akzent richtig zu beherrschen.« *(The Films of Gary Cooper)*

Gary Cooper wurde mit diesem Film auf Anhieb zum Star. Er wurde zum wortkargen Westernhelden schlechthin, und obwohl er im Laufe seiner sechsunddreißigjährigen Karriere auch in zahlreichen Nicht-Western aufgetreten ist, blieb er nach seinem Tod im Jahre 1961 vor allem als Westernheld in unseren Gedanken. Anders war es bei John Wayne. Er hat in seinem Leben kaum etwas anderes als sich selbst gespielt und hatte bereits zahlreiche Nebenrollen hinter sich, als er für die Hauptrolle in *The Big Trail* (1930) verpflichtet wurde. In dem epischen Streifen verkörpert er den Scout Brick Coleman, der einen Wagenzug durch das Indianerland nach Westen führt, er war damals allerdings restlos überfordert und wirkte so hölzern in der Rolle, daß er danach wieder in der B-Western-Versenkung verschwand, um erst 1939 wieder von John Ford für *Stagecoach* geholt und zum Superstar zu werden.

»The Golden Twenties« – die goldenen zwanziger Jahre – hatten dem Western eine neue Dimension gegeben. Zu den Helden, dem zirkushaften und immer fröhlichen Tom Mix und den wortkargen Cowboys vom Schlage eines William S. Hart oder Gary Cooper, war die Landschaft gekommen, der Westen selbst. »The wide and open spaces«, das Land von Freiheit und Abenteuer, die endlose Prärie, die das amerikanische Ideal von Freiheit und Unabhängigkeit besser verkörpert als jedes menschliche Wesen. Der Western hatte zu einer vorerst endgültigen Form gefunden.

3. KAPITEL

Die B-Western

1931–1950

»Er kommt auf seinem Wunderpferd
Champion dahergaloppiert, Zügel und
Pistole in der Hand und ein echtes
Westernlied auf den Lippen.«

Werbeprospekt der Columbia

Die dreißiger Jahre waren die große Zeit des B-Western. Während die aufwendigen Produktionen von Gangsterfilmen und Meisterwerken wie *Little Caesar* verdrängt wurden, die auch viel besser in die Zeit der Wirtschaftskrise paßten, feierte der Billigwestern in den Kinos auf dem Lande rauschende Erfolge. Die Abenteuer eines Buck Jones oder Tom Mix begeisterten ein anspruchsloses Publikum, das noch kein Fernsehen kannte und seinen Serienhunger im Kino befriedigen mußte. B-Western boten genau die Unterhaltung, die man nach einer arbeitsreichen Woche in der Fabrik oder auf dem Feld brauchte. Sie zeigten einen strahlenden Helden und viel Action und verdarben den Spaß nicht durch langweilige Dialoge und eine komplizierte Handlung.
Im Kampf um die Publikumsgunst schnitten die unabhängigen Studios zumindest in den Anfangsjahren besser ab als Giganten wie Fox und Columbia. Die karg bemessenen Produktionsgelder reichten zwar nicht für den Luxus aufwendiger Filmmusik, und auch von einer eigenen Ranch oder Westernstadt war man viele tausend Dollar entfernt, aber gerade in ihrem Zwang zur Einschränkung sahen die *indies* ihre große Chance und nutzten sie auch. Die Außenaufnahmen für einen Western wurden irgendwo in einem abgelegenen Tal gedreht, vor den Überresten einer ehemaligen Postkutschenstation oder in einer verfallenen Goldgräberstadt, und sie wirkten viel überzeugender als die aufwendigen Produk-

tionen der *major studios,* weil sie ein authentisches Bild des alten Westens und keinen Kulissenzauber lieferten. Die großen Studios dagegen wollten klotzen und nicht klekkern und dabei auch noch Geld sparen, ein Ding der Unmöglichkeit und eine Verfahrensweise, die zumindest auf Kosten der Qualität gehen mußte. Die John-Wayne-Filme von Warner Brothers boten das beste Beispiel dafür. Die Serie war nach dem Muster der erfolgreichen Ken-Maynard-Abenteuer gestrickt, und man verwendete aus Kostengründen zahlreiche Action-Szenen aus dem Archiv und den originalen Filmen. Was zur Folge hatte, daß John Wayne sich wie sein Vorgänger kleiden und bewegen und mit denselben Nebendarstellern arbeiten mußte. Die Drehbücher wurden nach dem vorhandenen Material geschrieben, überraschten mit einer Story, der es vor allem an einem logischen Handlungsablauf fehlte und ließen jegliche Qualität vermissen.

Die unabhängigen Studios verfügten kaum über Archivmaterial und waren deshalb auf die Kreativität ihrer Regisseure und Autoren angewiesen, die sich in Ermangelung einer aufwendigen Technik ganz auf die Story und die Action konzentrieren konnten. Das Ergebnis waren anspruchslose und harmlose, aber zumeist actionreiche und spannungsgeladene Filme wie *Riders of the Desert* mit Bob Steele oder *Law of the 45's* mit Big Boy Williams, genau das Richtige für einen langweiligen Samstagnachmittag in Manhattan, Kansas, oder Muskogee, Oklahoma.

Natürlich hielten die meisten B-Western der unabhängigen Studios kaum einer kritischen und vor allem künstlerischen Betrachtung stand. Sie waren *escape movies,* harmlose Streifen, bei denen man den Alltag vergessen konnte, und mehr konnte man bei einem Budget von zehntausend Dollar und einer Drehzeit von maximal drei Tagen für einen Ein-Stunden-Film auch gar nicht erwarten. Da mußte eine Aufnahme gleich beim erstenmal sitzen, und wenn sie danebenging, blieb der Versprecher eben drin. In besonders nachlässig produzierten B-Western sah man sogar den Aufnahmeleiter im Bild oder die Matratze, auf der ein vom Pferd geschossener Bandit eine sanfte Landung versuchte. Aber niemand regte sich darüber auf. Hauptsache, es wurde Action geboten.

Mit der Qualität bergauf ging es erst, als mittelgroße Studios wie Monogram oder Republic auftauchten. Sie waren nicht so groß wie Fox oder Columbia, aber immer noch stark genug, um eigene Studios zu bauen und eigene Künstler und Techniker zu beschäftigen. Viele der von diesen Studios produzierten Western waren eine durchaus ernstzunehmende Konkurrenz für die Filme der gigantischen Fabriken, vor allem die routiniert gemachten Western von Republic, deren Adler zu einem Gütezeichen für rasante Action und spannende Unterhaltung wurde.

Zu Beginn der dreißiger Jahre aber regierte die Columbia mit ihren Stars Tim McCoy und vor allem Buck Jones. Das waren keine nachlässig produzierten B-Pictures mehr, sondern sorgfältig gemachte Action-Filme, die schon fast in die A-Kategorie fielen. Vor allem Buck Jones verstand es, sein Publikum durch glaubhafte Dialoge und Action zu begeistern, und ein so gut photographierter und auch von der Handlung her überzeugender Film wie *The Avenger,* der das Leben des mexikanischen Banditen Joaquin Murietta beschreibt, überragt die meisten anderen B-Western um Längen. Bei Columbia Pictures erlebte Buck Jones seinen zweiten Frühling, bevor er bei der Fox sein Meisterwerk ablieferte.

Bucks Nachfolger bei Columbia wurde Charles Starrett, ein schlechterer Schauspieler als sein Vorgänger, der aber dennoch sein Publikum fand und bis in die fünfziger Jahre hinein die Nummer eins bei seinem Studio blieb. Seinen besten Film lieferte er wohl 1939 mit *Two Gun Law* ab.

In den späten dreißiger Jahren gesellte sich Gordon Elliott zu ihm, ein Charakterdarsteller, der sich an seinem großen Vorbild William S. Hart orientierte und eine ganze Reihe von akzeptablen B-Western ablieferte. Es folgten ein paar lausige *serials,* bevor er dann zu Republic und Monogram ging und wieder mit guten Filmen überzeugte.

Die Fox mußte Superstars wie Buck Jones und Tom Mix ersetzen und hatte das Glück, einen so großartigen Schauspieler wie George O'Brien verpflichten zu können. Der ehema-

Tom Mix, der Held der dreißiger Jahre

lige Box-Champion und Stuntman war zwar nicht mehr so erfolgreich wie in den zwanziger Jahren, garantierte aber immer noch handwerklich sauber gemachte Unterhaltungsfilme, die größtenteils nach Vorlagen des Bestsellerautors Zane Grey entstanden und zur Spielwiese für heranwachsende Stars wie Humphrey Bogart wurden.

Auf Zane Grey setzte auch die Paramount. Ihre Verfilmungen so berühmter Romane wie *To the Last Man* und *Riders of the Purple Sage* waren von erstaunlich hoher Qualität, und Regisseure wie Henry Hathaway setzten die manchmal sehr komplizierten Plots in einfache und eindrucksvolle Bilder um. Unter den Schauspielern, die damals bei der Paramount unter Vertrag standen, waren Noah Beery, Harry Carey, Randolph Scott und Gilbert Roland, der in *Thunder Trail* nach seinem verlorenen Bruder sucht und einen der besten Zane-Grey-Filme ablieferte. Kein anderer Western in der ersten Hälfte der dreißiger Jahre war so gut photographiert wie diese Verfilmung von *Arizona Ames*.

Einen neuen Trumpf präsentierte die Paramount im Jahre 1935, ohne allerdings davon zu wissen. Die erste Verfilmung eines Hopalong-Cassidy-Abenteuers von Clarence A. Mulford war als einmalige Sache gedacht, und die Studiobosse waren vollkommen überrascht, als das Publikum nach Fortsetzungen verlangte. Das lag wohl vor allem an dem Hauptdarsteller William Boyd, der mehr aus dem eindimensionalen Charakter machte und die Figur des Hopalong Cassidy zu einem Gentleman und Charmeur entwickelte, der es in seiner Zuneigung zu armen Waisenkindern und verlassenen Hunden manchmal allerdings übertrieb. Action-Szenen kamen in den ersten Hopalong-Cassidy-Filmen kaum vor, was vor allem an Hauptdarsteller William Boyd lag, der noch nie ein Pferd aus der Nähe gesehen hatte und in vielen Sequenzen gedoubelt werden mußte. Aber der Star lernte schnell, und mit zunehmender Popularität wurden auch seine Filme rasanter. Besonders die Schlußszenen der meisten Hopalong-Cassidy-Filme wogen viel auf, was vorher eher langsam und behäbig gewirkt hatte. In der Erinnerung, die vieles verklärt, steht Hopalong Cassidy gleichbedeutend neben legendären Helden wie Tom Mix oder Roy Rogers.

Warner Brothers hatte zwar einen John Wayne unter Vertrag, aber der war damals alles andere als ein Superstar, und seine Filme konnten aus den schon erwähnten Gründen nicht überzeugen. Dick Foran, ein singender Cowboy in der Tradition von Gene Autry und Roy Rogers, versuchte die Ehre des

Studios in den vierziger Jahren zu retten, zog aber gegenüber der singenden Konkurrenz wiederum nur den kürzeren. Universal setzte in den dreißiger Jahren vor allem auf B-Western und ging im Wettstreit der Studios eindeutig als Sieger hervor – bis die Republic um 1935 zum Generalangriff blies und die Führung übernahm. Mit Ken Maynard und Tom Mix hatte man die populärsten Stars der Westernszene, und später kam mit Buck Jones ein weiterer Superstar hinzu.

Ken Maynard hatte seine beste Zeit bereits hinter sich, aber er stand vor allem beim jungen Publikum noch immer hoch in der Gunst, und auch schlechte Skripts, die teilweise von ihm selber geschrieben worden waren, konnten daran nichts ändern. Er war ein schlechter Sprecher und hatte im Tonfilm eigentlich nichts zu suchen, aber das galt auch für Tom Mix, und der räumte mit Filmen wie *Destry Rides Again,* einem humorvollen Action-Film, und *My Pal, the King,* einer eindrucksvoll in Szene gesetzten Wildwestshow, immer noch mächtig ab. Erst 1935 sattelte er in dem *serial The Miracle Rider* zum letztenmal ab.

Buck Jones und sein Pferd Silver waren mehr als ein guter Ersatz. Mit außergewöhnlich guten Filmen wie *Border Brigands* und *The Crimson Trail* ritt er auf den absoluten Höhepunkt seiner Popularität und profitierte dabei von seinem darstellerischen Können, aber auch von guten Drehbüchern mit humorvollen Dialogen und viel Action. Nach einigen Jahren wurden allerdings die Budgets gekürzt, und Buck Jones mußte Qualitätseinbußen hinnehmen. Dann tummelte er sich sogar in *serials* wie *The Red Rider, Gordon of Ghost City, The Roaring West* und *The Phantom Rider.* Aber er konnte guten Gewissens von sich behaupten, der populärste Cowboy aller Zeiten zu sein – seine Abenteuer wurden in allen Erdteilen gezeigt.

RKO Radio hatte in den dreißiger Jahren wenig zu bieten – dazu gaben die Filme mit dem übertrieben agierenden Tom Keene und die späten Western des alternden George O'Brien zuwenig her –, aber die vierziger Jahre und damit die große Zeit von Radio lagen ja noch vor dem Studio. Der große Gewinner im Rennen um die Gunst des Western-

Publikums hieß ab 1935 Republic Pictures. Die aus den unabhängigen Mascot Pictures hervorgegangene Gesellschaft spezialisierte sich fast ausschließlich auf Western und lieferte die wohl besten B-Western ab. Das lag vor allem an den höheren Budgets, aber auch an der professionellen Machart. Sogar der Laie merkte, daß da Leute am Ruder waren, die etwas vom Western verstanden und begeistert und hingebungsvoll arbeiteten. Natürlich, auch die Republic-Western wurden nach einem bestimmten Muster gefertigt und erzählten immer wieder dieselben Geschichten, aber sie waren sorgfältiger produziert als alle anderen Western. Das begann bei den *locations,* die sorgfältiger ausgesucht wurden und deshalb authentischer wirkten, und endete bei besseren Dialogen und rasanteren Action-Szenen. Zu den Vorzügen eines guten Republic-Western gehörten aber auch eine phantasievolle Kamera, zumindest nach damaligen Maßstäben, und eine musikalische Untermalung, die alle anderen Versuche stümperhaft aussehen ließ.

Zu den besten und vor allem humorvollsten Serien, die Republic je in die Kinos brachte, gehörte *The Three Mesquiteers,* die 1935/36 mit Ray Corrigan, Bob Livingston und Max Terhune in den Hauptrollen gestartet wurde. Romantische Abenteuerfilme, die nach Alexandre Dumas' »Die drei Musketiere« gestaltet waren und mitten ins amerikanische Herz trafen. Da waren drei brave Jungs, erwachsene Pfadfinder, die den Bedürftigen unter die Arme griffen und arme Mädchen aus den Klauen böser Banditen befreiten und sich von einem Abenteuer ins nächste stürzten. Eine saubere Sache also, die der Großmutter genauso gut wie dem Enkel gefiel, kaum Ansprüche erhob und vor allem saubere Action bot.

Für die eindrucksvollen *stunts* war ein gewisser Yakima Canutt verantwortlich, ein Halbindianer aus Washington State, der viel mit John Wayne zusammenarbeitete und jahrzehntelang als bester *stuntman* der Szene gefeiert wurde. »Seinen Spitznamen bekam er in seinem Heimatstaat Washington«, sagte John Wayne einmal. »Er traf sich mit ein paar Burschen aus der Stadt Yakima – sie müssen ziemlich einen gebechert haben – und wettete mit ihnen, daß er jedes Pferd des Rodeo-

Meisters reiten könnte. Das war vor dem Rodeo. Yak war ungefähr siebzehn. Die anderen konnten das Pferd nicht reiten, aber der damals ja noch unbekannte Yak sagte: ›Ich komme aus Yakima, ich schaffe es!‹ Die anderen meinten: ›Nur zu!‹ Nun, er flog kopfüber zu Boden, und von da an nannten sie ihn Yakima. In Wirklichkeit hieß er Ennos Cannut.« Die Legende will wissen, daß er seit jenem denkwürdigen Tag nur noch vom Pferd fiel, wenn er unbedingt wollte.

The Three Mesquiteers lief jahrelang mit großem Erfolg in den Kinos, obwohl die *plots* immer sehr weit hergeholt waren, einmal im Zweiten Weltkrieg, dann wieder im Bürgerkrieg spielten und ein ganzes Regiment an Schauspielern verbrauchten, die sich in den drei Hauptrollen abwechselten. Neben den schon erwähnten Ur-Mesquiteers waren das: John Wayne, Tom Tyler, Bob Steele, Duncan Renaldo und Ray Hatton. Zu den besten Filmen der Serie gehörten *Range Defenders* und *Outlaws of Sonora*.

Ebenfalls 1935 ritt ein Cowboy durch Republic-Filme, der zuvor schon in einigen Ken-Maynard-Western mitgespielt hatte, aber nie besonders aufgefallen war. Dann erinnerte er sich seiner schönen Stimme und überredete die Republic-Produzenten, ihn in den Western auch singen zu lassen. Die Bosse der Filmgesellschaft waren begeistert und ließen ihn in dem Film *Tumbling Tumbleweeds* ein paar Liedchen trällern. Die Idee des »singenden Cowboys« war geboren und gleichzeitig der größte Star dieser Operetten-Ära in der Geschichte des Western: Gene Autry.

Zusammen mit seinem *sidekick* Smiley Burnette ritt und sang sich Gene Autry durch Filme wie *The Yodelling Kid from Pine Ridge, Colorado Sunset* und *South of the Border,* harmlose Streifen, die alle nach demselben Muster gestrickt waren. Man nehme einen fröhlichen Cowboy in hübscher weißer Kleidung auf einem hübschen weißen Pferd, lasse ihn ein paar fröhliche Liedchen trällern und jage ihn durch einen Phantasie-Westen mit Autos und Flugzeugen und vermeide zuviel Gewalt und Grausamkeiten. Mit anderen Worten, in den B-Western der *singing cowboys* wurde Operette gemacht, nicht mehr, aber auch nicht weniger.

Gene Autry hatte kaum den ersten Film hinter sich, da kamen auch aus den anderen Studios die singenden Cowboys geritten – und das gleich im Dutzend. Manche waren sogar bessere Sänger als Gene Autry, hatten aber nicht das Charisma des Superstars und vor allem nicht das Know-how für sich, das Republic sich in vielen Jahren angeeignet hatte. Am ehesten konnten sich noch Bob Baker, Smith Ballew und Tex Ritter hören und sehen lassen.

In den vierziger Jahren ritten Rex Allen, Eddie Dean und Monte Hale auf den Spuren des großen Gene Autry. Jimmy Wakely, ein ausgezeichneter Sänger und ein weniger guter Schauspieler, kopierte den Star sogar in der Kleidung und erntete dafür nur ein mildes Lächeln. Lediglich Roy Rogers gelang es, zu Gene Autry aufzuschließen. Kein Wunder, auch er arbeitete für die Republic und war von dem Studio als zweiter Gene Autry ins Rennen geschickt worden. Als schmächtiger Bursche tat er sich anfangs etwas schwer, besonders in Schlägereien mit viel größeren und viel stärkeren Banditen wirkte er unglaubhaft, aber auch damals gab es nur wenig im Filmgeschäft, das sich nicht mit Geld lösen ließ. Anfang der vierziger Jahre, als Gene Autry zum Militär eingezogen wurde und das Studio auf Roy Rogers angewiesen war, startete es eine sündhaft teure »King of the Cowboys«-Kampagne, die Roy endgültig zum Star machte. Aber sein Stern strahlte nicht lange. Roy übertrieb das Singen und schien in seinen späten Filmen völlig vergessen zu haben, daß er in einem Western agierte. Es trompetete von allen Seiten, und in dem Streifen *The Cowboy and the Senorita* wurde stundenlang gesungen und Fiesta gefeiert, so daß der Film auch locker als Musical durchgegangen wäre. Aber in seiner großen Zeit, in den Jahren 1942/43, konnte Roy Rogers durchaus überzeugen, vor allem in *Silver Spurs* und *Heart of the Golden West.*

Eine einzige Katastrophe waren die *negro-westerns* des singenden Cowboys Herb Jeffries. Der schwarze Schauspieler spielte in so klangvollen Pferdeopern wie *The Bronze Buckaroo* und *Harlem Rides the Range,* die heute lediglich filmhistorischen Wert haben, weil ausschließlich Schwarze mit-

Roy Rogers, der singende Cowboy

spielten. Komisch war nur, daß in diesen schwarzen Western mehr Vorurteile produziert und bestätigt wurden als in jedem weißen Western. Man möchte wirklich wissen, was sich der (schwarze) Produzent und der (schwarze) Regisseur dabei dachten, leider sind keine Stellungnahmen von Technikern oder Schauspielern überliefert.

Neben Republic Pictures überzeugte vor allem Monogram mit guten Western. Man erinnert sich an zahlreiche John-Wayne-Western, die allerdings so viele *stunts* enthielten, daß Yakima Canutt öfter zu sehen war als der Hauptdarsteller. Auch Tom Tyler überzeugte in *Partners of the Trail*, in dem er angeklagt war, seine eigene Frau umgebracht zu haben, für die damalige Zeit ein sehr gewagter Plot. Jack Randall lieferte mit *Riders of the Dawn* einen sehr stillen, aber spannenden und in den letzten Szenen außergewöhnlich actionreichen Western ab und ließ erst in seinen späteren Filmen nach, als die Monogram aus Kostengründen etwas kürzer treten mußte. Tom Keene und Tim McCoy boten eher Durchschnittliches, und auch Tex Ritter konnte eigentlich nie überzeugen, was aber vor allem daran lag, daß in seinen Filmen viel Archivmaterial verwendet wurde.

In den vierziger Jahren, als Republic mit Gene Autry, Roy Rogers und den *Three Mesquiteers* weitermachte und John Wayne in einigen größeren Western wie *Dakota* und *The Angel and the Badman* agieren ließ, da legte Monogram erst richtig los. Vor allem wartete sie mit der Serie *Rough Riders* auf, die mit sorgfältig konstruierten Stories, tollen Kamerafahrten, eindrucksvoller musikalischer Untermalung und einer grandiosen Szenerie überraschte. In den Hauptrollen waren der populäre Buck Jones, Tim McCoy und Ray Hatton zu sehen, und für die Produktion zeichnete ein Mann verantwortlich, der sich begeistert in jede Produktion stürzte und auch später oft die Kohlen für Monogram aus dem Feuer holte: Scott R. Dunlop. Er liebte den Westen und vor allem den Western und legte sein Herzblut in Filme wie *Forbidden Trails*, *Arizona Bound* und *The Gunman from Bodie*.

Buck Jones' früher und tragischer Tod setzte der Serie *Rough Riders* schon nach einer Saison ein Ende, weil man sich einfach keinen anderen in seiner Rolle vorstellen konnte. Aber Monogram kam mit einer Nachfolgeserie heraus, die sich *Trail Blazers* nannte und Ken Maynard, Hoot Gibson und Bob Steele auf den Leib geschrieben war. Ken Maynard war schon ein bißchen zu alt für wilde Schlägereien und Verfolgungsjagden und mußte in zahlreichen Szenen gedoubelt werden, obwohl die Publicity-Abteilung von Monogram steif und fest behauptete, er mache alles selber.

Auch Duncan Renaldo machte in der Rolle des *Cisco Kid* eine eher unglückliche Figur, aber dann übernahm Scott Dunlop das Kommando und ersetzte ihn durch Gilbert Roland. Der Schauspieler, der mit Western eigentlich nie viel im Sinn gehabt hatte, hauchte der legendären Figur des Kid eine Menge Charme ein und hinterließ einen so nachhaltigen Eindruck, daß man vor ein paar Jahren daran ging, die Serie neu zu beleben. Dieser Versuch ging allerdings gründlich daneben. Da schaut man sich besser einen alten Film wie *Beauty and the Bandit* an.

Als echten *Rough Riders*-Ersatz aber startete Monogram eine Serie mit Johnny Mack Brown, der auch bei der Universal unter Vertrag war. Für seine Filme wurden sogar nicht verfilmte Skripts aus der *Rough Riders*-Serie herangezogen, und man hatte nur mäßigen Erfolg, bis wieder einmal Scott Dunlop einsprang und der Serie neues Leben einhauchte.

RKO produzierte in den vierziger Jahren die teuersten B-Western und setzte auf den gealterten George O'Brien, bis mit Tim Holt ein neuer Stern aufging, der bis in die fünfziger Jahre hinein leuchtete. Von nur kurzer Dauer war der Erfolg einer Serie von Zane-Grey-Western, in denen sich James Warren und Robert Mitchum die ersten Sporen verdienten.

Auf die Schreibe eines Zane Grey verließ man sich auch bei der Fox, und das mit so großem Erfolg, daß die Filme dieser Serie noch heute als beste Zane-Grey-Verfilmungen gelten. Die Filme hatten genau das richtige Tempo und waren so gut konstruiert, daß man sogar die meist etwas komplizierten Plots der Romane vergaß. Das traf besonders auf *Riders of the Purple Sage* zu, den wohl besten Film dieser Serie. In der Hauptrolle war George Montgomery zu sehen, der allerdings viel zu gut für einen B-Western war und schon bald zum Superstar wurde. Zu seinem Nachfolger wurde John Kimbrough bestimmt, und der spielte wiederum so schlecht, daß die Serie bald darauf eingestellt wurde.

Die B-Western, die Columbia und Universal in den vierziger Jahren produzierten, müssen eigentlich schon der A-Kategorie zugerechnet werden, weil sie einfach zu aufwendig produziert und zumeist auch länger waren. Gene Autry spielte sich noch einmal selbst in den Western *Loaded Pistols* und *The Last Roundup,* und Johnny Mack Brown hatte in *Arizona Cyclone* das Glück, den A-Regisseur Joseph L. Lewis hinter der Kamera zu haben.

Von da an ging's bergab. Die großen Stars des B-Western waren gestorben oder einfach zu alt, die Studios steckten ihre Dollars lieber in große Filme, die in den Lichtspieltheatern der Großstädte für Aufsehen sorgten, und dann war da plötzlich das Fernsehen, das in den fünfziger Jahren die Rolle des B-Produzenten übernahm, eine Westernserie nach der anderen drehte und Hollywood in eine neue Richtung zwang.

4. KAPITEL

Wyatt Earp und Zane Grey

1931–1938

»Whatever happened to Randolph Scott?«

The Statler Brothers

Die dreißiger Jahre gehörten dem B-Western. Die vielen hundert Produktionen mit Buck Jones, Ken Maynard, Gene Autry und anderen Stars erstickten die Handvoll A-Western, die zwischen 1931 und 1937 das Licht der Welt erblickten. Zu groß war der Einfluß berühmter Gangsterfilme wie *Little Caesar,* und es dauerte bis 1938, ehe eine neue Blütezeit des großen Western mit Filmen wie *Stagecoach* und *Union Pacific* begann.

Die meisten Studios hielten sich wie MGM an einen gelegentlichen Alibi-Western wie *Robin Hood of Eldorado* (1936), in dem William A. Wellman wieder einmal die Geschichte des mexikanischen Banditen Joaquin Murietta erzählte, oder verlegten sich wie Warner Brothers auf Kriminalfilme und Errol-Flynn-Operetten. Warner brachte in den dreißiger Jahren lediglich einen großen Western heraus, er hieß *Massacre* (1933) und erzählte die Geschichte eines indianischen Rodeo-Stars, der in die heimatliche Reservation zurückkehrt und dort feststellen muß, daß weiße Geschäftemacher seine Stammesbrüder ausnehmen und mit tödlichen Krankheiten infizieren. Richard Barthelmess überzeugte in der Hauptrolle, und auch Alan Crosland, der Regisseur des vielbeachteten Tonfilms *The Jazz Singer,* lieferte eine handwerklich saubere Arbeit, aber der Film war mit zahlreichen Klischees beladen, die diesmal in die andere Richtung wiesen und jeden Weißen in der Reservation als Mörder und Betrüger auswiesen. Beachtenswert jedoch der kühne Sarkasmus, der auf Kosten von Schwarzen, Weißen und Indianern ging.

Mit einem damals kaum beachteten, von heutigen Kritikern

aber sehr gelobten Western kam Universal 1932 in die Kinos. *Law and Order* entstand nach *Saint Johnson,* einer Story des Bestsellerautors W. R. Burnett, der schon die Vorlage zu den Kriminalfilmen *The Asphalt Jungle, Little Caesar* sowie zu *High Sierra* geliefert hatte. In *Saint Johnson* beschreibt er den vielzitierten Kampf der Earp-Brüder, die sich in Tombstone gegen den Rancher Ike Clanton, dessen Söhne und zahlreiche Revolvermänner zu behaupten hatten. Es ging vor allem um politische und wirtschaftliche Interessen, die in keinem Film über den historischen Kampf im OK-Corral herausgearbeitet wurden und erst von Historikern und Romanautoren wie Matt Braun *(Tombstone)* und Loren D. Estleman *(Bloody Season)* beachtet wurden.

In den vielen Filmen, die über Wyatt Earp und seinen Freund Doc Holliday gedreht wurden, findet keine Historie statt und ist bei Produktionen wie *My Darling Clementine* auch gar nicht beabsichtigt. Auch in *Law and Order* erzählt Regisseur und Drehbuchautor John Huston eine romantisierte Fassung, und Walter Huston als Saint Johnson bzw. Wyatt Earp und Harry Carey als Ed Brandt bzw. Doc Holliday geben ein sehr eindrucksvolles Paar ab, besonders wenn man sie mit dem Wyatt Earp des Remakes aus dem Jahre 1953 vergleicht. Der hieß nämlich Ronald Reagan und war damals gerade dabei, in die Politik zu gehen.

Der wirkliche Wyatt Earp verpaßte die Premiere des ersten *Law and Order*-Films nur um drei Jahre. Er starb 1929 in Los Angeles, hatte vorher aber als Berater für Westernfilme gearbeitet und seine Lebensgeschichte dem Journalisten Stuart N. Lake erzählt, der sie im Jahre 1930 unter dem Titel *Wyatt Earp, Frontier Marshal* herausbrachte. Aber auch diese Autobiographie hatte wenig mit der Wirklichkeit zu tun. Anscheinend glaubte der ehemalige Hilfspolizist und Marshal Wyatt Earp seiner Legende mehr als der Wirklichkeit, sie las sich ja auch viel schöner und spannender.

Auch zwei Filme, die beide den Titel *Frontier Marshal* trugen und in den Jahren 1934 und 1939 herauskamen, erzählten von Wyatt Earp und Doc Holliday. Der erste war künstlerisch gesehen kaum der Rede wert und ging lediglich wegen eines dummen Fehlers in die Filmgeschichte ein. Ein Brief, der mit der Kutsche aus Tombstone herausgebracht werden sollte, wurde von Banditen aus einer Kutsche gestohlen, die nach Tombstone hineinfuhr. Beachtenswert auch Berton Churchill als betrügerischer Bürgermeister, eine Rolle, die er 1939 in *Stagecoach* wiederholte.

Verglichen mit dem ersten Film, wirkte der zweite *Frontier Marshal* (1939) geradezu meisterlich. Vor allem Randolph Scott als Wyatt Earp und Cesar Romero als Doc Holliday überzeugten auf der ganzen Linie. Randolph Scott, ein zurückhaltender Virginier, ein Südstaaten-Gentleman vom Scheitel bis zur Sohle, stand gerade auf der Schwelle zum Weltruhm. Zurückblickend hat man oft das Gefühl, er spielte in jedem Western der fünfziger Jahre mit, und viele Kritiker bescheinigen ihm einen Ehrenplatz in der Western-Ruhmeshalle – gleich neben John Wayne. Dabei war er nur durch Zufall zum Film gekommen. Er hatte den superreichen Produzenten Howard Hughes auf dem Golfplatz getroffen und war von diesem überredet worden, nach Hollywood zu gehen. Damals hätte er sich bestimmt nicht träumen lassen, daß man ihm sogar mal einen Song (»Whatever Happened to Randolph Scott?«) widmen würde.

Randolph Scott war auch der Held der Zane-Grey-Western, die Paramount Pictures als ein Mittelding zwischen A- und B-Western herausbrachte. *To the Last Man* erzählte die historisch belegte Geschichte der Graham-Tewksbury-Fehde, einer blutigen Auseinandersetzung im Pleasant Valley von Arizona, die von Ranchern und Schafzüchtern »bis zum letzten Mann« geführt wurde. Als Regisseur zeichnete Henry Hathaway verantwortlich, der ein Jahr später auch *The Last Round-up* (1934) in Szene setzte. Dieser Film hat nichts mit dem über zehn Jahre später entstandenen Gene-Autry-Vehikel gleichen Titels zu tun. Der Film entstand nach dem Roman *The Border Legion,* hatte in Randolph Scott und Monte Blue zwei hervorragende Hauptdarsteller, wurde aber von einigen Kritikern dazu benützt, wieder einmal das Ende des Western vorauszusagen. Aber die Hollywood-Cowboys ritten noch lange nicht zum letzten Round-up.

Schon 1936 kam die Paramount mit einem Western in die Kinos, der zwar unter einem lausigen Drehbuch litt, aber mit originellen *locations,* rasanter Action und interessanten Charakteren aufwartete. Der Streifen hieß *The Texas Rangers* und erzählte die Geschichte der berühmten Polizeitruppe, angeblich nach Originalakten, das will zumindest die Presseabteilung der heutigen Rangers wissen. Allerdings müßte man dann an der Schlagkraft der Rangers zweifeln.

Der bekannteste Western der an aufwendigen Produktionen so armen Zeit zwischen 1931 und 1938 hieß *The Plainsman* (Der Held der Prärie, 1936). Cecil B. DeMille, vor allem für seine Massenszenen bekannt, gelang mit diesem Film eine sehr sympathische Studie des Westmannes Wild Bill Hickok, gespielt von Gary Cooper, der zuerst als Scout arbeitet, an den Indianerkriegen teilnimmt und später als Marshal mit einem Schuß in den Rücken getötet wird. Natürlich hat die Handlung nichts mit den tatsächlichen Ereignissen zu tun, das war wohl auch nicht beabsichtigt, aber Gary Cooper und Jean Arthur als Calamity Jane (die nur noch den Namen mit ihrem historischen Vorbild gemeinsam hat) sind amüsant anzuschauen, ihre Dialoge pfiffig, und lediglich der Tick des Regisseurs Cecil B. DeMille, fast nur im Studio zu arbeiten, mindert dieses Vergnügen. Die phantasielosen Kulissen, die künstlichen Pferde und die vielen *back projections* störten schon damals und sind in heutigen Fernsehwiederholungen kaum noch zu ertragen.

1937 erblickte mal wieder ein Epos die Welt, aber *Wells Fargo* war wohl kaum dazu angetan, sich über eine Wiedergeburt des monumentalen Western zu freuen. Der Film ist viel zu lang und langweilt mit historischen Einzelheiten, die den Ablauf des Abenteuers nur unnötig aufhalten. Lediglich der Hauptdarsteller Joel McCrea verdient Beachtung. *Wells Fargo* war sein erster Western, dem noch zahlreiche bessere folgen sollten.

1938 dominierte noch einmal der B-Western, lediglich *The Texans* (1938) mit Randolph Scott ragte aus der Masse der Billig-Western heraus, aber dann kam das Jahr 1939 und ein Film, der als »bester Western aller Zeiten« in die Geschichte

Jean Arthur und Gary Cooper in ›The Plainsman‹

eingehen sollte, ein Film, der am Anfang einer ganzen Reihe überdurchschnittlicher Western stand und zu einem Meilenstein wurde – vor allem für seinen Regisseur John Ford und seinen Hauptdarsteller John Wayne. Der Film hieß *Stagecoach*.

5. KAPITEL

Stagecoach

1939—1941

> »Well, that's saved them the blessings of
> civilization.«
>
> Doc Boone in *Stagecoach*

Stagecoach (1939), unter den dummen Titeln *Höllenfahrt nach Santa Fe* (dabei geht die Fahrt nach Lordsburg) und *Ringo* in die deutschen Kinos gekommen, war ein Welterfolg. Von den meisten Fachleuten wird der Film als bester Western der Geschichte bezeichnet oder zumindest in der Liste der zehn besten Western geführt, und das Publikum sitzt noch heute begeistert vor dem Bildschirm, wenn *Stagecoach* als Wiederholung im Fernsehen läuft. *Stagecoach,* ein geniales Meisterwerk, ein Klassiker seit fast vierzig Jahren, ein Film, in dem so ziemlich alles stimmt. *Stagecoach,* der Western schlechthin.

Dabei wollte den Film anfangs niemand haben. Regisseur John Ford erinnerte sich in einem Artikel in *Action Magazine:* »Ich fand die Story in *Collier's,* glaube ich jedenfalls. Sie war nicht besonders gut ausgearbeitet, aber die Charaktere waren gut. Das ist 'ne tolle Story, dachte ich und kaufte sie für eine geringe Summe, ich glaube, es waren zweitausendfünfhundert Dollar. Ich versuchte sie an ein Studio zu verkaufen, aber niemand wollte sie haben. Als die Studiobosse sie lasen, sagten sie zu mir: ›Aber das ist ein Western! Keiner macht noch Western!‹

›Klar, ist das ein Western!‹ erwiderte ich. ›Aber das sind tolle Charaktere! Was macht das schon für einen Unterschied, wo die Geschichte spielt?‹

Ich konnte sie nicht überzeugen. Dann ging ich zu RKO. Der Präsident der Gesellschaft war ein Gentleman namens Joseph P. Kennedy und zufällig ein Freund von mir. Ich ging al-

›Stagecoach‹ – ein Meisterwerk

so zu Joe und erzählte ihm meine Story und welche Schwie-
rigkeiten ich hatte, das Ding an die Studios zu verkaufen.
›Was für Einwände haben sie?‹ fragte er mich.
›Nun, sie sagen, es ist ein Western‹, sagte ich.
›Vielleicht ist es an der Zeit, mal wieder einen Western zu

Außenseiter finden sich: Claire Trevor und John Wayne

drehen‹, meinte Kennedy. ›Ich werde folgendes tun. Ich werde die Story an die Produzenten im Studio schicken und sie
dann fragen, was sie darüber denken.‹
Er schickte die Story also an die sogenannten Produzenten
von RKO, vier Männer, die zufällig auch gute Freunde von

mir waren. Einer von ihnen sagte: ›Ich drehe nur Klassiker!‹ Den Ausdruck hatte er erst kürzlich gelernt.

Meine Antwort war: ›Eine Story ist eine Story, ob sie nun im Westen spielt oder ›Two Gentlemen from Verona‹ heißt.‹

Joe Kennedy konnte seine Produzenten nicht überzeugen. Er sagte: ›Ich weiß nicht, wofür ich die verdammten Kerle bezahle. Sie machen jedenfalls keine besonders guten Filme. Ich erinnere mich, daß du mal mit einer Story über die irische Revolution zu RKO kamst, das war *The Informer,* und daran war auch keiner meiner Produzenten interessiert. Also schickten sie dich über die Straße, um den Film im Hinterhof zu drehen. Der Film hat uns 'ne Menge Prestige eingebracht. Hast du ein Skript?‹

›Ich arbeite mit Dudley Nichols an einem Exposé.‹

Joe Kennedy wollte es sehen. Aber in der Zwischenzeit erhielt ich einen Anruf von Walter Wanger, der noch einen Film für United Artists zu machen hatte, um seinen Vertrag zu erfüllen.

›Ich hab' gehört, du hast 'ne gute Story‹, sagte er, ›wie heißt sie?‹

›*Stagecoach*‹, sagte ich.

›Ein Western, hm?‹ meinte er.

›Yeah‹, sagte ich.

›Nun, das ist vielleicht 'ne gute Sache. Aufregend?‹

›Ich glaube schon‹, sagte ich.

›Okay, laß uns darüber reden.‹

Also schickte ich ihm die Kurzgeschichte, und er sagte: ›Das ist 'ne ziemlich gute Story. Ich würde Gary Cooper gern in der Hauptrolle sehen.‹

Ich sagte ihm, daß ich daran zweifelte, daß Coop an einer solchen Rolle in einem Western interessiert war.

›Da müssen 'ne Menge Topstars mitspielen‹, sagte Wanger.

›Ich glaube nicht, daß die Rolle zu Gary paßt‹, sagte ich.

›Ich denke an Gary Cooper und Marlene Dietrich‹, sagte er.

›Ich glaube nicht, daß du so viel bei einem solchen Film ausgeben kannst‹, sagte ich, ›das ist so 'n Film, den du sehr billig herstellen mußt.‹

›An wen denkst du?‹ fragte er.

›Nun, da ist dieser Junge, der als Laufbursche für mich gearbeitet hat‹, antwortete ich, ›sein Name ist Michael Morrison, aber er macht jetzt B-Western und nennt sich John Wayne.‹
›Glaubst du, er ist gut?‹
›Ich glaube schon‹, sagte ich, ›und wir können ihn billig bekommen.‹
›Was ist mit dem Mädchen?‹
›Nun, ich halte Claire Trevor für eine verteufelt gute Schauspielerin‹, sagte ich, ›und sie paßt zu der Rolle.‹
›Okay, leg los und besetze den Film‹, sagte Wanger. ›Ich muß für zehn Tage nach New York. Wenn ich zurückkomme, möchte ich das fertige Skript sehen.‹«
Dudley Nichols setzte sich noch am selben Nachmittag an die Schreibmaschine. In knapp zehn Tagen schrieb er die erste Fassung eines Drehbuches, das später noch oft geändert werden und erst während der Dreharbeiten seine endgültige Form erreichen sollte. Autor Nichols war während der gesamten Aufnahmen dabei, ohne Bezahlung übrigens, und griff immer dann korrigierend ein, wenn John Ford sich wieder mal an einer Passage stieß.

Stagecoach erzählt die Geschichte einer Kutschenfahrt von Tonto nach Lordsburg. Neun Männer und Frauen fahren durch die Wildnis und werden dabei ständig durch Apachen bedroht. Auf dem Bock sitzen Buck (Andy Devine), der geschwätzige Kutscher, der eine Heidenangst vor den Apachen hat, ständig von seiner Frau und seinen vielen Kindern spricht und nie dazu kommt, seinen riesigen Appetit zu stillen, und Curly Wilcox (George Bancroft), ein sehr ernster, aber auch menschlicher und nachsichtiger Sheriff. In der Kutsche reisen sieben sehr unterschiedliche Passagiere. Lucy Mallory (Louise Platt), eine junge schwangere Frau, nimmt die beschwerliche Fahrt auf sich, um zu ihrem Mann, einem Offizier der US-Kavallerie, zu kommen. Der soll angeblich mit seiner Einheit bei der ersten Station warten, um die Kutsche zu begleiten, mußte aber vor den Apachen flüchten. Major Hatfield (John Carradine), ein Gentleman aus den Südstaaten mit geheimnisvoller Vergangenheit und inzwischen ein notorischer Glücksspieler, fährt nur mit, um der schwangeren Lady beizustehen und muß seine Hilfsbereitschaft mit dem Leben bezahlen. Während des Apachenangriffs wird er von einem Pfeil getroffen. Henry Gatewood (Berton Churchill), der Bankier von Tonto, ist mit den Lohngeldern durchgebrannt, wird aber bei der Ankunft in Lordsburg gestellt und der Gerechtigkeit zugeführt. Dr. Josiah Boone (Thomas Mitchell) ist ein ständig betrunkener Arzt, dessen große Stunde auf einer einsamen Pferdewechselstation kommt, als er sich mit einem Liter Kaffee ernüchtert und Lucy Mallory zu einer glücklichen Geburt verhilft. Seine ganze Sympathie aber gilt dem zerstreuten und ängstlichen Whiskyvertreter Samuel Peacock (Donald Meek), der von ihm zu der Fahrt überredet und von den Apachen getötet wird. Die Prostituierte Dallas (Claire Trevor) wird von den Damen der »Law and Order League« aus Tonto verjagt und verliebt sich während der Fahrt in Ringo Kid (John Wayne), einen sympathischen Outlaw, der hinter den Mördern seines Vaters und Bruders her ist und sie nach der Ankunft in Lordsburg erschießt. Sheriff Curly Wilcox entläßt ihn und Dallas in ein neues Leben fernab der fragwürdigen Zivilisation.

Die einfache Story – eine Gruppe von Menschen ist in einen geschlossenen Raum verbannt und wird durch ein gemeinsames Schicksal zusammengeschweißt – wurde zum Vorbild zahlreicher Katastrophenfilme wie *Airport* und war schon in *Grand Hotel* abgehandelt worden, aber *Stagecoach* ging weiter, führte keine Schablonen, sondern ausgereifte Charaktere vor, von denen jeder einen Teil zur Story beitrug. »Eigentlich sitzen nur unwürdige Charaktere in der Kutsche«, schrieb Drehbuchautor Dudley Nichols später, »aber ich kann sie alle gut leiden.« Dieser Meinung waren auch andere Produzenten, Regisseure und vor allem Autoren, die alle Personen aus *Stagecoach* in der einen oder anderen Form auch in späteren Western auftauchen ließen und sie zum festen Bestandteil des Western-Genres machten. In *Stagecoach* waren sie original, daran sollte man denken, wenn man sich den Film heute ansieht.

Die Kutschenfahrt von Tonto nach Lordsburg führt von der

Zivilisation in die Wildnis, und in einigen sehr prägnanten Szenen wird deutlich, wie fragwürdig diese amerikanische Zivilisation mit ihrer Prüderie und ihrem bigotten Gehabe doch ist. Mit ein paar sarkastischen Bemerkungen fertigt der betrunkene Doc Boone die Ladies von der »Gesellschaft für Gesetz und Ordnung« ab, verknöcherte und verbiesterte und vor allem häßliche Wesen in langen Kleidern und mit der unvermeidlichen Haube auf dem Kopf, die ihn und das leichte Mädchen Dallas wegen ihres fragwürdigen Rufs aus der Stadt gewiesen haben. Das amerikanische Gewissen, der moralisch erhobene Zeigefinger, wird lächerlich gemacht, und als der angesehene Bankier und Ehemann der Oberlady mit den Lohngeldern durchbrennt, wird klar, daß die wahren Werte an der Besiedlungsgrenze nicht vom sozialen Status des einzelnen, sondern allein von seinem Charakter und seiner Leistung abhängig waren. Ausgerechnet der versoffene Doktor und das leichte Mädchen wachsen über sich selbst hinaus, als es gilt, inmitten des Indianergebiets ein Kind zur Welt zu bringen.

Lucy Mallory, die schwangere Frau eines Offiziers, verkörpert die vielen Vorurteile dieser Zivilisation, die sich allein an dem sozialen Status oder Namen eines Menschen orientierte. Sogar ihrem Beschützer, dem Spieler Hatfield, begegnet sie mit Mißtrauen, obwohl sich später herausstellt, daß dieser einer angesehenen Südstaaten-Familie entstammt.

Die Indianer bleiben gesichtslos, stellen eine Gefahr dar wie das ständig wechselnde Wetter oder die urwüchsige Landschaft des Monument Valley. Sie tauchen erst im letzten Teil des Films auf, als Geronimo seine Krieger zum wohl berühmtesten Indianerangriff der Filmgeschichte führt. William S. Hart soll überflüssigerweise gefragt haben: »Warum haben die Indianer nicht auf die Pferde gezielt?« Worauf John Ford richtigerweise antwortete: »Dann wäre der Film zu Ende gewesen!« In Wirklichkeit hatten es die Apachen natürlich gerade auf diese Pferde abgesehen. Ihnen war mehr an den Zugtieren als an den Passagieren gelegen.

»Zuerst hatten wir Bedenken, den Film mit zwei Höhepunkten enden zu lassen«, sagte Dudley Nichols, aber es gab wohl keinen Zuschauer, der nach dem Indianerangriff schon gegangen wäre. Gerade die Szenen in Lordsburg zeigen den mystischen und verklärten Westen, den John Ford für authentischer hielt als den historischen; wenn Ringo Kid im Dunkel der Nacht gegen die Plummer-Brüder antritt, der Shoot-out nicht groß in Szene gesetzt wird wie später in *High Noon,* sondern fast beiläufig geschieht und deshalb wohl auch authentischer erscheint, wenn Ringo Kid und Dallas im noch dunkleren Rotlichtbezirk verschwinden, um einer neuen Zukunft entgegenzufahren, dann wird einem klar, was John Ford und Dudley Nichols mit diesem Film bezweckten, obwohl gerade Nichols immer wieder behauptete, beim Schreiben von *Stagecoach* nur an die Unterhaltung gedacht zu haben.

Großen Anteil am Erfolg von *Stagecoach* hatte neben Regisseur, Drehbuchautor und Darstellern auch Yakima Canutt, der alle *stunts* beaufsichtigte, alle gefährlichen Aktionen selber ausführte und seinen Freund John Wayne doubelte. Die Action-Szenen des Indianerangriffs gehören zu den besten, die jemals in einem Western gezeigt wurden und führten vieles vor, was man zuvor noch nie gesehen hatte. Als erster *stuntman* ließ Yakima Canutt sich vom Pferd fallen und von der Kutsche überrollen, als erster sprang er vom Bock der fahrenden Kutsche auf die Zugpferde.

Und dann die Landschaft, eine urwüchsige Landschaft wie aus einer anderen Welt, die zu Fords eigener kleinen Welt wurde und später auch »Ford's Country« genannt wurde. Monument Valley, ein monumentales Felsental an der Grenze zwischen Utah und Arizona, das kein anderer Regisseur zu betreten wagte, weil man seine Bilder als Plagiat empfunden hätte. Sowohl John Ford als auch John Wayne gaben später an, das Monument Valley »entdeckt« zu haben, aber es war John Ford, der diese Landschaft zu einer Philosophie machte und in seine Legendenwelt einbrachte.

John Ford gelang mit *Stagecoach* der erste literarische und poetische Western von Weltruf. Sein Anliegen war es nicht mehr, den amerikanischen Westen so authentisch wie möglich zu zeigen oder ihn in die Phantasiewelt der Operette zu verlegen – ihn interessierten die mystischen Aspekte, die psychologische Bedeutung der Protagonisten, er machte die Legende zur Wirklichkeit und die Folklore zur Realität. *Stagecoach* und andere Meisterwerke wie *My Darling Clementine* spielen in einem Westen, den es so leider nie gegeben hat, in immer derselben Landschaft mit immer denselben Schauspielern. In einer geheimnisvollen Welt aus Licht und Schatten, durch eine gefühlvolle Kamera gesehen, die den Pioniergeist des jungen Amerika in Bilder umsetzte.

Stagecoach wurde am 2. März 1939 in der Radio City Music Hall von New York uraufgeführt und wurde von Kritikern und Publikum sogleich als Meisterwerk erkannt. Leider kam der Western im selben Jahr wie *Gone With the Wind* (Vom Winde verweht) heraus, und lediglich Thomas Mitchell konnte einen Oscar als bester Nebendarsteller in Empfang nehmen. John Ford wurde als bester Regisseur von der New Yorker Filmkritik ausgezeichnet. Das größte Lob aber kam aus dem Mund von Orson Welles. Er gab zu, *Stagecoach* mehr als vierzigmal gesehen zu haben, bevor er sich an das Drehbuch von *Citizen Kane* machte.

Stagecoach brachte den großen Western in die Kinos zurück und stand am Anfang einer ganzen Reihe von guten Produktionen, die zwischen 1939 und 1942 in den Verleih kamen. Im selben Jahr wie Ford bewies Regisseur George Marshall, daß man mit einem Western auch Humor und Sex transportieren kann. *Destry Rides Again* (Der große Bluff) heißt die unterhaltsame Komödie, in der Marlene Dietrich als die verruchte Saloonbesitzerin Frenchy und James Stewart als scheinbar harmloser Destry brillieren. Der gleichnamige Roman von Max Brand war 1932 schon einmal mit Tom Mix verfilmt worden, aber nur die Fassung mit Marlene Dietrich und James Stewart wird heute noch gezeigt und als die allein gültige angesehen.

Von Henry King in Szene gesetzt wurde *Jesse James* (Jesse James, Mann ohne Gesetz, 1939), wie bei fast allen Outlaw-Filmen sehr frei nach der historischen Vorlage gestaltet. Tyrone Power als unbekümmerter Jesse James beraubt die Reichen und beschenkt die Armen, sein Bruder Frank, hervor-

Tyrone Power und Henry Fonda in ›Jesse James‹

ragend dargestellt von Henry Fonda, ermahnt ihn, in seinem Robin-Hood-Wahn nicht zu weit zu gehen. In zwei interessanten Nebenrollen sind Randolph Scott als Gesetzesbeamter und John Carradine als Bob Ford zu sehen. Der Film bietet viele actionreiche und auch humorvolle Szenen, wirkt auf den Beschauer aber eher nachdenklich und vermeidet es auf geschickte Weise, das Outlaw-Leben zu glorifizieren. Das gilt auch für die Fortsetzung *The Return of Frank James* (Rache für Jesse James, 1940), wieder mit Henry Fonda und vielen anderen Darstellern aus dem ersten Film, aber von Fritz Lang inszeniert, sein erster Western übrigens.

Um einen anderen bekannten Outlaw geht es in *Billy the Kid* (1940) mit Robert Taylor, der Film hat aber lediglich statisti-

Nach ›Stagecoach‹ gings bergauf: John Wayne mit Claire Trevor in ›The Dark Command‹

sche Bedeutung, genauso wie *The Oklahoma Kid* (1939), einer der wenigen Western, für die Humphrey Bogart und James Cagney ihre Gangsterkluft gegen Westernkleidung eintauschten. Man merkt ihnen an, daß sie sich nicht besonders wohl darin fühlten.

Ausgesprochen wohl fühlte Errol Flynn sich im Wilden Westen. Ihm wurden zwischen 1939 und 1942 vier Klamotten auf den Leib geschrieben, anspruchslose Unterhaltungswestern, die mehr als nachlässig mit der historischen Wirklichkeit umgingen und lediglich Action-Vehikel für den Star der Sieben Meere waren. In *Dodge City* (Herr des Wilden Westens, 1939) zähmt der Liebling aller Frauen die wilde Stadt Dodge

City und verliebt sich in Olivia de Havilland, nachdem er einen ganzen Saloon dem Erdboden gleichgemacht hat. Die Saloonschlägerei gilt als eine der schönsten in der Westerngeschichte, beginnt allerdings mit einem musikalischen Wettstreit, der in *Casablanca* vier Jahre später weitaus besser zur Geltung kam.

In *Virginia City* (Goldschmuggel nach Virginia, 1940) sind der Nordstaatler Errol Flynn, der Südstaatler Randolph Scott und der mexikanische Bandit Humphrey Bogart hinter demselben Goldschatz her und gehen alle leer aus – bis auf Errol natürlich, der wieder mal mit dem Mädchen davonreiten darf.

In *The Santa Fe Trail* (Land der Gottlosen, 1940) verliebt Er-

Errol Flynn als Herr des Wilden Westens in ›Dodge City‹ (die beiden Damen sind Olivia De Havilland und Ann Sheridan)

rol Flynn sich erneut in Olivia de Havilland, nachdem er seinen Partner George Armstrong Custer, dargestellt von Ronald Reagan, aus dem Rennen geworfen hat.

Am amüsantesten von allen Errol-Flynn-Western ist noch *They Died With their Boots On* (Sein letztes Kommando, 1942), ein sehr unterhaltsamer Streifen über das Leben und die Karriere des George Armstrong Custer. Mit der historischen Figur des ehrgeizigen Generals, der im Juni 1876 den vereinigten Sioux-, Cheyenne- und Arapaho-Indianern unterlag, hat die Rolle des Helden natürlich kaum etwas zu tun, aber es gelingt dem Film zumindest, beide Seiten, die der Indianer und die der Weißen, auf sehr faire Weise darzustellen. In der Rolle des Indianerhäuptlings Crazy Horse ist übrigens Anthony Quinn zu sehen.

Der neben *Stagecoach* wohl bedeutendste Film der »goldenen Jahre des Western« war sicherlich *The Westerner* (Der

Gary Cooper mit Walter Brennan in ›The Westerner‹

Westerner, 1940) mit Gary Cooper und Walter Brennan. Cooper spielt einen angeblichen Pferdedieb, der von dem legendären Richter Roy Bean zum Tode verurteilt und dann begnadigt wird. Roy Bean, eine historische Gestalt, war bekannt für seine eigenwilligen Urteile und läßt auch Gary Cooper Gerechtigkeit widerfahren. »Bei mir bekommt ein Pferdedieb immer eine faire Verhandlung, bevor er aufgeknüpft wird«, meint er lakonisch. Es kommt zu einer Serie von humorvollen und actionreichen Auseinandersetzungen, bis der Held den korrupten Richter erschießen kann. Judge Roy Bean stirbt zufrieden, weil er vorher noch seinen großen Schwarm Lili Langtry begrüßen kann. Nach der Schauspielerin ist heute noch ein Nest in Texas benannt, in dem man auch den Jersey Lili Saloon des Richters besichtigen kann.

The Westerner überzeugte vor allem durch sein witziges Drehbuch und seine beiden Hauptdarsteller. Gary Cooper festigte seinen Ruf als wortkarger und schüchterner Held, und Walter Brennan erhielt für seine grandiose Darstellung des eigenwilligen Richters einen Oscar als bester Nebendarsteller.

Gegenüber einer so starken Konkurrenz wurden durchaus achtbare Werke wie *The Spoilers* (Stahlharte Fäuste, 1942) und das Epos *Western Union* (1941) natürlich als triviale Dutzendware abgehandelt, obwohl beide Filme ihre Qualitäten hatten und auch mit einer starken Besetzung antraten. In *The Spoilers,* das 1942 schon zum vierten Mal verfilmt wurde, spielten John Wayne, Randolph Scott, Marlene Dietrich und Harry Carey, und in dem Telegraphen-Drama *Western Union,* das nach dem Muster von *Union Pacific* und *Wells Fargo* gestrickt war, überzeugten Robert Young, Randolph Scott und Dean Jagger.

Es ging wieder aufwärts mit dem Western. *Stagecoach* hatte einen wahren Boom an guten Filmen ausgelöst, die für die Zukunft einiges versprachen. Allerdings sollte es nach dem Eintritt der Amerikaner in den Zweiten Weltkrieg noch einmal zu einem Tief kommen, bevor dann 1948 eine neue Blütezeit begann.

6. KAPITEL

John Ford, der Meisterregisseur

»Mein Name ist John Ford,
ich mache Western.«

John Ford

»Mein Name ist John Ford, und ich mache Western«, sagte er bescheiden, und auch sonst machte er nicht viel Aufhebens von seiner Person und seiner Arbeit. Er ließ sich während seines ganzen Lebens nur einmal ausführlich interviewen, von seinem Kollegen und Bewunderer Peter Bogdanovich. Er war bekannt für seine barschen und einsilbigen Antworten und betrachtete sich immer als Handwerker, nicht als Künstler. Das taten andere für ihn. Elia Kazan bewunderte ihn mehr als alle anderen Filmemacher, Jean Renoir lobte seine Ehrenhaftigkeit und sein Talent, Federico Fellini bezeichnete ihn als einen Mann, der für das Kino lebte, Alfred Hitchcock lobte sein visuelles Einfühlungsvermögen, und Orson Welles antwortete auf die Frage, welche amerikanischen Regisseure er am meisten bewundere: »Die alten Meister, damit meine ich John Ford, John Ford und John Ford.«
John Augustine Feeney wurde am 1. Februar 1895 als dreizehntes Kind einer Einwandererfamilie aus dem irischen Galway County in Cape Elizabeth, Maine, geboren. Sein Vater besaß einen Saloon in Portland, Maine. Nach der High School im Jahre 1913 ging John nach Hollywood, wo sein Bruder unter dem Namen Francis Ford als Regisseur und Schauspieler für Universal Pictures arbeitete. Er nahm den Namen Jack Ford an und hielt sich als Arbeiter und Mädchen für alles im Studio seines Bruders über Wasser. Es folgten kleine Rollen in unbedeutenden B-Produktionen.
Zum erstenmal Regie führte Jack Ford in dem Film *The Tornado,* das war 1917, und noch im selben Jahr lieferte er sein erstes Meisterwerk ab. *Straight Shooting* zeigte zumindest in Ansätzen die Qualitäten, die fast alle späteren Ford-Western

John Ford: ›Fort Apache‹, im Vordergrund John Wayne

Sal Mineo und Dolores del Rio in John Fords ›Cheyenne‹

auszeichnen sollten: eindrucksvolle Landschaftsaufnahmen und temporeiche Action-Szenen. Schon damals wurde die visuelle Kraft spürbar, die Ford von allen anderen Regisseuren unterschied.

Zu seinem Lieblingsschauspieler in der Stummfilmzeit wurde Harry Carey. Vierundzwanzig Filme machte er mit dem ernsten Charakterdarsteller, der auch in Tonfilmen eine gute Figur machte und später von seinem Sohn Harry Carey jr. abgelöst wurde. Jack Ford umgab sich gern mit vertrauten Menschen und Landschaften, und viele seiner Filme wurden in denselben Gegenden und mit denselben Schauspielern gedreht. Harry Carey, Buck Jones, Tom Mix und Hoot Gibson hießen die Stars seiner Filme in den zwanziger und dreißiger Jahren, später waren es Henry Fonda, John Wayne, Victor McLaglen, Maureen O'Hara, Vera Miles und viele andere.

1924 drehte der Regisseur, der sich inzwischen John Ford nannte, seinen ersten, auch kommerziell erfolgreichen Western. *The Iron Horse,* ein stimmungsvolles Epos über den Bau der Transkontinentaleisenbahn, lief wochenlang in den Kinos. Sein künstlerisch wertvollster Film der ersten Schaffensphase aber entstand erst 1935; für *The Informer* erhielt er seinen ersten Oscar und den Preis der New Yorker Filmkritik. Der Film war kein Western, und niemand assoziierte den Regisseur damals auch mit Western, dies geschah erst seit 1939, als er mit dem mehrfach ausgezeichneten *Stagecoach* ein Jahrhundertwerk schuf.

1940 und 1941 gewann John Ford zwei weitere Oscars, als bester Regisseur für *The Grapes of Wrath* und *How Green Was*

›Wagonmaster‹ von John Ford

My Valley. Dann wurde er zum Photographic Branch der Marine eingezogen. Er filmte die Schlacht um Midway von einem Kontrollturm aus und erhielt wieder einen Oscar, diesmal für den besten Dokumentarfilm. Gleich nach dem Krieg entstand *My Darling Clementine* (Tombstone), gefolgt von so legendären Western wie *Fort Apache* (Bis zum letzten Mann), *Rio Grande, Wagonmaster* (Westlich St. Louis), *The Searchers* (Der schwarze Falke) und *The Man Who Shot Liberty Valance* (Der Mann, der Liberty Valance erschoß).

John Wayne in John Fords › The Searchers‹

Natalie Wood und Jeffrey Hunter in ›The Searchers‹

Über sechzig Western drehte John Ford im Laufe seiner Karriere. Sie zeigten einen amerikanischen Westen, der in dieser Form nie existiert hat, und es gibt nur wenige große Western, die so freizügig mit der Geschichte umgehen wie *The Iron Horse* oder *My Darling Clementine*. Einen authentischen Westen wollte John Ford auch gar nicht zeigen. Ihm ging es darum, Charakter und Geist dieser Landschaft und ihrer Menschen einzufangen; er wollte eine ideale Vergangenheit zeigen, eine eigene Kreation, an der sich ein Amerikaner aufrichten konnte. Eine Welt, in der Mythen und Legenden die Tatsachen verdrängten, in der Charakter und Stolz unbeug-

67

John Ford ›The Horse Soldiers‹ – im Vordergrund John Wayne

samer Pioniere vorrangig wurden. »When the legend becomes fact, print the legend«, sagt der Zeitungsverleger in *The Man Who Shot Liberty Valance,* »wenn die Legende zur Wahrheit wird, dann druck' die Legende.«

John Ford war kein umgänglicher Mensch. Er war ein Despot, der sich alle untertan machte und keine andere Meinung gelten ließ. Glücklicherweise hatte er meistens recht. Er arbeitete mit einer Präzision, die man sonst vielleicht nur bei Hitchcock findet; auch aus schwachen Schauspielern holte er Großartiges heraus. Er erschien mit einem fest umrissenen Konzept am Drehort, hatte sämtliche Szenen genau im Kopf und komponierte einen Film wie ein Musikstück. Geschnitten wurde mit der Kamera, im Schneideraum gab es kaum Abfall. Ein billiger Regisseur also, der bei unwichtigen Studioszenen schon mal fünfe gerade sein ließ und mit *back projection* arbeitete, für Action-Szenen dafür das Dreifache ausgab und nur *on location* arbeitete. Ford liebte Außenaufnahmen. Und starke Charaktere. Und Action. Also liebte er Western.

John Ford starb am 31. August 1973 in Palm Springs, nachdem er ein halbes Jahr zuvor noch die Medal of Freedom für außerordentliche Verdienste um sein Land erhalten hatte.

7. KAPITEL

Sex im Western

1942—1947

»Während der Hälfte des Films sind die
Brüste des Mädchens ständig in schockie-
render Weise enthüllt.«

Das Breen Office zu *The Outlaw*

Nachdem die USA in den Zweiten Weltkrieg eingetreten waren, ging das Interesse an großen Western-Produktionen
merklich zurück. Viele Stars kämpften an der richtigen
Front, und in der Heimat begeisterte man sich vor allem für
harmlose Unterhaltungsfilme, die den Krieg für eine Stunde
vergessen ließen. Die B-Western erlebten einen neuen Auf-
schwung und verschwanden erst von der Leinwand, als die
Leute sich vom Schock des Krieges erholt hatten und das
Fernsehen die Funktion des Billig-Unterhalters übernahm.
Während des Krieges machte lediglich eine große Western-
Produktion von sich reden, und das auch nur bei Fachleuten
und Kritikern, denn kommerziell war der Film ein totaler
Mißerfolg. Kein Wunder. *The Ox-Bow Incident* (Ritt zum
Ox-Bow, 1943) erzählte die Geschichte einer Lynchparty; in
dunklen und ominösen Bildern müssen wir erleben, wie drei
unschuldige Männer am Ende eines Stricks ihr Leben aus-
hauchen.
Henry Fonda (in seinem ersten Western) und Henry Morgan
sind alles andere als Helden. Sie treten als harmlose und unbedarfte Cowboys auf, die nicht einmal versuchen, den Ver-
urteilten zu helfen und dazu wohl auch nicht in der Lage sind.
Der Film sollte vor allem als sozialkritische Aussage verstanden werden und mußte deshalb vollkommen ohne Helden
auskommen, war damit der erste Anti-Western in der Geschichte des Films. Gerade während des Krieges konnte ein
solcher Film nur ein Mißerfolg werden.

Szene aus ›The Ox-Bow Incident‹

Der superreiche und geheimnisumwitterte Industrielle Howard Hughes übernahm von Howard Hawks die Regie zu *The Outlaw* (Geächtet, 1943), einer Neuverfilmung des Billy-the-Kid-Stoffes, die aber ausschließlich auf den Sex von Jane Russell setzte und deshalb nicht gerade gut bei den Tugendwächtern des amerikanischen Kinos ankam. Schon während der Dreharbeiten wurden kritische Stimmen laut, was Hughes aber nicht daran hinderte, nach einem ganz besonderen Büstenhalter zu suchen, der Jane Russells Figur besonders gut zur Geltung brachte. »Jane Russells Busen ist allgegenwärtig«, mokierte sich das Hays Office nach der ersten Vorführung und stieß sich auch an dem Plot, der Billy the Kid (Jack Beutel) und Doc Holliday (Walter Huston) dieselbe

Jane Russell in ›The Outlaw‹

Frau lieben und den Outlaw am Ende des Films ungestraft mit dem lasterhaften Mädel davonreiten ließ. Der Film wurde aber dennoch freigegeben, von Hughes nur zwecks Überarbeitung zurückgezogen und 1946 endgültig in die Kinos gebracht. Während der drei Jahre, die der Film in den Archiven von United Artists ruhte, wurde jedoch kräftig die Werbetrommel gerührt, und Jane Russell war bereits ein Star, bevor der Film überhaupt anlief und natürlich zu einem riesigen Erfolg wurde.

Ähnlich erging es dem Film *Duel in the Sun* (Duell in der Sonne, 1946), der von King Vidor inszeniert und zur gleichen Zeit in die Kinos gebracht wurde. Als »der Film, der Sex in den Western brachte« und »Lust in the Dust« wurde der Streifen angekündigt, und die katholische Kirche wandte sich mit Grausen ab, als man der stöhnenden Jennifer Jones gewahr wurde.

Der Film schildert den verzweifelten Kampf eines Rinderbarons gegen die Eisenbahn. Diese eher vordergründige Story verblaßt aber vor dem dramatischen Streit seiner beiden

Söhne Lewt (Gregory Peck) und Jesse (Joseph Cotten) – der eine schlecht, der andere gut –, die sich zusammen mit Sam Pierce (Charles Bickford) verzweifelt nach der Liebe des Mädchens Pearl (Jennifer Jones) sehnen. Lewt erschießt seine beiden Widersacher und in einem dramatischen *Duell in der Sonne* auch das Mädchen, er und das Mädchen sterben Hand in Hand im Licht der blutroten Sonne.

Die Rolle des nach körperlicher Liebe lechzenden Mädchens war Jennifer Jones auf den Leib geschrieben. Nie wieder hat man eine so verführerische Frau in einem Western gesehen und nie wieder auch ein so kompromißloses Ende. Selbst Produzent David O. Selznick erlag der Schönheit seiner

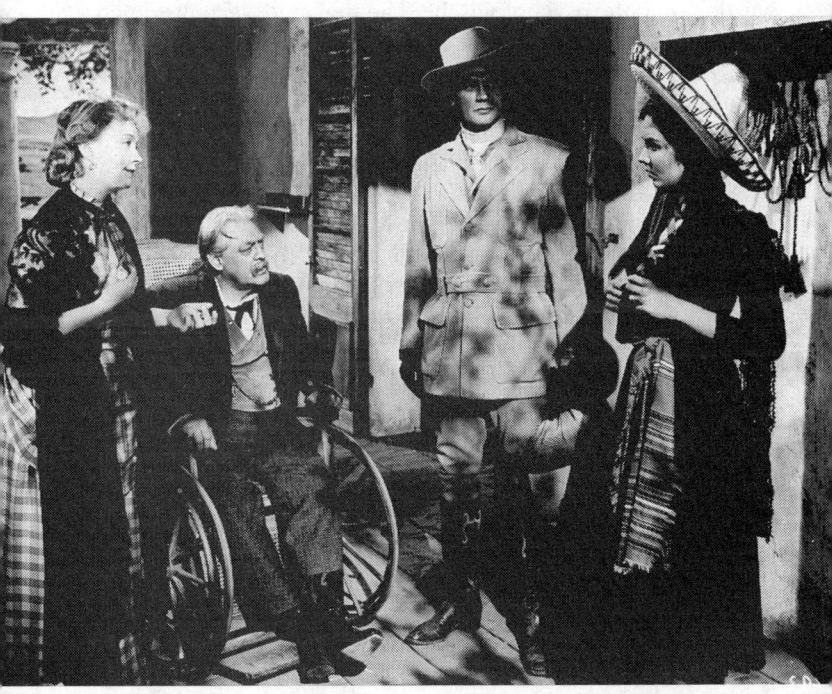

›Duel in the Sun‹: Lillian Gish, Lionel Barrymore, Jennifer Jones und Joseph Cotten

73

Hauptdarstellerin und heiratete sie drei Jahre nach der Uraufführung des Films.

Duel in the Sun war ein sehr teurer Film, kostete die für damalige Verhältnisse ungeheure Summe von sechs Millionen Dollar, spielte in den kommenden Jahren aber auch ein Vielfaches ein. Weitere zwei Millionen Dollar wurden in die aufwendigste Promotion-Kampagne gesteckt, die der Westernfilm bisher gesehen hatte. Überall wurde auf den Film aufmerksam gemacht, und am Premierentag, dem 7. Mai 1947, ertönten laute Fanfaren, und auf den Straßen von Hollywood fand eine Parade statt.

Niven Busch, der das Drehbuch zu *The Westerner* und den Roman geschrieben hatte, nach dem *Duel in the Sun* gedreht wurde, mochte psychologische Themen und verfaßte auch das Drehbuch zu *Pursued* (Verfolgt, 1947), einem unauffälligen, aber sehr interessanten Western, in dem Robert Mitchum einen geheimnisvollen Outlaw spielt. Ähnlich unauffällig, aber nicht minder interessant präsentierte sich *Along Came Jones* (Der Vagabund von Texas, 1946). Gary Cooper ist Melody Jones, ein harmloser Cowboy, der keiner Fliege etwas zuleide tun kann, um sein Mädchen Cherry (Loretta Young) zu retten, aber in die Rolle des gefürchteten Outlaw Monte Jarrad (Dan Duryea) schlüpfen muß. Natürlich kommt es zum unvermeidlichen Duell zwischen dem echten und dem falschen Killer, und Melody überlebt nur, weil Cherry rechtzeitig zum Colt greift und für ihn die Arbeit erledigt.

Ein ähnliches Vehikel ließ John Wayne sich mit *The Angel and the Badman* (Der schwarze Reiter, 1946) auf den Leib schreiben, und wie Gary Cooper produzierte er diesen Film auch gleich. Er spielte den Revolvermann Quirt Evans, der verletzt bei einer Quäkerfamilie unterkommt und die Liebe des Mädchens Penny (Gail Russell) gewinnt. Das unbedarfte Mädchen erzieht den Outlaw, der nie ohne seinen Colt zu Bett geht, zu einem anständigen Menschen und verteidigt ihn gegenüber Marshal McClintock, dargestellt von Harry Carey. Folgerichtig wird Evans von seinem Widersacher Laredo Stevens (Bruce Cabot) ohne Colt erwischt, und der Marshal

muß korrigierend eingreifen. Quirt und Penny reiten glücklich davon, und er sagt: »Von nun an bin ich ein Farmer!«
Solche ergreifenden Szenen waren genau das, was man während des Krieges und kurz danach sehen wollte. Im Kino dem Alltag entfliehen, so hieß die Devise, und deshalb waren gerade die B-Western in dieser Zeit so erfolgreich. Doch dann kam das Jahr 1948, und Meisterregisseur John Ford setzte erneut einen Meilenstein und markierte damit den Beginn einer neuen Ära.

Bonanza der Western im Fernsehen

Exklusiv-Interview
mit dem Fernsehautor Thomas Thompson

In den sechziger Jahren erlebte der Fernsehwestern eine ungeahnte Blüte. Serien wie *Wyatt Earp, High Chapparal, Big Valley* und vor allem *Gunsmoke (Rauchende Colts)* und *Bonanza* erreichten ein Millionenpublikum.

Als erfolgreichste Westernserie aller Zeiten wird heute noch *Bonanza* gefeiert. Über fünfhundert Folgen wurden in einem Zeitraum von vierzehn Jahren abgedreht und in fast allen Ländern der Erde gezeigt. Noch heute flimmern Wiederholungen der einstigen Erfolgsserie über den Bildschirm. Nicht einmal Dauerbrenner wie die Krimi-Konkurrenz *77 Sunset Strip* oder *The Fugitive (Auf der Flucht)* und schon gar nicht modische Newcomer wie *Miami Vice* können da mithalten.

Bonanza erzählt die Geschichte der Familie Cartwright, berichtet von den Abenteuern und Erlebnissen des Ben Cartwright (Lorne Greene), der mit seinen drei Söhnen Adam (Pernell Roberts), Hoss (Dan Blocker) und Little Joe (Michael Landon) auf der Ponderosa-Ranch im nördlichen Kalifornien wohnt. Der malerische Lake Tahoe und die umliegenden Fichtenwälder bilden einen eindrucksvollen Hintergrund für die actionreichen und amüsanten Stories.

Ben Cartwright ist ein strenger, aber auch gütiger und gerechter Patriarch, der sich ständig gegen irgendwelche Feinde zur Wehr setzen oder Unschuldige gegen ihre Peiniger verteidigen muß. Er war dreimal verheiratet, aber alle Frauen kamen auf tragische Weise ums Leben, und nur die Söhne (von jeder Frau einer) sind ihm geblieben. Ihnen ist er ein liebevoller, aber auch strenger Vater. Die Söhne wohnen alle beim Vater auf der »Ponderosa« und können (außer Adam) der Versuchung, mit der Frau fürs Leben durchzubrennen, auch nach vierzehn Jahren und fünfhundert Folgen widerstehen.

Adam ist der älteste und vernünftigste. Er vertritt den Vater, wenn der mal gerade keine Zeit hat oder unterwegs ist, bewahrt seine Brüder vor Dummheiten und verzaubert die Herzen junger Mädchen. Hoss ist dicker als seine Brüder zusammen, entwickelt einen mächtigen Appetit und trägt einen Cowboyhut mit extrem hoher Krone. Zu diesen äußerlichen Merkmalen kommen ein unbekümmerter Humor und eine immense Schlagkraft. Little Joe ist das Nesthäkchen, der unbekümmerte Jüngling, der durch seinen Leichtsinn und sein aufbrausendes Temperament immer wieder in Schwierigkeiten gerät.

Andere Personen spielen nur eine untergeordnete Rolle in *Bonanza*. Den Kernpunkt der Serie bildet die Familie, das Idealbild einer Gemeinschaft, die wie Pech und Schwefel zusammenhält und die Fahne so ziemlich aller amerikanischen Ideale hochhält.

Thomas Thompson arbeitete von Beginn an bei *Bonanza* mit und erzählt von den Schwierigkeiten, eine Serie im amerikanischen Fernsehen zu starten.

›Bonanza‹ gehört zu den erfolgreichsten Fernsehserien der Welt …

Ich war einmal in Köln, und bei unserer Reisegruppe waren einige Mädchen aus Long Beach. Die kamen eines Tages ganz aufgeregt zu mir gelaufen und sagten: »Das mußt du unbedingt sehen, da gibt es ein Steakhaus, das ›Ponderosa‹ heißt. Der Wirt sieht aus wie Papa Cartwright, ist genauso angezogen wie Lorne Greene, der Rausschmeißer sieht aus wie Hoss und der Kellner wie Little Joe!« Also ging ich hin, und tatsächlich: alles war so, wie sie es beschrieben hatten. Ich verdrückte ein Steak, und dann wurde es komisch. Der Wirt überreichte mir stolz ein paar Postkarten, die Bonanza-Karten aus dem Studio, die massenweise zu Hause auf meinem Schreibtisch lagen.

Was brachte Sie dazu, Western zu schreiben?

Ich schreibe schon sehr, sehr lange. Ich lebte damals im High Sierra Country in Kalifornien. Damals trieben sie dort noch Rinder, vielleicht tun sie es noch heute, sie bringen die Tiere auf die Sommerweide und holen sie im Herbst wieder herunter. Das sind noch richtige Cowboys. Mein Stiefvater las die alten Western Pulp Magazines (Groschenhefte mit Kurzromanen und Stories), und ich begann mich für die elenden Dinger zu interessieren. Schreiben wollte ich wohl schon immer, obwohl ich erst zu schreiben begann, als meine Frau und ich zehn Jahre verheiratet waren. Ich traf einen Kerl, einen ziemlich bekannten Western-Autor, und der schleppte mich zu einem Treffen der »Fictioneers«, die schrieben alle für die Pulps. Ich fühlte mich dort ein wenig unwohl, weil ich ja kein Schriftsteller war. Also schrieb ich was und verkaufte es gleich. Von da an ließ mich die Schreiberei nicht mehr los. Ich arbeitete damals für die Douglas-Flugzeugwerke, und als ich während des Kriegs mal sechs Wochen Urlaub hatte, schrieb ich sechzehn Kurzgeschichten und verkaufte sie alle. Die Douglas-Werke haben mich nie mehr gesehen.

›Bonanza‹ war sozusagen Ihr Lebenswerk. Für welche anderen Serien schrieben Sie, und wann ging es mit ›Bonanza‹ los?

Ich schrieb vierundzwanzig Episoden für *Wagon Train.* Dann begann ich für die Serie *The Restless Gun* zu arbeiten, sie wurde von David Dortort produziert, der später auch *Bonanza* machte. Damals hatte mich das Fernsehen noch nicht vereinnahmt, ich wohnte noch in Santa Rosa im Norden Kaliforniens und pendelte zwischen dort und Hollywood. Als David mit *Bonanza* anfing, fragte er mich, ob ich mitmachen wolle, und ich sagte ja. Es ging also ziemlich früh für mich mit *Bonanza* los, obwohl ich vorher schon fürs Fernsehen gearbeitet hatte. Für David hatte ich sechs *Restless Gun*-Folgen geschrieben. John Payne spielte die Hauptrolle.

Wie ist es Ihnen gelungen, beim Fernsehen einen Fuß in die Tür zu bekommen?

Zuerst schrieb ich für die Pulps. Dann kamen drei bekannte Magazine dazu. Collier's, American und Saturday Evening Post. Alle drei Zeitschriften hörten ungefähr zum selben Zeitpunkt auf zu existieren. Ich war zu alt, um mir sowas Unwürdiges wie Armut anzutun, und da die großen Geschäfte in Hollywood getätigt wurden, schaute ich mich dort nach Arbeit um. Ich hatte Glück. Damals wurden fast nur Western gedreht, und ich hatte ja schon mehrere Stories und Romane geschrieben. Mein Agent öffnete die Türen für mich.

War die Umstellung schwer?

Mir fiel es sehr leicht. Einigen Romanautoren fällt es ja sehr schwer, ihre Romane und Stories in Drehbücher umzuwandeln. Aber ich hatte natürlich auch viel Glück. Ich war zur richtigen Zeit am richtigen Ort.

Wurde original fürs Fernsehen geschrieben, oder kaufte die Gesellschaft einen Roman oder eine Story?

Das hing sehr von der jeweiligen Serie ab. Es ist falsch zu glauben, das Fernsehen kaufte damals nur Stories an, um sie in Filme umzuwandeln. Die Serien mit abgeschlossenen Episoden und ständig wechselnden Helden waren sehr selten. Es wurden hauptsächlich Serien mit ständig wiederkehrenden Charakteren gedreht. So wie bei *The Restless Gun,* da erfand man ein Abenteuer, in das nur John Payne geraten konnte. Oder *Bonanza,* das ist sogar ein klassisches Beispiel. Wie viele Geschichten sind auf dem Markt, in denen es um einen Vater und drei Söhne geht, jeder von einer anderen Frau? Da konnte man nicht irgendeine Story ankaufen, da mußte für die Serie maßgeschneidert werden. Die Fernsehstories orientierten sich übrigens eher an den Pulps als am Taschenbuchwestern.

Das amerikanische Fernsehen lebt von der Werbung, jede Folge einer Serie wird von ›commercials‹ unterbrochen. Welche Auswirkungen hatte das auf die Dramaturgie von ›Bonanza‹?

Die meisten Folgen bestanden aus vier Teilen. Der erste war drei oder vier Seiten lang. Dann kam Werbung. Act One folgte, das war der längste Part. Wieder Werbung. Act Two war ein bißchen kürzer als der erste. Werbung. Act Three war der kürzeste. Bei manchen Shows gab es noch ein *tag,* ein Anhängsel, das nochmal zusammenfaßte, wieder um die drei bis vier Seiten lang. Eine halbstündige Serie bestand aus zwei Teilen, Act One und Two, und war ungefähr achtzehn Seiten lang.

Selbst in Deutschland, wo keine Werbung den Film unter-bricht, erkennt man, wo die ›commercials‹ plaziert waren ...

Natürlich kann man das erkennen, weil ein deutlicher Break eingebaut ist. Wenn man lange genug fürs Fernsehen gear-beitet hat, entwickelt man eine innere Uhr für die *commer-cial breaks,* man weiß instinktiv, wann sie dran sind. Eine ein-stündige Folge ist ja nicht eine Stunde, sondern fünfundvier-zig Minuten lang.

Wer hat ›Bonanza‹ erfunden und konzipiert?

David Dortort hatte die Idee. Er schrieb das Drehbuch für den Pilotfilm und war von Anfang an dabei. Dann holte er mich. Die Show hatte eigentlich keinen Sponsor, aber es war die erste Action/Adventure-Show in Farbe, und so kam es, daß RCA – der Konzern kontrollierte auch NBC – die Kosten übernahm. Wenn man sich die ersten zwei, drei *Bonanza*-Folgen anschaut, sieht man es: RCA sponsorte die Show. Nur für einen Teil der Show fanden sie einen richtigen Spon-sor, ich glaube, es war die Zigarettenmarke Lucky Strike. Die ersten sechs Wochen war überhaupt nicht sicher, ob die Serie überleben würde. Die großen Networks werden schnell nervös. Aber dann kam immer mehr Fanpost, die Einschalt-quoten wurden besser, diese verdammten Einschaltquoten, und Lucky Strike sagte, wartet mal, wir wollen die ganze Show. Daraufhin zog RCA sich zurück. Der Rest ist Ge-schichte. Chevrolet war lange Zeit der Sponsor. Aber am

Anfang dachte NBC ernsthaft daran, *Bonanza* einzustellen. Die Serie lief dann vierzehn Jahre lang mit großem Erfolg.

Welche Vorbereitungen mußten getroffen werden, um ›Bonanza‹ an den Mann bzw. die Fernsehgesellschaft zu bringen?

David fertigte ein Exposé an und stellte die neue Serie in einer Präsentation vor. Wenn man eine Serie verkaufen will, geht es gar nicht anders. Für eine solche Präsentation wird fast ein ganzes Buch verlangt. Die Charaktere müssen detailliert beschrieben werden, es mußte zum Beispiel erklärt werden, warum Ben Cartwright dreimal verheiratet war und von jeder Frau einen Sohn hatte. Ich habe die Präsentation für *Bonanza* komischerweise nie gesehen, aber sie muß sehr umfangreich gewesen sein, da ich später selbst einige solcher Präsentationen angefertigt habe. Zusammen mit der Präsentation liefert man ein Exposé für eine Folge ab, besser noch ein ganzes Drehbuch. Alles zusammen ist ein sogenanntes *package.* So ein Ding braucht man, um eine Serie an den Mann zu bringen.

Standen die Hauptdarsteller von vornherein fest?

Sie waren alle erste Wahl. David mochte Lorne Greene und war von dessen Arbeit begeistert. Dan Blocker spielte einen Schmied in *The Restless Gun,* das ja auch von David produziert wurde, und auch Michael Landon hatte dort schon mitgespielt. Wie er auf Pernell Roberts kam, weiß ich heute nicht mehr. Aber David kannte die Hauptdarsteller alle, er arbeitete ja lange genug im Filmgeschäft. Die erwähnten Schauspieler waren von Anfang an dabei, und das ist ja bei amerikanischen Fernsehserien nicht unbedingt die Regel.

Wie erklären Sie sich den riesigen Erfolg von ›Bonanza‹ – und warum war eigentlich keine Frau in einer Hauptrolle zu sehen?

Das mit einer Frau war ja schon probiert worden, und zwar sehr erfolgreich, in *Big Valley (Die Leute von der Shiloh Ranch)* mit Barbara Stanwyck. Ich glaube, der Haupterfolg von *Bonanza* bestand darin, eine intakte Familie zu zeigen. Da konnten die Leute sagen, so muß eine Familie sein. Einer für alle, alle für einen, wenn du meinem Bruder was antust, bekommst du eins auf die Nase. Dann die Außenaufnahmen und die Tatsache, daß eine solche Serie zum erstenmal in Farbe gezeigt wurde. Daß wir drei Folgen pro Jahr am Lake Tahoe *on location* drehten.

Wo wurde ›Bonanza‹ gedreht?

Die Serie wurde in den Paramount-Studios aufgenommen, nur für die letzten drei Jahre zog man zu Warner Brothers um. Stage 16 der Paramount-Studios war eine sehr große Bühne. Dort wurde das Ranchhaus aufgebaut, der Hof mit den Ställen usw. Die Bühne war so groß, daß man eine Kutsche oder einen Planwagen am Haus vorbeifahren lassen konnte. Die Berge und die Bäume im Hintergrund waren gemalt, wirkten aber so realistisch, daß wir die Darsteller davor warnen mußten, hindurchzureiten. Der andere *set* war auf Stage 70 untergebracht und zeigte das Innere des Hauses. Hop-Sings Küche sah man allerdings nie, die hatte man gar nicht aufgebaut. Die Hauptsache waren einige Schlafzimmer und vor allem das Wohnzimmer. Auf der Bühne war aber immer noch genug Platz, so daß wir ein Gefängnis oder ein Richterzimmer oder irgend etwas in der Art aufbauen konnten. Die meisten Szenen wurden auf diesen beiden Bühnen gedreht. Und dann benutzten wir natürlich noch die Westernstraße von Paramount Studios. Im Hintergrund war ein großer Berg zu sehen. Die Außenaufnahmen wurden im Canela Valley gedreht, wo ich wohne, einem beliebten Drehort, und dreimal pro Jahr gingen wir nach Tahoe. Dort nahmen wir 'ne Menge auf, das wir später benutzen konnten. Drei Folgen wurden aber vollständig am Lake Tahoe gedreht.

Wurde im voraus produziert? Wann lag das fertige Drehbuch für eine Folge vor?

Das wäre schön, wenn ich immer ein Jahr im voraus gewesen

wäre, dann wäre ich heute noch beim Fernsehen, leider war es nur eine Minute. Man schrieb sogar noch, wenn die Kameras schon liefen. Einmal gingen sie mit zwei Drehbüchern nach Tahoe, die David bereits gutgeheißen hatte. Und ich sagte: »David, du bist verrückt, diese beiden Filme kannst du in irgendeinem Wohnzimmer drehen, dafür brauchst du nicht nach Tahoe zu gehen.« Er stimmte mir zu, und mir blieb nichts anderes übrig, als übers Wochenende zwei neue Scripts zu verfassen. Dann ging ich mit der Crew nach Tahoe, weil dort oben noch viel umgeschrieben werden mußte. Aber *Bonanza* war berüchtigt dafür, daß immer alles in letzter Minute geschah. Bei *Gunsmoke (Rauchende Colts)* dagegen lagen immer zehn bis zwölf Drehbücher im voraus da. Wenn dem Regisseur von *Gunsmoke* ein Script nicht gefiel, legte man ihm ein anderes vor. Der Regisseur von *Bonanza* verlangte in einer solchen Situation, das Script umzuschreiben, und da der Autor dann meistens sonstwo war, wurde ich damit beauftragt. Das war ziemlich harte Arbeit, aber wir hatten erfahrene Leute, und die Serie war erfolgreich. Bei den meisten Serien wurde so gearbeitet, *Gunsmoke* und *Wagon Train* waren die großen Ausnahmen.

Mit wie vielen Autoren arbeiteten Sie? Wie gestaltete sich die Zusammenarbeit?

Für eine Saison waren sechsunddreißig Drehbücher notwendig. Ich hatte eine begrenzte Anzahl von Vertragsautoren, von denen jeder mit drei bis vier Skripts beauftragt wurde. Das waren also so ungefähr zwölf Folgen. Der Rest kam von freien Autoren. Sechs oder sieben kamen täglich zu mir und trugen mir mündlich eine Idee vor. Wenn ich sie für gut befand, trug ich ihnen auf, ein drei- bis vierseitiges Exposé zu schreiben. Das wurde bezahlt. Damit ging ich dann zu David, und wir setzten uns hin und berieten darüber. Wieviel würde die Folge kosten, war die Story wirklich stark genug, wurden die Cartwrights genügend herausgestellt ... Wurden diese Fragen positiv beantwortet, verlangte ich von dem Schreiber einen ersten Drehbuchentwurf. Dafür gab's dann wieder Geld, aber ich hatte das Recht, ihn Teile des Skripts umschreiben zu lassen. Das war dann die zweite Fassung, und schließlich mußte er die ganze Sache noch etwas aufpolieren. Damit war er fertig, und das Honorar wurde bezahlt. Wollte der Regisseur noch Änderungen, erklärten sich viele Autoren dazu bereit, ansonsten tat ich es.

Sie beaufsichtigten also die Autoren und waren für das endgültige Skript verantwortlich …

Ich war sozusagen der Chefautor. Dann wurde ich *associate producer* und *story consultant* genannt, und nach meiner letzten Gehaltserhöhung bekam ich dann sogar einen eigenen Parkplatz mit meinem Namensschild und firmierte als *executive consultant.*

Wieviel wurde für ein Drehbuch bezahlt?

Für die erste *Restless Gun*-Folge, eine halbstündige Show, bekam ich 1500 Dollar, das war so der Standard. Für den ersten *Wagon Train* gab es 2500 Dollar. Das ist natürlich schon einige Jahre her. Dann wurden es 3000 Dollar, schließlich 4000, und als ich *Bonanza* verließ, stand der Pegel bei 5000 Dollar. Das ist fünfzehn Jahre her. Heute gibt es 10.000 Dollar.

Welche Beziehung hatten Sie zu Lorne Green und den anderen Schauspielern?

Als ich die Schauspieler zum erstenmal traf, waren sie sehr nervös. *Bonanza* war ja eine brandneue Serie, und niemand konnte sagen, ob sie erfolgreich sein würde. Ich war sozusagen der Retter, ich würde sie vielleicht zu Stars machen, ich entwickelte ihre Charaktere, ich war der liebe Gott für sie, und sie beteten mich an. Nachdem die Serie etabliert war, fragte vielleicht mal einer, ob man diese Passage nicht ändern könnte, und als sie bei über 40.000 Dollar pro Woche angelangt waren, fragten sie, wer denn diesen Schwachsinn geschrieben hätte, aber das ist wohl bei jeder Serie so. Aber sie wurden alle gute Freunde, besonders Dan Blocker. Bei der Arbeit kam es natürlich häufig zu Diskussionen, besonders mit Michael. Er war ein cleverer Junge. Er ist Autor, Regisseur und Produzent, und er hat 'ne Menge Temperament, und da ich auch leicht aufbrause, kam es zu Interessenkonflikten.

Anfangs war ›Bonanza‹ eine reine Westernserie, in der es vor allem um Abenteuer und Action ging. Dann wurde eine amüsante Familienserie daraus. Warum?

Weil uns die Zuschriften deutlich zeigten, daß die Show über die Familie verkauft wurde. Erwachsene und Kinder hatten gleichermaßen ihre Freude daran. Es gab keine übersteigerte Gewalt. Aber *Bonanza* begann natürlich als reine Westernserie, das war das einzige, was man damals ans Fernsehen verkaufen konnte. Dann wurde es etwas stiller um Western, und *Bonanza* entwickelte einen eigenen und, wie ich meine, einzigartigen Charakter.

Warum verließ Pernell Roberts die Show? Er war als Adam doch sehr beliebt.

Weil er nicht als Cowboy-Darsteller festgelegt sein wollte. Er ist ja auch ein sehr guter Sänger und wollte die ganze Bandbreite seines Könnens entfalten. Lange Zeit gab ihm der Erfolg recht. Er sang in *Camelot* und einigen anderen Filmen, und er hat jetzt seine eigene Serie *Trapper John, M. D.*, in der er auch ohne Toupet rumlaufen kann.

Seine Nachfolger hatten es sehr schwer, in der Serie Fuß zu fassen und waren auch nicht so beliebt.

Sein Nachfolger und andere Nebenfiguren wie das Mädchen waren nicht so erfolgreich, wie wir gehofft hatten. Die Familie trat zu dieser Zeit schon als eine so starke Einheit auf, daß jeder Neue ein Außenseiter bleiben mußte. Das klappte nicht so, wie wir es uns gewünscht hatten.

In welchen Ländern wurde ›Bonanza‹ ausgestrahlt?

Bonanza war die erfolgreichste Show überhaupt, die Serie wurde so ziemlich überall gezeigt. Ich war mal in Wien, und das Scriptgirl der Show hatte mich gebeten, ihren Vater anzurufen, der dort als Arzt arbeitete. Ich tat es und stellte mich vor, und er kannte *Bonanza* nicht, aber vielleicht schaute er kein Fernsehen. Ich kriege heute noch Honorare aus Ländern, die ich nicht mal dem Namen nach kenne. *Bonanza* war sehr erfolgreich in Japan, England und Deutschland und wird heute noch vom Channel 5 in Los Angeles wiederholt.

Warum hieß die Serie ›Bonanza‹?

Weil sie in Virginia City spielte, wo der große Silberrausch stattfand, und der wurde immer nur »Big Bonanza« genannt. Der Name »Ponderosa«, so hieß ja die Ranch, bezieht sich auf die Ponderosa-Fichten, die sehr häufig am Lake Tahoe sind.

Am Lake Tahoe gibt es noch heute eine Ranch, die der ›Ponderosa‹ wie ein Ei dem anderen ähnelt.

Diese Ranch wurde von unserem *set designer* aufgebaut, der auch die Ranch in den Paramount Studios errichtet hatte. Bei Virginia City gab es einen Mann, der eine Kiesgrube besaß. Er war immer da, wenn wir oben am Lake Tahoe drehten und bekam die Idee, eine Touristenattraktion aufzubauen, die vom Erfolg der Serie profitieren würde. Er verkaufte die Idee an NBC, und auch die Schauspieler haben einen Anteil daran. Das Ranchhaus ist etwas kleiner als das Original, und dort hat Hop-Sing sogar eine Küche.

Wurde eigentlich ein sogenannter ›spin-off‹ versucht, eine Nebenserie, die sich direkt von ›Bonanza‹ ableitete?

Sie versuchten zwei oder drei Sachen, und irgendwie war ja auch *High Chapparal* ein *spin-off,* diese Serie wurde nämlich auch von David Dortort entwickelt. Es gab aber auch ein wirkliches Nebenprodukt mit Claude Akins, einem wundervollen Schauspieler, aber die Serie kam nicht an.

Schrieben Sie auch Kinofilme?

Nat Holt, der so viele gute Western gemacht hat, und ich wurden Partner und produzierten einen unabhängigen Film. Ich schrieb das Drehbuch, und Nat war Executive Producer. Das war *Cattle King* mit Robert Taylor, im Fernsehen wird es jetzt unter dem Titel *Guns in Wyoming* gezeigt.

Im Fernsehen laufen kaum noch Westernserien. Ist der Western sanft entschlafen, oder gibt es noch Hoffnung?

Eine gewisse Sättigung vielleicht, aber es ist erwiesen, daß beim Fernsehen alles in bestimmten Phasen abläuft. Zur Zeit sind es die Krimis, die wurden zu *Miami Vice* gesteigert, und manche sagen ja, der Western stehe vor einem Comeback. Einige Versuche in dieser Richtung hat es ja auch gegeben. *The Yellow Rose* hatte gute Chancen, aber da war New York beteiligt, und das ganze wurde eine Art New Yorker Western, und so etwas klappt nie. Ein Western ist ein Western. Es gibt aber Hoffnung, weil heutzutage viele Impulse im Fernsehen von unabhängigen Produzenten kommen.

Welche Bedeutung haben Sponsoren beim amerikanischen Fernsehen?

Sponsoren waren sehr wichtig. Eine Serie ist sehr teuer, besonders der Pilotfilm, und der Sponsor greift dafür in die Tasche. Man braucht einen Sponsor, um eine Show in Gang zu bringen. Ob eine Serie auch Geld bringt, merkt man erst nach fünf, sechs Jahren, wenn die ersten Wiederholungen laufen. Der Verdienst ist Reingewinn, für den Schauspieler, den Regisseur und den Autor. Vorher muß man froh sein, auf plus/minus null zu kommen. Aber wenn erst mal die Wiederholungen laufen, kommt auch die Fernsehgesellschaft auf ihre Kosten. Eine Serie wie *Bonanza* hat Milliarden eingespielt.

8. KAPITEL

John Wayne, Superstar

»Feo, Fuerte y formal« –
Er war häßlich, er war stark,
und er hatte Würde.«

Inschrift auf John Waynes Grab

John Wayne, Superstar. Vielleicht der einzige, den das amerikanische Kino je hervorgebracht hat. Ein Mann, größer als das Leben und größer als alle Rollen, die er jemals gespielt hat. Ein ganzer Kerl, ein Mann wie aus dem Bilderbuch. Ein Patriot, ein Held. Ein neuer Stern auf der amerikanischen Flagge, wie einmal jemand gesagt hat. *Der* Westernheld schlechthin, ein Cowboy, ein Revolvermann, den alle nachahmten, die einen seiner Western sahen. Kein besonders guter Schauspieler, das wollte er auch nie sein, und schon gar keiner, dessen politische Äußerungen ernst zu nehmen waren, aber wen kümmerte das? Wenn er über die Leinwand ritt, dann war die Welt in Ordnung, dann sah man einen amerikanischen Westen, wie er zumindest hätte sein müssen, dann ritt man neben einem Kerl, der wußte, wo es langging. John Wayne hieß eigentlich Marion Michael Morrison und wurde am 26. Mai 1907 in Winterset, Iowa, geboren. Nachdem der Arzt seinem Vater empfohlen hatte, wegen eines Lungenleidens in die trockene Wüste von Kalifornien zu ziehen, fuhr die Familie nach Palmdale. »Das Leben dort war sehr hart«, erinnerte sich John Wayne später, »wir waren fast am Verhungern. Es gab dauernd Kartoffeln und Bohnen zum Essen. Wenn was anderes auf den Tisch kam, war das schon 'ne besondere Gelegenheit. Mom hatte schon ziemlich bald die Nase voll. Sie stritt sich damals oft mit Dad. Er wollte bleiben, sie wollte wegziehen. Manchmal stritten sie sich so laut, daß ich glaubte, die Sache würde ihre Ehe zerbrechen. Sie erzählte ihm, daß er nicht zum Farmer geboren war. Es

John Wayne in dem Howard-Hawks-Klassiker ›Red River‹

dauerte ziemlich lange, aber dann stimmte er endlich zu. Er
war inzwischen fast am Nullpunkt angelangt.«
Die Familie zog nach Glendale, und Clyde Morrison eröffne-
te einen Drugstore. Im selben Gebäude war auch ein Kino
untergebracht, zu dem Marion und sein Bruder Bob natürlich bald freien Eintritt hatten. »Ich nützte die Sache weidlich
aus«, sagte John später, »und von manchen Filmen sah ich jede Vorstellung.«

Ganz in der Nähe lagen auch die Triangle Studios, und Marion und die anderen Kinder lungerten nach der Schule natürlich oft auf dem Gelände herum und beobachteten die Filmstars bei der Arbeit. »Meine liebsten Westernstars waren William S. Hart, Dustin Farnum, Hoot Gibson und Tom Mix«, erinnerte er sich. »Ich ahmte sie alle nach, aber am liebsten mochte ich Harry Carey, weil er so echt aussah. Viele Jahre später hatte ich das Vergnügen, mit ihm zusammen

›Rio Bravo‹: Angie Dickinson und John Wayne

Jack Elam, John Wayne, Jennifer O'Neill und Jorge Rivero in ›Rio Lobo‹

zu spielen. In *Red River* spielte er zum Beispiel den Mann, der unsere Rinder kauft.«

Aber der junge Marion hatte nicht nur das Kino im Kopf. Sein liebster Spielkamerad war ein Hund, den er nach der Grundschule geschenkt bekam. Von ihm hatte er auch den Spitznamen, der ihn ein Leben lang begleitete, obwohl zahlreiche andere Geschichten erzählt wurden. »Duke« erzählte, wie es wirklich war: »Großer Mist, diese Stories! Der Hund war verrückt nach der Feuerwehr. Sooft er konnte, haute er ab und trieb sich bei der Feuerwehr herum. Also marschierte ich immer wieder hin und suchte nach ihm. Alle Feuerwehrleute kannten ihn. Sie kannten meinen Namen nicht, aber sie wußten von meinem Hund. Deshalb nannten sie mich auch Duke, wenn ich nach meinem Hund suchte.«

1921 trennten sich Marions Eltern. Er blieb bei der Mutter,

Capucine, John Wayne und Stewart Granger in ›North to Alaska‹

besuchte seinen Vater aber oft. In der Schule machte er vor allem als Sportler von sich reden, er war schon bald ein gefeierter Star im Footballteam der Glendale Union High School. Als er 1925 von der Schule abging, hatte er sein Stipendium für die University of Southern California nur dem Sport zu verdanken. Er studierte Rechtswissenschaften. Vom Film war noch keine Rede, und er träumte nur davon, ein guter Rechtsanwalt zu werden.

Finanziell ging es ihm damals nicht gerade gut. Sein Stipendium deckte bei weitem nicht alle Kosten, und auch seine Mutter war knapp bei Kasse. Sein Vater war nach einem elektrischen Schlag gelähmt. »Ich wusch sogar Teller, um mich über Wasser zu halten«, erinnerte Duke sich, »aber ich konnte mir keine Schuhe und keine Anzüge leisten und schon gar nicht ein hübsches Mädchen zum Eis einladen.«

Der Footballtrainer wußte Rat. Er hatte dem bekannten Westernstar Tom Mix eine Dauerkarte für die Footballsaison besorgt und noch einen Gefallen bei dem Schauspieler gut. »Tom kann dir bestimmt einen Job bei den Fox Studios beschaffen«, meinte er, und schon wenige Tage später arbeitete Marion als Laufbursche für Lefty Hugg. Nach ein paar Monaten übernahm der damals schon bekannte Regisseur John Ford den Jungen und verhalf ihm zu einer kleinen Filmrolle in *Mother Machree,* einer irischen Familiensaga.

John Ford war überhaupt nicht von Marions Talent überzeugt, mochte den Jungen aber sehr und wurde zu seinem großen Förderer. Er brachte Marion alles bei, was er als Schauspieler wissen mußte, weihte ihn in die Geheimnisse des Filmemachens ein und verschaffte ihm kleinere Auftritte. John Ford war es auch, der dem jungen Marion seine erste

Stuart Whitman und John Wayne in ›The Comancheros‹

93

Hauptrolle verschaffte. Raoul Walsh suchte nach einem un-
verbrauchten Westernhelden für seine Produktion *The Big
Trail* und gab dem jungen Marion eine Chance.

Als erstes änderte der seinen Namen. Marion Michael Morrison – so hieß kein Westernheld. Die Legende will wissen, daß
er damals gerade ein Buch über »Mad Anthony« Wayne las,
einen bekannten General aus den amerikanischen Befrei-
ungskriegen. »Nun ja, und John paßte halt gut zu dessen
Nachnamen und zu Duke«, soll Raoul Walsh später erklärt
haben.

The Big Trail wurde ein Kassenerfolg, kam aber nicht besonders gut bei der Kritik an. Das lag vor allem an John Wayne,
der viel zu hölzern agierte und keine besonders gute Figur
machte. Seine Karriere schien beendet, bevor sie richtig begonnen hatte. Aber Wayne hatte sich längst für den Film entschieden und dachte gar nicht daran, klein beizugeben. Er
ritt und schoß sich durch über fünfzig Billigwestern, bis John
Ford ihm eine Hauptrolle in *Stagecoach* gab. Big John, der
große Westernheld, war geboren. »John Ford machte mich

Ein Anschlag auf Waynes Bankkonten: ›The Alamo‹

*Einer der vielen Filme, mit denen John Wayne seine Finanzen wieder
sanierte: ›The Train Robbers‹*

zum Star«, sagte Duke, »und ich werde ihm ewig dankbar dafür sein. Aber ich glaube, er hatte nie großen Respekt vor mir
als Schauspieler, bis ich zehn Jahre später *Red River* für
Howard Hawks machte. Und selbst dann war ich nie ganz
sicher.«

Mit beiden Regisseuren drehte John Wayne seine besten Western und seine wohl besten Filme. *The Searchers, The Man
Who Shot Liberty Valance* und *Fort Apache* mit Ford, mit
Hawks *Rio Bravo* und *El Dorado.* Auch *Hatari,* ein Afrika-
Abenteuer, das er mit Hawks drehte, war eigentlich nichts
anderes als ein Western, und *Donovan's Reef* (Die Hafen-
kneipe von Tahiti), sein letzter Film mit John Ford, könnte
genausogut am Golf von Mexiko und in einem texanischen
Saloon spielen.

John Wayne in der Rolle des ›Rooster‹ Cogburn, die ihm einen Oscar einbrachte: ›The Grit‹

Einen Traum erfüllte sich John Wayne im Jahre 1960. Er investierte zwölf Millionen Dollar in *The Alamo,* einen Monumentalfilm, der den tapferen Freiheitskampf von knapp hundertneunzig Texanern gegen über sechstausend Mexikaner erzählt. Der Film wurde zu einem Fiasko und trieb Duke an den Rand des finanziellen Ruins. Künstlerisch nicht viel besser, dafür aber ein überwältigender finanzieller Erfolg wurde dagegen *The Green Berets* (Die grünen Teufel), seine private Version der amerikanischen Invasion in Vietnam. Vor allem in Europa machte er sich mit diesem Film viele Feinde, obwohl er immer wieder behauptete, sich nicht in die Politik einmischen zu wollen, er sei lediglich ein Patriot und ein guter Amerikaner. Er mischte sich natürlich doch ein, unterstützte die Republikaner, machte es sich aber zur Regel, auch andere Meinungen gelten zu lassen. Das brachte ihm auch bei politischen Gegnern viel Respekt ein, zum Beispiel bei Jane Fonda und Paul Newman, die ihn vor allem als Mensch schätzten.

1970 bekam John Wayne seinen ersten und einzigen Oscar als bester männlicher Hauptdarsteller in *True Grit*. Die Rolle des schrulligen Marshals Rooster Cogburn war ihm ausgerechnet von einer Drehbuchautorin auf den Leib geschrieben worden, die in der McCarthy-Ära als Kommunistin auf der Schwarzen Liste gestanden hatte. Wayne war das egal. »Das ist das verdammt beste Drehbuch, das ich je gelesen habe«, sagte er.

Seinen größten Kampf begann John Wayne im Jahre 1964, als Lungenkrebs bei ihm festgestellt wurde. Ihm wurde ein großer Teil der Lunge herausoperiert, was ihn aber nicht daran hinderte, in Mexiko für *The Sons of Katie Elder* vor der Kamera zu stehen, auch wenn er die Drehpausen in einem Sauerstoffzelt verbringen mußte. Er bekämpfte *the Big C*, wie er den Krebs immer nannte, und siegte ein zweites Mal, als er im April 1978 am offenen Herzen operiert wurde. Dann unterlag er seiner schweren Krankheit. Sein Magen mußte ihm entfernt werden, und nach einem letzten tapferen Auftritt bei der Oscar-Verleihung des Jahres 1979 mußte er erneut ins Krankenhaus und starb am 11. Juni 1979.

Auf seinem Grabstein stehen die spanischen Worte, die er sich selbst als Nachruf ausgesucht hatte: »Feo, Fuerte y formal« – »Er war häßlich, er war stark, und er hatte Würde!«

9. KAPITEL

Die Edelwestern

1946–1952

»I sure like that name … Clementine.«

Henry Fonda in *My Darling Clementine*

Die Nachkriegsjahre wurden zur Blütezeit des Western. In keiner anderen Zeitspanne wurden so viele gute Western gedreht wie zwischen 1946 und 1952, und in keiner anderen Ära wurden so viele Stars geboren, die fast ausschließlich in Western auftraten. John Wayne wird da gerne genannt, aber er

John Ireland, Montgomery Clift und Joanne Dru in ›Red River‹

würde den amerikanischen Westen erst mit *Red River* (1948) als endgültige Heimat anerkennen und wurde nicht so sehr mit dem Western in Verbindung gebracht wie ein Mann, den man sich in einem anderen Film überhaupt nicht vorstellen konnte: Randolph Scott.

Der stets höfliche Gentleman aus Virginia festigte seinen Ruf als wortkarger und sympathischer Revolvermann, den er in zahlreichen Zane-Grey-Verfilmungen begründet hatte, mit Western wie *Man in the Saddle* (Mann im Sattel, 1951), *Sugarfoot* (Ein Fremder kam nach Arizona, 1951), *Colt 45* (Das Geheimnis der schwarzen Bande, 1950) und *The Man Behind the Gun* (Rebell von Kalifornien,1952), in denen er fast immer einen einsamen und von seinen Gegnern gehetzten Einzelgänger darstellte. Zwischen 1950 und 1952 war er ohne Unterbrechung in der Liste der zehn beliebtesten Schauspieler zu finden, obwohl er seinen künstlerischen Zenit erst unter Regisseur Budd Boetticher erreichen sollte.

Joel McCrea, der neben Randolph Scott und John Wayne wohl einzige Schauspieler, der den Übergang vom B- zum A-Western ohne größere Blessuren schaffte, hatte seinen Erfolg nach dem Krieg vor allem seinem Charme und den guten Drehbüchern zu verdanken. In *Ramrod* (1947), das nach einem Roman des bekannten Westernautors Luke Short gedreht wurde, gerät er zwischen die Fronten eines Weidekriegs, in *South of St. Louis* (Konterbande, 1949) ist er selbst ein herrischer Rancher, der gegen einen Rivalen (Zachary Scott) die Oberhand behalten will; in *Colorado Territory* (Vogelfrei, 1949), einem psychologischen Western, spielt er einen Outlaw, und in *Saddle Tramp* (Ohne Gesetz, 1950) ist er ein Cowboy, der inmitten eines Weidekrieges vier armen Waisenkindern hilft. Seinen größten Erfolg in dieser Zeit hatte er aber mit *Four Faces West* (Flucht nach Nevada, 1948), das nach dem Roman *Paso por Aqui* des schreibenden Ranchers Eugene Manlove Rhodes entstand. Die Rolle des sentimentalen Outlaws, der zweitausend Dollar in der Bank mitgehen läßt, um die Ranch seines Vaters zu retten und sogar einen Schuldschein hinterläßt, war ihm auf den Leib geschrieben. Sogar der ihn verfolgende Sheriff (Charles Bickford) findet Gefallen an ihm und verspricht, ein gutes Wort bei den Geschworenen für ihn einzulegen, nachdem der Bandit seine Flucht abgebrochen hat, um einer kranken Familie zu helfen. Wahrlich starker Tobak, diese Geschichte, die darin gipfelt, daß er seine Patronen opfert, um einen Schwefelsud für die an Diphterie erkrankten Siedler zu brauen. Die Worte »Paso por Aqui«, die soviel bedeuten wie »Hier vorbeigekommen«, ritzt der flüchtige Outlaw in einen Felsen.

James Stewart spielte zwischen 1950 und 1952 fast ausschließlich unter der Regie von Anthony Mann. Dem Regisseur ging es vor allem darum, von inneren Konflikten zermürbte Menschen zu zeigen, die weder Helden noch Gesetzlose waren und inmitten einer grandiosen Natur agierten. Kaum ein anderer Regisseur seiner Zeit ging so sicher mit Farbe und Breitwand um.

Die Hauptrolle in *Winchester 73* (1950) spielt eigentlich ein Gewehr. Eine Sonderanfertigung der Winchester Firearms Company landet in den Händen eines Outlaws (Dan Duryea), der die kostbare Waffe an zahlreiche andere Männer verliert, unter anderem an den Indianerhäuptling Rock Hudson und den Kavalleriesoldaten Tony Curtis, bis er sie wiederbekommt und sich dem verfolgenden James Stewart stellen kann. Der Film zeigt eine der spannendsten und am besten fotografierten Schießereien in der Geschichte des Westernfilms.

In *Bend of the River* (Meuterei am Schlangenfluß, 1952) spielen James Stewart und Arthur Kennedy zwei erfahrene Westmänner, die einen Siedlertreck nach Oregon führen, zu Freunden und später zu Feinden werden, als Arthur Kennedy die Siedler betrügen will. Ein handwerklich solide gemachter Film mit interessanten und vielschichtigen Charakteren und wunderschönen Aufnahmen des amerikanischen Nordwestens.

In *The Naked Spur* (Nackte Gewalt, 1952) spielt James Stewart einen einsamen Kopfgeldjäger, der während des Bürgerkriegs von seiner Frau verlassen wurde. Mit ihr verschwand auch die Ranch, und er ist nun bemüht, die fünftausend Dollar zu verdienen, mit denen er sich wieder ein Stück

James Stewart als Rächer seines Vaters in ›Winchester 73‹

Land kaufen kann. Mit dem Outlaw Ben Vondergroat (Robert Ryan) hat er den Gegenwert dafür in seiner Gewalt, aber nachdem er den Leichnam des Banditen unter unmenschlichen Anstrengungen aus den reißenden Stromschnellen rettet, bringt ihn eine Frau dazu, den Körper zu begraben – um einer Menschlichkeit willen, die er nie erfahren durfte.

Naked Spur ist, was die Charakterisierung seiner Helden angeht, sicherlich einer der bedeutendsten Western nach dem Krieg. James Stewart als erbarmungsloser Kopfgeldjäger, der einen Toten lediglich als Ware betrachtet und sich sogar weigern will, ihn zu begraben, wurde in dieser Rolle zum Vorbild für zahlreiche Kopfgeldjäger in brutalen Italo-Western, und Joe Hembus schreibt in seinem Western-Lexikon nicht zu Unrecht: »Dieser Western hat in der amerikanischen Literatur über den Western nie eine große Rolle gespielt; für die französischen und italienischen Kritiker, die sich mit dem Western auseinandergesetzt haben, war er dagegen immer ein Schlüsselfilm.«

Glenn Ford hatte das Zeug, ein großer Westernstar zu werden, spielte aber in zu wenigen Western mit, um an einen Randolph Scott oder Joel McCrea heranzukommen. Seine Western waren aber durchweg spannende, actionreiche und humorvolle Filme, die sehr vielschichtige Helden zeigten. In *The Man from Colorado* (Der Richter von Colorado, 1948) spielte er einen vom Krieg gezeichneten Mann, der langsam den Verstand verliert, in *Lust for Gold* (Der Berg des Schreckens, 1949) verkörpert er einen von dunklen Mächten gejagten Goldgräber. »Einen Film wie diesen gab es noch nie«, zitiert Joe Hembus den Journalisten Don Miller, »und auch noch nie einen, der so zu Unrecht in Vergessenheit geraten ist. Er ist alles in einem: Western, romantisches Drama, Abenteuer, Krimi, und das alles basiert auch noch auf Tatsachen.«

John Wayne verdankte seine Erfolge in der Nachkriegszeit erneut der schöpferischen Kraft seines Ziehvaters John Ford, profitierte aber vor allem von Howard Hawks, der ihn zum Hauptdarsteller eines Westernfilms machte, der gleichbedeutend neben *Stagecoach* und *High Noon* steht. *Red River* (1948) erzählt die Geschichte des Ranchers Tom Dunson (John Wayne), eines harten Individualisten, eines Mannes, der über Leichen geht, wenn es um seinen Profit geht. Er und sein Gefährte, dargestellt von dem grandiosen Walter Brennan, finden ein verlassenes Kind, das zu Dunsons schärfstem Widersacher heranwächst. Montgomery Clift überzeugt als erwachsener Matthew Garth und führt die Schar der Meuterer an, die mit Dunsons Führungsstil nicht mehr einverstanden sind. Am Ende des Trails kommt es zu einer hitzigen und aufregend inszenierten Schlägerei, die beide wieder zu Freunden und vor allem zu Partnern macht.

Red River, wegen der Ähnlichkeiten in der Handlung oft mit *Meuterei auf der Bounty* verglichen, dem historischen Spektakel aber in allen Belangen überlegen ist, ist vor allem ein Film über harte Männer. Wie in allen Hawks-Filmen spielen

Frauen nur eine untergeordnete Rolle, und in der Tat war ja im Westen kaum Platz für das schwache Geschlecht. Männer eroberten das weite Land und gingen in ihrer Landgier und Eroberungswut mit unvorstellbarer Grausamkeit gegen sich selbst und gegen andere vor. Beides zeigt dieser Film. Er macht die dunklen Kräfte deutlich, von denen die Männer getrieben wurden, zeigt die Strapazen eines Rindertrecks in erstaunlich realistischen Bildern und findet auch noch Zeit für die menschliche Komponente, wenn etwa Matthew für den ungeschickten Tom die Zigaretten rollt oder ein Cowboy rote Schuhe für seine Braut kaufen will und dann umkommt.

Red River begründete noch einmal den Ruhm John Waynes, der nach *Stagecoach* und während des Krieges nur in peinlichen Klamotten gespielt hatte und sich nun plötzlich im Rampenlicht stehen sah. *Red River* ist zugleich der Beginn der kurzen Karriere des Montgomery Clift, der zu einem der besten Charakterdarsteller des amerikanischen Films heranwuchs. Vor allem aber zeigte der Film, daß ein Western mehr sein kann als ein bloßer Actionfilm und in seinen besten Augenblicken sogar an die antike Tragödie heranreicht.

Im selben Jahr wie Howard Hawks wartete auch John Ford mit einem neuen Meisterwerk auf. *Fort Apache* (Bis zum letzten Mann, 1948) stand am Anfang einer Trilogie über die amerikanische Kavallerie, die auch die Filme *She Wore a Yellow Ribbon* (Der Teufelshauptmann, 1949) und *Rio Grande* (1950) umfaßt.

Fort Apache, wie auch die beiden anderen Filme nach einer Kurzgeschichte des ultrarechten James Warner Bellah entstanden, erzählt die historisch belegte Geschichte des George Armstrong Custer, der persönlichen Ehrgeiz über nationale und vor allem moralische Interessen stellte und noch heute vielerorts als Held gefeiert wird, obwohl, oder weil, er im Juni 1876 von den Sioux in eine Falle gelockt und massakriert wurde. Ähnlich ergeht es auch dem Colonel Owen Thursday (Henry Fonda) in Fords Film, und es ist sein Gegenspieler selbst, der mit der Armee verheiratete, aber nach Frieden strebende Captain Kirby York, der ihn nach dessen Tod gegenüber der Presse verteidigt. Die Nation braucht einen Helden, auch wenn es der falsche ist. Oder um wieder einmal die Worte des Zeitungsverlegers in *The Man Who Shot Liberty Valance* zu zitieren:»Wenn die Legende zur Wahrheit wird, dann druck' die Legende!«

Auch John Ford war dieser Meinung:»Weil ich glaube, daß das gut für unser Land ist. Wir hatten viele Männer, die als große Helden galten, und Sie wissen verdammt gut, daß sie das nicht waren. Aber es ist gut für das Land, daß es Helden hat, zu denen es aufsehen kann. So wie Custer. Ein großer Held. Aber das war er eben gerade nicht. Nicht, daß er ein törichter Mann war. Das nicht. Aber an diesem Tag hat er seinen Job töricht besorgt. Oder Pat Garrett, auch er war ein großer Westernheld. Er war überhaupt nichts dergleichen, obwohl er Billy the Kid erschossen haben soll. Aber das hat ein Mann aus seinem Aufgebot erledigt. Auf der anderen Seite ist immer was dran an einer Legende.«

In *She Wore a Yellow Ribbon* ist John Wayne erneut ein alternder Offizier. Obwohl er schon aus der Armee entlassen ist, hilft er einem jungen Lieutenant gegen eine Übermacht von Apachen und treibt die Indianer ins Reservat zurück.

»Der Film von der Einsamkeit des Berufssoldaten, der sich daran gewöhnt hat, mit den Toten zu reden. Die Toten und die Sterbenden sind seine Nächsten, ein alter, überflüssig gewordener Häuptling sein alter ego. Sein Leben bestand aus den besonderen und allgemeinen Vorkommnissen, die in den Episoden des Films noch einmal repetiert werden, sein Alltag war Abschiednehmen.« (Joe Hembus)

Und John Ford bemerkte zu dem wohl besten Film seiner Trilogie über die amerikanische Kavallerie:»*Yellow Ribbon* ist ein trauriger und ein schöner Film. Es ist der Lieblingsfilm von General McArthur. Als ich den Film das letzte Mal gesehen habe, war er dabei. Und Sie müssen wissen, daß er in allen seinen Reden Zitate aus dem Dialog des Films und vor allem aus der Rede von John Wayne (›Old soldiers never die‹) bringt. Visuell habe ich versucht, mich an die Gemälde von Remington anzulehnen, obwohl das sehr schwer ist. Ich hatte deshalb viel Ärger mit meinem Kameramann, der es mir wiederholt schriftlich gab, daß er meine Anweisungen für völlig

JOHN WAYNE
DER *Teufelshauptmann*
EIN FARBFILM IN TECHNICOLOR

John Ford: ›She Wore a Yellow Ribbon‹, 1949

falsch halte. Als wir die Unwetter-Szenen drehten, während
eines echten Unwetters, erklärte er mehrfach, es könne überhaupt nichts auf dem Film sein. Er hat dann den Oscar für die
Fotografie dieses Films bekommen.«

In *Rio Grande,* dem schwächsten Film der Trilogie, trifft der
Captain (John Wayne) nach vielen Jahren seine Frau und seinen Sohn wieder. Der Junge hat die Akademie nicht geschafft und versucht es nun als einfacher Reiter, und die Mutter (Maureen O'Hara) ist gekommen, um ihren Sohn nach
Hause zurückzuholen. Sie stellt sich damit gegen ihren ehemaligen Mann, vor allem aber gegen die Armee, die das einzige richtige Zuhause für einen Mann ist. Der Captain und
sein Sohn beweisen sich im Kampf gegen die Apachen, und

Eine Szene aus John Fords ›Rio Grande‹

die Mutter muß erkennen, daß ihre Männer nicht ohne die Armee auskommen.

Am eindrucksvollsten in *Rio Grande* sind neben zahlreichen Action-Sequenzen vor allem die Liebesszenen. Eigentlich sind es gar keine Liebesszenen, zumindest nicht im herkömmlichen Sinn, weil Ford seinen beiden Hauptdarstellern kaum einmal erlaubt, einander in die Arme zu fallen oder sich zu küssen, aber gerade in dieser vor allem von Maureen O'Hara perfekt gespielten Zurückhaltung werden die Liebe und der Respekt deutlich, die beide füreinander empfinden. Neben *The Quiet Man,* einem in Irland angesiedelten Film, übrigens auch mit Wayne und O'Hara in den Hauptrollen, ist *Rio Grande* Fords schönster Liebesfilm.

Fort Apache, She Wore a Yellow Ribbon und *Rio Grande* erzählen keine zusammenhängende Geschichte, haben aber viele andere Gemeinsamkeiten und vor allem dasselbe Thema: die Einsamkeit des Offiziers in der amerikanischen Kavallerie. In seinen sentimental angehauchten Filmen zeichnet Ford wieder einmal das Bild eines mythischen Westens, einer Welt, in der Begriffe wie Tradition, Stolz und Ehre den höchsten Stellenwert haben. Fast immer dieselben Schauspieler, allen voran John Wayne als Offizier und Victor McLaglen als ständig betrunkener Sergeant, agieren in immer derselben Landschaft, dem für *Stagecoach* entdeckten Monument Valley, sind von einer amerikanischen Volksweisen nachempfundenen Musik und immer derselben Stimmung umgeben. »I can't see them anymore«, sagt eine Frau, als die Soldaten aus dem Fort ziehen, »all I can see is the flags.«

John Wayne als Colonel Kirby in John Fords ›Rio Grande‹

Bereits im Jahre 1946 drehte John Ford einen Film, der wesentlich besser bei der Kritik ankam als zum Beispiel *Rio Grande* und von der Kritik neben *Stagecoach* und *The Searchers* gestellt wird. Der Western heißt *My Darling Clementine* (Tombstone) und beschreibt den Kampf der Earp-Brüder und Doc Hollidays gegen die Clantons. Mit der historischen Auseinandersetzung im OK-Corral hat der Film allerdings nichts gemein, dem Regisseur ging es vielmehr darum, das Ende einer wilden Zeit und ihrer Protagonisten zu zeigen. Dies geschieht in ruhigen, beinahe lyrischen Bildern, welche die Stadt und ihre Menschen immer wieder gegen den weiten Himmel und die gigantischen Felsen des Monument Valley stellen.

Henry Fonda spielt einen sehr ruhigen und nachdenklichen

John Wayne und John Ford in einer Drehpause

›My Darling Clementine‹: Noch ein Meisterwerk John Fords, hier Victor Mature als Doc Holliday

Wyatt Earp, der sich dazu auserwählt sieht, Ruhe und Frieden in die Stadt zu bringen und damit den Vorreiter für eine Zivilisation zu spielen, mit der er selbst nichts anzufangen weiß. Victor Mature verkörpert einen pessimistischen Doc Holliday, der die Zeichen der Zeit erkennt und der nahenden Zivilisation durch Selbstzerstörung entgehen will. Cathy Downs überzeugt als Titelheldin, die nach dem Revolverkampf beschließt, als Lehrerin in der Stadt zu bleiben und damit die zivilisierte Phase in der Geschichte von Tombstone einleitet.

My Darling Clementine wurde vor allem aus Huldigung an den Pioniergeist verstanden. In wehmütigen Bildern trauert John Ford seinem mythischen Westen nach und beschwört

Der Meisterregisseur und sein Lieblingsstar

ihn in Ritualen, die auch in seinen anderen Filmen immer wiederkehren. Der weite Himmel, die Felsen des Monument Valley, die wehenden Röcke der Pionierfrauen, der Tanz unter dem Sternenbanner. Sogar der Kampf im OK-Corral wird zum Ritual, zum komponierten Schauspiel.

Seinen 1950 entstandenen Western *Wagonmaster* (Westlich St. Louis) betrachtete John Ford eher als unterhaltsames Zwischenspiel, als Erholung zwischen den anspruchsvollen Werken sozusagen. Und doch soll er später einmal gesagt haben: »In *Wagonmaster* kam ich dem, was ich erreichen wollte, am nächsten.« Der Film erzählt die Geschichte zweier Pferdehändler, dargestellt von Ben Johnson und Harry Carey jr., die einen Mormonentreck nach Westen begleiten. Ford gelang kein Meisterwerk, aber ein handwerklich saubrer Film, eine nostalgische Rückschau auf den Westen, den es nicht mehr gibt.

Ein eher peinliches, wenn auch in seiner Naivität amüsantes Filmchen bot John Ford dagegen mit *Three Godfathers* (Spuren im Sand, 1948), einem Remake seines *Marked Men* (1919), das die Heiligen Drei Könige im Wilden Westen zeigt. Drei Banditen finden ein Baby und bringen es in Sicherheit, so ist die der Weihnachtsgeschichte nachempfundene Handlung schnell erzählt. Ein Film, der (natürlich) immer an Weihnachten gezeigt wird.

Neben *Red River* und *My Darling Clementine* ragen besonders zwei Filme aus der Masse der gedrehten Western zwischen 1946 und 1952 heraus: *The Gunfighter* (Der Scharfschütze, 1950) und *High Noon* (Zwölf Uhr mittags, 1952). Beide Filme zeigen verzweifelte Helden, die längst zum Anachronismus geworden sind und nur noch bestehen, weil sie sich an die ungeschriebenen Regeln des Westens klammern.

The Gunfighter ist sicherlich der bessere Film, machte *High Noon* erst möglich und schuf den Begriff *adult western,* das sind Western, in denen der Held längst zur Legende geworden ist und sich mit dieser Bürde auseinandersetzt. Jimmy Ringo, dargestellt von Gregory Peck in einer seiner besten Rollen, ist ein Revolvermann, der vergeblich nach Ruhe sucht. Im Saloon einer kleinen Stadt muß er erkennen, daß man nicht vor sich selber davonlaufen kann, daß man das grausame Spiel des Schießens und Ziehens spielen muß, bis ein jüngerer und besserer Mann daherkommt und einen von den Beinen holt.

Henry King inszenierte den Film ungeheuer nüchtern, ließ ihn meistens in den vier Wänden eines kleinen Saloons spielen und verzichtete sogar auf Musik. Fast ein Kammerspiel also, das natürlich kein riesiger Kassenerfolg werden konnte, von Filmhistorikern aber als einer der wichtigsten amerikanischen Filme aller Zeiten gepriesen wird. Robert Warshow in einem Essay: »Die wahre ›Zivilisation‹ ist stets in einem Individuum verkörpert, gut oder böse ist mehr eine Frage des persönlichen Verhaltens als sozialer Konsequenzen, und der Konflikt von Gut und Böse ist ein Duell zwischen zwei Männern. Selbst der in seinem Innersten getroffene, der offensichtlich verdammte Gunfighter bleibt der Held des Western, und das vielleicht um so mehr, als sein Wert sich gänzlich durch sein Sein ausdrücken muß – durch seine Präsenz, durch die Art, wie er unsere Aufmerksamkeit beschäftigt – und oft im Widerspruch zu den Umständen. Gleichgültig, was er tut, er *wirkt* richtig, und er bleibt unverletzbar, weil er, ohne jemand anderem das Recht eingeräumt zu haben, ihn zu richten, sein Schicksal bereits selbst richtig eingeschätzt und auch bereits assimiliert hat. Er weiß – und außer ihm wissen das nur der Sheriff und das Mädchen an der Bar –, daß ihm nichts bleibt, als das Spiel des Gunfight immer wieder zu spielen, bis der Augenblick kommt, da er selbst getötet wird. Was ihn ›läutert‹, ist, daß er den Glauben an dieses Spiel verloren hat und dennoch fortfährt, seine Rolle perfekt zu spielen: das Verhaltensmuster ist alles.«

High Noon wird auch von Kritikern, die sonst nichts mit Western am Hut haben, als Meisterwerk gelobt, obwohl sich in letzter Zeit auch kritische Stimmen mehren, die den Film von seinem Podest holen wollen. Sie haben insofern recht, als *High Noon* sicher nicht »der beste Western aller Zeiten« ist und auch nicht »mehr als ein Western« oder was sonst noch für ein Unsinn über diesen Film verzapft wurde. Die Wahrheit ist: *High Noon* ist ein verdammt guter Western, nicht mehr, aber auch nicht weniger.

Erzählt werden anderthalb Stunden im Leben des Marshal Kane. (In der deutschen Synchronisation wird er Sheriff genannt, weil man anscheinend nicht wußte, daß ein Marshal nur für die Stadt, ein Sheriff aber für den ganzen Bezirk verantwortlich war.) Um zehn Uhr vierzig heiratet er seine geliebte Amy (Grace Kelly), eine Quäkerin, die jegliche Gewalt verabscheut. Er hängt gerade seinen Colt an den Nagel, als der Telegrafist mit der Meldung hereinplatzt, daß Frank Miller mit dem Mittagszug erwartet wird. Will Kane hat vor einigen Jahren dafür gesorgt, daß der Bandit lebenslänglich ins Zuchthaus wandert, aber er ist begnadigt worden und

Gary Cooper in seiner einsamsten Minute in ›High Noon‹

kommt nach Hadleyville, um sich an Marshal Kane zu rächen. Seine drei Kumpane warten bereits am Bahnhof.

Will Kane und seine Frau werden bedrängt, die Stadt zu verlassen, und tatsächlich lenkt er den Wagen aus der Stadt – um schon wenig später wieder umzukehren, sehr zur Überraschung seines Stellvertreters (Lloyd Bridges), der gern sein Nachfolger geworden wäre. Amy verläßt ihren Mann, weil sie die Gründe für sein Handeln nicht begreift, und auch die anderen Bürger lassen ihren Marshal im Stich. Niemand will ihm helfen, nur ein Trunkenbold und ein grüner Junge erklären sich bereit, gegen Miller und seine Kumpane anzutreten. Bei einer Abstimmung in der Kirche rät man ihm erneut, die Stadt zu verlassen.

Die Sekunden ticken dahin, dann schlägt es zwölf, und ein

lautes Pfeifen kündigt das Kommen des Mittagszuges an. Will Kane steht allein auf der Straße, sieht seiner Frau nach, die mit seiner ehemaligen Freundin (Katy Jurado) zum Bahnhof fährt, um die Stadt zu verlassen. Frank Miller steigt aus dem Zug, und die Banditen machen sich auf den Weg in die Stadt. Es kommt zu einem hitzigen Revolverkampf, den Kane nur überlebt, weil seine Frau es sich anders überlegt und einen Banditen erschießt. Als die Bürger aus den Häusern kommen und ihn schüchtern und schuldbewußt bewundern, wirft er sein Abzeichen in den Dreck.

Diese Story, von Carl Foreman aus einer Kurzgeschichte entwickelt, hätte allein noch keinen guten Film ausgemacht, obwohl ungewöhnlich war, wie ein Westernheld um die Hilfe anderer buhlt und Angst verspürt. Für den Erfolg und die Qualität des Films waren aber drei andere Gründe maßgebend: die schauspielerische Leistung von Gary Cooper, der die ganze Verzweiflung, die der Marshal empfunden haben muß, in seinem Gesicht trägt und den wohl menschlichsten Westernhelden spielt, den es je auf der Leinwand gegeben hat; der Titelsong von Dimitri Tiomkin, der auch als musikalisches Thema immer wiederkehrt und viel zur Spannung des Films beiträgt; und vor allem der hervorragende Schnitt von Elmo Williams, der die eigentliche Qualität des Films ausmacht und ihn deutlich von anderen Werken abhebt. Die Bilder des Schienenstrangs, die eingeschnittenen Zifferblätter, die aus der Kamera laufenden Banditen – ohne Elmo Williams wäre *High Noon* nur ein Western unter vielen gewesen. Sowohl Elmo Williams als auch Gary Cooper und Dimitri Tiomkin wurden für ihre Leistungen mit dem Oscar belohnt.

Über die dokumentarisch angehauchte Fotografie in *High Noon* schrieb Regisseur Fred Zinnemann: »Floyd Crosby hat den Film fotografiert und hatte dabei den Mut, ihm den Stil zu geben, auf den wir uns geeinigt hatten. Floyd und ich gingen davon aus, daß *High Noon* wie eine Wochenschau aus dieser Zeit aussehen sollte, wenn es damals schon eine Wochenschau gegeben hätte. Als Anregung haben wir Matthew Bradys Fotos aus dem Bürgerkrieg studiert. Es hat früher fast religiöse Vorstellungen davon gegeben, wie Western auszusehen hätten. Es mußte immer ein schöner grauer Himmel mit lieblichen Wolken im Hintergrund sein. Crosby nahm dagegen keine Filter und gab dem Himmel ein weißes, wolkenloses, ausgebranntes Flair. Seine flache Beleuchtung gab dem Film die körnige optische Qualität. Vom ersten Drehtag weg hat die Produktion dauernd die armselige Fotografie bemängelt. Die meisten Kameraleute hätten in diesem Stadium ihre Flagge eingeholt, aber Floyd machte sich nichts aus die-

Clark Gable in ›Across the Wide Missouri‹

sen Reaktionen und blieb einfach bei seinem Konzept. Die Fotografie vermittelte dann tatsächlich den Effekt, auf den wir aus waren: Sie ließ den Film real erscheinen. Ich habe gehört, Howard Hawks habe verschiedentlich geäußert, er habe *Rio Bravo* als eine Art Antwort auf *High Noon* gedreht, weil er nicht glaubte, daß ein guter Sheriff im Ort herumrennen würde, um andere Leute zu bitten, ihm bei seinem Job zu helfen. Diese Ansicht überrascht mich etwas. Sheriffs sind auch nur Menschen, und jeder Mensch verhält sich anders. Die Story von *High Noon* spielt im alten Westen, aber in Wirklichkeit ist es eine Story über den Gewissenskonflikt eines Mannes.«

Besonders nach dem Erfolg von *Red River,* aber auch nach *High Noon* versuchten sich viele Stars in Westernfilmen, die vorher immer geringschätzig darauf herabgesehen hatten

Eine Szene aus ›Broken Arrow‹: James Stewart verhandelt mit den Indianern

James Stewart in ›Broken Arrow‹

oder einfach keine Beziehung zur amerikanischen Pioniergeschichte entwickelten. Aber Western waren gefragt, und eine große Kasse lockte. Clark Gable versuchte sich als Trapper in *Across the Wide Missouri* (Colorado, 1951); Alan Ladd wandelte auf Coopers Spuren in *Whispering Smith* (Der Todesverächter, 1949) und *Branded* (Das Brandmal, 1950) und bereitete sich auf seine Rolle in *Shane* vor; Van Heflin agierte in *Tomahawk;* Ray Milland, der ansonsten vor allem in Gangsterfilmen aufgefallen war, spielte in *Copper Canyon* (Flammendes Tal, 1950); Lloyd Bridges, der auch in *High Noon* eine gute Figur machte und später vor allem in Fernsehserien agierte, spielte 1951 in *Little Big Horn* (Tödliche Pfeile), und

117

Tyrone Power überzeugte in *Rawhide* (Zwei in der Falle, 1950). Alles keine Meisterwerke, aber kommerziell erfolgreiche Filme, die den Western weiter an Boden gewinnen ließen.

Bedeutend, vor allem was die Darstellung des Indianers in den Hollywood-Western angeht, waren dagegen zwei Filme, die im Jahre 1950 auf den Markt kamen: *Devil's Doorway* (Fluch des Blutes) von Anthony Mann und *Broken Arrow* (Der gebrochene Pfeil) von Delmer Daves. In *Devil's Doorway* wird zum erstenmal ein Indianer zu einem Helden aus Fleisch und Blut erhoben. Robert Taylor spielt den Shoshonen Broken Lance, der aus dem Bürgerkrieg nach Hause kommt und seine Heimat in Gefahr sieht. Mit dem Verlust seines Soldatenrocks aber hat er auch das Recht verloren, ein Mensch zu sein, und er sieht sich einer Meute von weißen Halsabschneidern gegenüber, die es auf sein Land abgesehen haben. Nur eine junge Rechtsanwältin steht ihm zur Seite. Sie verliebt sich in ihn und versucht vergeblich, ihn mit juristischen Mitteln aus der bedrohlichen Lage zu befreien. Broken Lance stirbt in seiner Bürgerkriegsuniform, als Held und Märtyrer in den Armen seiner Geliebten, und seine letzten Worte drücken den Optimismus aus, der die Indianer damals noch beseelte: »Mach dir nichts draus, Anne! In hundert Jahren hätte es vielleicht geklappt.«

Auch Delmer Daves stellt in seinem Film *Broken Arrow* einen Indianer in den Mittelpunkt des Geschehens: den Apachenanführer Cochise. Jeff Chandler spielt den Häuptling, und der Streifen gibt verhältnismäßig genau den historischen Ablauf der Jahre 1873 bis 1876 wieder, als der Posthalter Tom Jeffords, gespielt von James Stewart, allein und trotz der Warnungen seiner Freunde in die Berge zu Cochise ritt und ihn bat, künftig seine Postreiter zu verschonen. Cochise war so beeindruckt von dem Mut des weißen Mannes, daß er ihm die Bitte gewährte und einige Jahre später sogar den Pfeil zum Zeichen des Friedens brach.

Das einzige Zugeständnis, das der Film an den breiten Publikumsgeschmack macht, ist eine fiktive Liebesgeschichte zwischen Jeffords und einem Indianermädchen, und diese Sze-

118

James Stewart in ›Broken Arrow‹

nen sind trotz eifriger Bemühungen, eine Indianerhochzeit authentisch nachzuvollziehen, auch die einzigen Schwachstellen in der Story. Das Mädchen stirbt in den Armen des Posthalters, und Delmer Daves kann sich somit doch nicht ganz von der Klischeevorstellung Hollywoods lösen, die eine Ehe zwischen einem Indianer und einem Weißen unmöglich macht. War dieser Schluß in *Devil's Doorway* durch die gegebenen Umstände noch unausweichlich, so erscheint der Tod des Mädchens in *Broken Arrow* aufgesetzt – vielleicht sollte er Hollywoods Filmbosse und einen Teil des Publikums mit dem für weiße Fanatiker unzumutbaren Handlungsablauf versöhnen.

Trotz dieser Zugeständnisse wirkten beide Filme richtungweisend, und in ihrem Kielwasser wagten sich nun auch andere Regisseure an das heikle Thema. Sogar John Ford setzte sich nun kritischer mit der Indianerfrage auseinander und schuf mit *The Searchers* den vielleicht besten Indianerfilm, obwohl die Indianer kaum in seinem Film vorkamen. *The Searchers* war der Höhepunkt einer Schaffensphase, die nach den Edelwestern der Nachkriegszeit vor allem Durchschnittsware brachte.

10. KAPITEL

The Searchers

1956

»That'll be the day!«

John Wayne in The Searchers

Mit *The Searchers* (Der schwarze Falke, 1956) setzte John Ford sich selbst ein Denkmal. Der Film erzählt die jahrelange Odyssee des Ethan Edwards (John Wayne), der aus dem Bürgerkrieg zurückkehrt und bei seinem Bruder Aaron (Walter Coy) und dessen Familie hereinschaut. Der Krieg ist seit drei Jahren vorbei, und man kann lediglich vermuten, daß Ethan während dieser Zeit auf Abwegen gewesen ist. Dafür sprechen auch die frisch geprägten Goldstücke, die er seinem Bruder in die Hand zählt. »Ich werde euch nicht auf der Tasche liegen.« Seinen Säbel schenkt er seinem Neffen, seinen Kriegsorden vermacht er der kleinen Debbie (Lana Wood). Zur Familie gehören außerdem Lucy (Pippa Scott) und Martin Pawley (Jeffrey Hunter), der mit seinem Achtel Cherokee-Blut für Ethan »schon fast wie ein Halbblut« aussieht.

Die Art, wie Ethan seine Schwägerin Martha ansieht und diese seinen Mantel nimmt, macht deutlich, daß er sie liebt. Eine Liebe, die allen verborgen bleibt – außer dem Reverend Samuel Clayton (Ward Bond), der nicht nur Pastor, sondern auch Captain der Texas Rangers ist und sich natürlich wundert, wo Ethan die ganze Zeit geblieben ist. »Ich habe dich bei Kriegsende nicht gesehen. Wenn ich mich recht erinnere, warst du gar nicht dabei, als wir die Waffen streckten.« Aber Clayton hat jetzt andere Sorgen. Von der Weide des Nachbarn Lars Jorgenson (John Qualen) wurde Vieh gestohlen, und er hat ein Aufgebot zusammengestellt, um die Diebe dingfest zu machen. Der scheinbar verrückte Mose Harper (Hank Worden), der sich so sehr einen Schaukelstuhl

wünscht, vermutet, daß es die Indianer waren, und Aaron
bleibt deswegen bei seiner Familie.

Ethan und Martin (»Ich bin nicht dein Onkel!«) reiten mit
und müssen schon bald erkennen, daß die Comanchen nur
darauf aus waren, die Männer vom Haus wegzulocken. »Sie
sind auf Mord aus!« Entweder haben sie Jorgensons oder Edwards' Farm überfallen. Der Zuschauer erfährt, daß es die
Farm der Edwards' ist. Häuptling Scar (Henry Brandon) – in
der deutschen Synchronisation und sogar im Titel ein
»Schwarzer Falke«, der Himmel weiß, warum – und seine
Krieger haben Aaron, seine Frau und seinen Sohn getötet
und die beiden Mädchen entführt. Ethan entdeckt die Toten,
ruft aber nur nach Martha und hält Martin davon ab, sich die
Grausamkeiten anzusehen.

Ethan geht es jetzt nur noch um die Rache. Er unterbricht sogar das Gebet von Clayton, um endlich loszukommen. »Ich
hab' keine Zeit mehr zum Beten! Amen!« Zusammen mit
einem Aufgebot, das aber schon nach dem ersten Zusam-
menstoß mit den Indianern zurückbleibt, und Martin und
Brad Jorgenson (Harry Carey jr.) macht er sich an die Verfolgung der Comanchen. »Ich gebe die Befehle«, sagt er.
»Natürlich, Ethan«, erwidert Brad. »Wir haben alle das gleiche Ziel. Wir wollen Debbie und Lucy finden.« Was nicht
ganz stimmt. »Wenn sie noch leben«, meint Ethan wiederholt. Ihm geht es vor allem darum, die verhaßten Indianer zu
töten. Sie sind keine Menschen für ihn. »Ein Mensch reitet
ein Pferd, bis es zusammenbricht. Dann geht er zu Fuß weiter. Dann kommt ein Comanche vorbei. Er nimmt das Pferd,
reitet noch zwanzig Meilen auf ihm, dann frißt er es auf.«

In einem Tal entdeckt Ethan, daß sich vier Krieger vom
Haupttrupp getrennt haben. Er folgt allein ihren Spuren und
kehrt vollkommen verstört zurück. Den Grund dafür erklärt
er später, als Brad seine geliebte Lucy im Indianerlager entdeckt zu haben glaubt. »Du hast Lucy nicht gesehen. Das war
ein Comanche, der Lucys Kleid anhatte. Ich habe Lucy in der
Schlucht gefunden. Ich habe sie in meinen Rock gewickelt
und mit meinen eigenen Händen begraben.« Brad verliert
den Verstand und läuft in den Tod.

Zwei Jahre nach ihrem Aufbruch kehren Ethan und Martin auf die Ranch der Jorgensons zurück. Laurie (Vera Miles) hat auf Martin gewartet, aber der fühlt sich dazu verpflichtet, wieder mit Ethan auf die Suche zu gehen. Ein Händler namens Futterman hat ein Kleid gekauft, das wahrscheinlich Debbie gehörte. Laurie will Martin zurückhalten, weil Ethan das Mädchen auch allein finden wird, aber Martin antwortet: »Davor fürchte ich mich eben, daß er sie findet. Du kennst ihn nicht. Er braucht das Wort Comanchen nur zu hören, und dann greift er sofort zum Messer. Erspar mir das. Er ist dann ein Mann, der nicht mehr weiß, was er tut. Und ich will dabeisein, damit dann nichts passiert.« Es ist längst klar, daß Ethan seine Nichte erschießen will, weil sie schon lange bei den Indianern lebt und inzwischen selbst zur Comanchin geworden ist.

Von Futterman erfahren Ethan und Martin, daß Debbie bei Chief Scar und seinen Najeki-Comanchen lebt. Sie reiten weiter und werden von dem geldgierigen Futterman überfallen, aber Ethan hat damit gerechnet und erschießt ihn. Die Suche führt zu Indianern, von denen Martin irrtümlich eine Frau erwirbt, die er erst wieder loswird, als er den Namen Scar bzw. Schwarzer Falke ausspricht. Die Odyssee führt weiter nach Norden, ins verschneite Büffelland, wo Ethan seinem Indianerhaß auf grausame Weise Luft macht. Er schießt wie ein Besessener in die Herde und schreit: »Hunger! Leere Bäuche! Das soll das bedeuten, du Hohlkopf! Wenigstens wird sich kein Comanche mehr an ihnen gütlich tun. Töte sie, töte sie, töte sie!«

Die Armee hat inzwischen ein friedliches Indianerlager überfallen, und Ethan und Martin sehen sich die befreiten weißen Mädchen an. Sie sind wahnsinnig geworden. »Das sind keine Weißen mehr«, sagt Ethan, »das sind Comanchen.« Für ihn also keine Menschen mehr, sondern wilde Tiere, die man eigentlich abknallen sollte.

In New Mexico treffen Ethan und Martin auf den alten Mose Harper, der sich immer noch einen Schaukelstuhl wünscht, aber auch einen Mann getroffen hat, der sie zu Scar/Schwarzer Falke führen kann. Der Mann ist ein Comanchero, der verboten Handel mit den Indianern treibt. Es kommt zur ersten Begegnung zwischen Ethan und dem Häuptling und zu einem zynischen Wortgefecht. »Du sprechen gut Amerikanisch ... für einen Comanchen. Hat's dir jemand beigebracht?« Und Scar darauf: »Du sprichst gut Comanche ... dir jemand beigebracht?« Ethan und Martin verhandeln mit dem Indianer über einen vermeintlichen Tauschhandel, aber Scar scheint mehr daran gelegen, sich zu brüsten. Eine seiner Frauen muß den beiden Weißen die Lanze mit den Skalps zeigen, darunter befindet sich auch der von Martha Edwards. Die Indianerin ist Debbie.

Ethan erkennt, daß Scar genau weiß, warum er in sein Lager gekommen ist. Wütend reitet er mit Martin davon. Während sie lagern, erscheint Debbie, die ihren Bruder erkannt hat. Aber sie lebt schon zu lange bei den Comanchen und will bleiben. »Das ist mein Volk. Geh bitte, Martin!« Ethan will seine Nichte erschießen, aber Martin stellt sich schützend vor sie, und dann greifen die Comanchen an und verwunden Ethan am Arm. Zusammen mit Martin flüchtet er in eine Höhle. Es kommt zu einer Auseinandersetzung, in deren Verlauf er sagt: »Sie hat mit einem Indianer gelebt, sie ist nichts anderes!« Martin antwortet: »Halt dein böses Maul! Ich wünsche, daß du verreckst!« Und Ethan mit einer Formulierung, die immer wiederkehrt und nur ungenügend übersetzt wurde: »That'll be the day! Der Tag wird kommen!« Womit Ethan den Tag meint, der auch seiner langen Odyssee ein Ende setzt und ihn von allen bösen Kräften befreit.

Ethan und Martin reiten wieder einmal nach Hause und kommen gerade zurecht, um eine Hochzeit zwischen Laurie und Charley McCorry (Ken Curtis) zu verhindern. Martin und Charley verprügeln sich gegenseitig, dann will Clayton die beiden zurückgekehrten Männer wegen des ungeklärten Todes von Futterman festnehmen, als ein junger Lieutenant erscheint. Und wieder ist es der alte Mose Harper, der Ethan und Martin auf die richtige Spur bringt. Er war ein Gefangener von Scar, der ganz in der Nähe lagern soll. Im Morgengrauen will die Armee das Lager zusammen mit Samuel Clayton und seinen Texas Rangers überfallen.

Ethan kehrt heim (›The Searchers‹)

Niemand hat Verständnis für Martin, der versuchen will, Debbie lebend herauszuholen, nicht einmal Laurie: »Was willst du holen? Eine Comanchenbraut, die sicherlich schon an den Höchstbietenden versteigert wurde? Ethan würde ihr eine Kugel in den Kopf schießen, und Martha würde ihm recht geben.« Martin läßt sich nicht darauf ein. »Erst, wenn ich tot bin!«

Man gibt ihm aber ein paar Minuten, um sich in der Dämmerung ins Indianerlager zu schleichen. Es gelingt ihm, Scar zu töten und mit Debbie zu fliehen. Dann greifen Kavallerie und Texas Rangers an, machen alle Indianer nieder. Ethan skalpiert den toten Häuptling, befreit sich dadurch von allen bösen Mächten. Dann verfolgt er Debbie. Martin fleht ihn an, sie nicht zu töten, und tatsächlich nimmt Ethan das verängstigte Mädchen in seine Arme. »Wir gehen nach Hause, Debbie!«

Als »Tragödie eines Einzelgängers« bezeichnete John Ford seinen wohl besten Film. Die Tür am Anfang und am Ende des Films öffnet und schließt sich für einen verzweifelten Mann, der nie ein Zuhause gehabt hat und zwischen den Winden wandert. Er ist ständig auf der Suche, ohne etwas zu finden, ein rastloser Einzelgänger, der nicht mal auf einen Becher Kaffee bleibt, nachdem er Debbie zu Hause abgeliefert hat. Er ist von einem Schicksal gezeichnet, das wir nur in Andeutungen erfahren, und er weigert sich beharrlich, so etwas wie Gefühl zu zeigen. Er kennt nur den Haß, den Haß auf die Indianer, die im Film als genauso grausam gezeigt werden wie die Kavallerie, mit dem Unterschied, daß es ihr Land ist. Ethan interessiert das nicht. Er ist von dem Gedanken besessen, die Indianer zu töten und befreit sich erst von den bösen Mächten, als er den toten Scar skalpiert. Von einem Teil der bösen Kräfte zumindest, denn Ethan ist am Ende dasselbe wie am Anfang: ein heimatloser Wanderer.

John Ford gelang mit *The Searchers* der wohl beste Western der Filmgeschichte. Der Farbfilm zeigt alle Qualitäten von *Stagecoach* und *My Darling Clementine* und noch ein bißchen mehr. Und das nicht nur, weil in Breitwand und Farbe gedreht wurde. *The Searchers* gibt eine endgültige Antwort auf die Frage, aus welchem Holz man geschnitzt sein mußte, um ein Land wie den amerikanischen Westen zu erobern, der Film zeigt die unerbittliche Grausamkeit der Indianerkriege, mehr vielleicht noch als *Little Big Man* und *Soldier Blue,* und überträgt den Pioniergeist der Siedler in eindrucksvolle Bilder.

Vertraut wirken sie, diese Bilder. Das Monument Valley mit seinen rotbraunen Felsen, die einsamen Reiter in einer gewaltigen Landschaft, die wehenden Röcke der Frauen. Wir kennen die Menschen. Das wettergegerbte Gesicht von John Wayne, die unbeholfenen Bewegungen von John Qualen, den befehlsgewohnten Ton von Ward Bond, die blauen Augen von Vera Miles, den irren Blick von Hank Worden. Und auch die Stimmungen. Das Bellen der Hunde im Indianerlager, die aufsteigenden Wachteln, bevor die Comanchen angreifen, den weiten und einsamen Himmel, die sanften Stimmen der Sons of the Pioneers.

John Ford, wie man ihn aus vielen anderen Filmen kennt, nur ein bißchen perfekter und besser als sonst. »Die meisten Figuren des Films sind mit Narben gezeichnet«, schreibt Joe Hembus in seinem »Western-Lexikon«, »und es hängt mit diesen Narben zusammen, wenn die dominierende Äußerungsform aller Figuren Gesten und Laute der Verzweiflung sind. Bei den Weißen der Zivilisation ist es eine passive Verzweiflung, bei Ethan eine aktive Verzweiflung, die sich in Aggression umsetzt. Die bezeichnendste Geste der Verzweiflung ist Jorgensons ausholende Armbewegung, mit der er zu dem zum erstenmal von der Suche zurückkehrenden Ethan sagt: ›Ach, Ethan, dieses Land!‹ Martin bricht in seiner Verzweiflung über Ethan schluchzend zusammen. Brad Jorgenson rennt in seiner Verzweiflung über Lucys Tod in seinen eigenen Untergang. In den zärtlichen Gesten von Marthas Umgang mit Ethan liegt verzweifelte Resignation. Lauries Verzweiflung über den unverständigen Martin Pawley hat etwas Komisches, aber es bleibt kein Zweifel, daß dahinter die Verzweiflung über ihre Einsamkeit steckt; ihre geplante Hochzeit mit Charley McCorry ist selbst nur eine Geste der Verzweiflung. Und die Fixigkeit, mit der Clayton seine verschiedenen Amtstitel und die dazugehörenden Bibeln und Gewehre wechselt, ist auch nur ein Hantieren mit verzweifelten Alternativen. Bei Ethan sitzt die Verzweiflung tiefer als in allen anderen, da er bewußter, erfahrener und sensibler als alle anderen ist, eine Figur, die uns nur deshalb so widersprüchlich erscheint, weil sie so komplett ist, zärtlich, heiter, roh, wahnsinnig und vieles mehr in einem; folgerichtig äußert er sich beständig in aggressiven und destruktiven Ge-

sten: er schießt, sticht, schlägt, schreit, und wenn nichts anderes zur Hand ist, um seine Gemütslage auszudrücken, dann schleudert er den Tequila in das offene Herdfeuer.«
The Searchers – der endgültige Western. Ein Kunstwerk, eine Charakterstudie inmitten der mythischen Landschaft des Monument Valley. Die verzweifelte Suche des Amerikaners nach einer Heimat und nach einer Identität. Eine endlose Suche, aber der Tag wird kommen, an dem die Wahrheit verkündet wird. Der Tag wird kommen. That'll be the day.

11. KAPITEL

Psychologie und Action

1953–1958

> »He's not gone. He's here,
> in this place he gave us.
> He's all around us and in us,
> and he always will be.«

Jack Schaefer in *Shane*

In den fünfziger Jahren überschwemmte eine ganze Flut von Western die Kinos. Randolph Scott ritt durch mehr als zehn erstklassige Filme, Joel McCrea festigte seinen Ruf als unterhaltsamer Actionstar, und Audie Murphy füllte die Nachmittagsvorstellungen in den kleinen Städten. James Stewart und Gary Cooper blieben ihrem Image des wortkargen Helden treu, und Richard Widmark, Kirk Douglas, Burt Lancaster sowie Glenn Ford ritten als unerschrockene Revolvermänner durch die Prärie. Alle Filme dieser Zeit aber wurden überstrahlt von zwei Meisterwerken, die heute in einem Atemzug mit *Stagecoach* und *Red River* genannt und von vielen Kritikern als beste Western der Filmgeschichte geführt werden: *The Searchers* (Der schwarze Falke, 1956) und *Shane* (Mein großer Freund Shane, 1953).

Wie *The Searchers* erzählt auch *Shane* die Geschichte eines Einzelgängers. Ein einsamer Reiter taucht auf der Farm von Joe Starrett (Van Heflin) und seiner Frau (Jean Arthur) auf und stellt sich als Shane (Alan Ladd) vor. Eigentlich will er nur eine kurze Rast einlegen, aber dann bleibt er doch und hilft der Familie bei der Arbeit. Sein ruhiges, kontrolliertes Wesen macht ihn sehr beliebt bei der Familie, vor allem bei dem kleinen Joe, der ihn geradezu vergöttert.

In einigen Szenen und Andeutungen wird jedoch klar, daß Shane ein Revolvermann ist. Das gibt den Starretts und anderen Siedlern neuen Mut, da sie zumindest darauf hoffen können, daß der Fremde dem grausamen Treiben der Rancher und ihrer Revolvermänner Einhalt gebietet. Die Rancher wollen die Farmer vertreiben, um das ganze Land kontrollieren zu können, und scheuen auch vor Mord und Brandstiftung nicht zurück.

Der kleine Joey (Brandon De Wilde), inzwischen ein glühender Verehrer des Revolvermanns, sieht eine Welt zusammenbrechen, als Shane bei seiner ersten Auseinandersetzung mit einigen Cowboys auf Waffengewalt verzichtet und klein beigeben muß. Er ist erst zufrieden, als Shane seinen Waffengurt umschnallt und zum Revolver greift. Joey will selbst einmal Revolvermann werden.

Zwischen Shane und Marion Starrett entwickelt sich so etwas wie Liebe, aber beide unterdrücken das Gefühl, weil sie Joe nicht verletzen wollen. Der Siedler erfährt nie, daß Shane es in der Hand hatte, ihm die Frau und den Sohn wegzunehmen, und Shane ist zu sehr übermenschlicher Held, um überhaupt auf die Idee zu kommen. Da zeigt sich Clint Eastwood in der verkappten Neuverfilmung von *Shane (Pale Rider)* schon wesentlich skrupelloser, er liebt die Frau auch körperlich.

Auf dem Höhepunkt des Films kommt es zum unvermeidlichen Duell zwischen Shane und dem Killer Slick Wilson (Jack Palance), das Shane für sich entscheidet. Er reitet allein weiter und wird vom Rufen des Jungen verfolgt: »Shane! Shane!«

Im Gegensatz zu John Ford hatte Regisseur George Stevens von Anfang an vor, ein Meisterwerk zu drehen, und in gewisser Weise ist ihm das auch gelungen. *Shane* ist ein sehr geradliniger und stiller Film, der die Einsamkeit des umherziehenden Revolvermannes und seine ständige Suche nach einem Zuhause deutlich macht. Doch genau wie Jimmy Ringo in *The Gunfighter* ist er ein Gefangener seiner Profession, er muß immer wieder den Revolver ziehen und schießen, bis er an einen schnelleren Mann gerät. Er bleibt einsam und ohne ein Zuhause, und er wird immer wieder davonreiten und etwas suchen, das es für ihn nicht gibt.

Obwohl Shane ein beinahe übermenschlicher Held ist, bleibt er doch ein sehr verletzlicher Mann, der seinen Job nur noch

Die Szene spricht für sich: ›Shane‹

ausführt, weil es nicht anders geht. Regisseur Stevens gelingt es, die Gegensätze in Shanes Charakter deutlich herauszuarbeiten, er zeigt den gefühlvollen und schwachen Mann, und er zeigt den brutalen Killer. Sam Peckinpah soll einmal gesagt haben, daß sich der Western veränderte, soll heißen, brutaler wurde, als Shane den Killer Wilson erschoß, und tatsächlich stellte Stevens den stillen Augenblicken sehr gewalttätige Szenen gegenüber. Für das entscheidende Duell ließ er

Jack Palance mit einem Draht umwickeln, damit er im Augenblick des Schusses nach hinten gerissen werden konnte. Das ließ die Schießerei brutaler und echter aussehen. »Wir gingen sehr sparsam mit Schießereien um«, sagte Stevens, »dadurch wirkten sie lauter und häßlicher.«

Harry Schein schrieb über *Shane:* »Der Titelheld ist mehr als irgendein Westernheld, er ist eine mythologische Figur. Shane ist mehr als Robin Hood, mehr als Cinderellas Prinz. Er ist ein leidender Gott, dessen edles und bitteres Schicksal es ist, sich für andere aufzuopfern. Er ist nicht Zeus, der, als Irdischer verkleidet, die Erde besucht, um sich ihren Frauen zu nähern, er ist der Heilige Amerikas, der Cowboy, der im Bürgerkrieg gefallen ist und zur Rechten Gottes sitzt. Er ist ein in Büffelleder gekleideter Engel mit der Pistole, ein mythologischer Pfadfinder, immer bereit, die Hände der Gläubigen und der Gemeinschaft vom Blut sauberzuhalten.«

Budd Boetticher und sein Hauptdarsteller Randolph Scott hatten diese Ansprüche nicht, sie wollten spannende Unterhaltung, wie es im Fernsehen heute so schön heißt, nicht mehr, aber auch nicht weniger. Dieser Anspruch wurde in den fünfziger Jahren voll erfüllt. Die sieben Filme, die beide zwischen 1956 und 1960 zusammen drehten, gehören zu den spannendsten und unterhaltsamsten Western der Filmgeschichte, vielleicht gerade deshalb, weil sie keinen Anspruch stellten und den Zuschauer nur für einige Zeit aus dem Alltag entführen wollten.

Randolph Scott, inzwischen zum beliebtesten Westernstar avanciert und liebevoll »King of the Range« genannt, spielte in fast allen diesen Western einen Mann, der sich an dem Mörder seiner Frau rächen will. In *Seven Men from Now* (Der Siebente ist dran, 1956), der eigentlich für John Wayne gedacht war und von dessen Produktionsfirma bezahlt wurde, hat Randolph Scott es mit sieben Killern zu tun. Das große T in *The Tall T* (Um Kopf und Kragen, 1957) stand für Terror. Eine *Fahrkarte ins Jenseits* (deutscher Titel) handelt sich der Mörder seiner Frau in *Decision in Sundown* (1957) ein. In *Buchanan Rides Alone* (Sein Colt war schneller, 1958) wird Randolph Scott von einer ganzen Stadt gejagt. In *Ride*

Budd Boettichers ›Decision at Sundown‹

Lonesome (Auf eigene Faust, 1959) bekommt er es mit einem jungen Banditen und dessen Bruder zu tun, der seine Frau aufgeknüpft hat. In *Westbound* (Messer an der Kehle, 1959) bewacht er einen Goldtransport, und in *Comanche Station* (Einer gibt nicht auf, 1960) reitet er allein ins Comanchenland, um eine weiße Frau zu befreien.

Budd Boetticher, der wegen seiner Vorliebe für harte Männerstories und den Stierkampf oft mit Hemingway verglichen wurde, verstand es ausgezeichnet, seinen Star in Szene zu setzen. Als wortkarger Held, der nie übermenschlich, sondern eher sensibel und verletzlich wirkte, als typischer Westerner (obwohl er in Wirklichkeit aus dem amerikanischen Osten stammte) mit wettergegerbtem Gesicht ritt er in die Herzen von Millionen Fans.

Randolph Scott in ›Buchanan Rides Alone‹

Joel McCrea und George Montgomery waren es zufrieden, die zweite und dritte Geige zu spielen, sie agierten in besseren B-Western, die als zweiter Film einer Doppelvorstellung (Double Feature) oder einziger Film in irgendeinem Kleinstadtkino immer für volle Häuser sorgten, ohne einen künstlerischen Anspruch zu erfüllen. Ob als Wyatt Earp in *Wichita* (1955), als schießender Richter in *Stranger on Horseback* (Einer gegen alle, 1955), ob als Satteltramp, der den Indianern hilft, in *The Oklahoman* (Dakota, 1957) oder als Cowboy in *Black Horse Canyon* (Der blaue Mustang, 1954), der einen rebellischen Hengst zähmt, er kam immer beim Publikum an und füllte auch in unseren Breiten so manche Nachmittagsvorstellung. Und George Montgomery stand ihm in Filmen wie *Gun Belt* (Überfall in Texas, 1953), *Robber's Roost* (Desperados, 1955) und *Black Patch* (Der Einäugige, 1957) in keiner Beziehung nach.

Ein Star der Nachmittagsvorstellungen wurde auch Audie Murphy, im wirklichen Leben ein dekorierter Held, für einen Kinohelden aber viel zu klein gewachsen und ein viel zu schlechter Schauspieler. Dennoch verstand er es, sich in einigen durchaus achtbaren Filmen wie *Tumbleweed* (Drei waren Verräter, 1953) und *Walk the Proud Land* (Ritt in den Tod, 1956) zu präsentieren. Sogar an ein Remake des James-Stewart-Klassikers *Destry Rides Again* von 1939 wagte er sich heran, allerdings nur mit sehr mäßigem Erfolg.

Auf ein sehr kritisches Publikum stieß Gary Cooper mit einem Film, der von Anthony Mann inszeniert wurde. *Man of the West* (Der Mann aus dem Westen, 1958) wurde vor allem von der amerikanischen Kritik bemängelt, weil man einem »guten Charakter« wie Cooper keine dunkle Vergangenheit zutraute und man den aus heutiger Sicht eher harmlosen Striptease von Hauptdarstellerin Julie London verwerflich fand. Im konservativen und puritanischen Amerika nicht gerade eine Überraschung.

Tatsächlich war die Story für einen Film mit Gary Cooper eher untypisch. Er spielt den ehemaligen Banditen Link Jones, der jetzt als anständiger Bürger in einer Kleinstadt wohnt und verheiratet ist. Seine Gemeinde hat ihm viel Geld anvertraut, um eine Lehrerin für die neue Schule zu verpflichten. Im Zug trifft er die hübsche Billie Ellis (Julie London), die mit ihm fliehen kann, als der Zug überfallen wird. Sie marschieren zu einer verlassenen Hütte, an die Link sich erinnert. Dort haben auch Dock Tobbin (Lee J. Cobb) und seine Banditen einen Unterschlupf gefunden. Es handelt sich natürlich um Links frühere Bande, und Link kann den erzwungenen Striptease seiner Begleiterin nur stoppen, indem er vorgibt, wieder der Bande beitreten zu wollen. Er heckt sogar einen Plan für einen Banküberfall aus, aber die Bank gibt es schon lange nicht mehr, und die Männer reiten in eine Geisterstadt. Dort kommt es zu einer Schießerei, die Link für

Gary Cooper und Burt Lancaster in ›Vera Cruz‹

sich entscheiden kann. Man erfährt nicht, ob Link zu seiner Frau zurückkehrt oder bei Billie bleibt.

Aus heutiger Sicht wirken die Vorwürfe der damaligen Kritik natürlich albern, und man muß *Man of the West* sogar als Edelwestern einstufen. Zumindest gelang es Anthony Mann auf vortreffliche Weise, das Mißtrauen innerhalb der Banditenbande herauszuarbeiten, und Gary Cooper und Lee J. Cobb boten zwei beachtenswerte Charakterstudien. Den angeblichen Sex und die angeblichen Gewaltszenen nimmt man heute kaum noch wahr.

Ebenfalls wegen seiner zweifelhaften Moral wurde *Vera Cruz* (1954) kritisiert. Einen Western, in dem zwei Söldner die Hauptrollen spielten, hatte es noch nicht gegeben. Und auch keinen, der es zwei skrupellosen Banditen erlaubte, mit ihren dunklen Machenschaften durchzukommen. Insofern muß man *Vera Cruz* als direkten Vorläufer der Italo-Western sehen, die in den siebziger Jahren in Europa für Furore sorgten.

Die beiden Söldner sind Ben Trane (Gary Cooper) und Joe Erin (Burt Lancaster), der eine ein bankrotter Plantagenbesitzer, der andere ein Bandit, die sich von Kaiser Maximilian als Leibwächter für die Gräfin Marie Duvarre (Denise Darcel) anstellen lassen. Unterwegs finden die beiden Männer heraus, daß in der Kutsche ein großer Goldschatz versteckt liegt. Den wollen die ständig angreifenden Juaristas, aber auch Ben und Joe haben. Eine Mexikanerin überzeugt Ben davon, daß dieses Gold dem mexikanischen Volk gehört.

Gary Cooper und Burt Lancaster in ›Vera Cruz‹

Eine actionreiche Operette also, die vor allem Burt Lancaster genügend Gelegenheit gibt, sich in den Vordergrund zu
spielen. »Er hat eben dieses falsche Grinsen von Ohr zu
Ohr«, sagte Autor Borden Chase, »und er liebt es über alles,
seine Beißerchen zu zeigen, und wenn man ihm nicht die
Chance dazu gibt, nimmt er sie sich einfach.«

Action war auch in einem Film angesagt, der Burt Lancaster
mit Kirk Douglas zusammenführte. *Gunfight at the O.K.
Corral* (Zwei rechnen ab) wurde 1957 von John Sturges in
Szene gesetzt und variierte wieder einmal den historischen
Kampf zwischen den Earps, Doc Holliday und den Clantons.
In der actionreichen und vordergründigen Inszenierung
spielte Burt Lancaster den Wyatt Earp und Kirk Douglas den
Doc Holliday. Viel zu lang und vor allem länger als der wirkliche Kampf, der nur dreißig Sekunden dauerte, geriet der
blutige Schlußkampf, aber der Film ist dennoch sehenswert
und bietet viel Abwechslung. Wie in *High Noon* gab es übrigens auch ein Titellied, das von Frankie Laine gesungen wurde und viel zum Erfolg des Films beitrug.

In *Man Without a Star* (Mit stahlharter Faust, 1955) ist Kirk
Douglas ein herumziehender Cowboy, der die kleinen Siedler gegen die Willkür einer Rinderbaronin verteidigt. Zuerst
weigert er sich, weil er selber Zäune haßt und nicht verstehen
kann, daß ein kleiner Rancher wie Cassidy sein Land einzäu-
nen muß, um sein Land gegen eine Großrancherin wie Reed
Bowman (Jeanne Crain) abzugrenzen. Aber als die Ranche-
rin und ihr Vormann zu weit gehen, hilft er wütend dabei,
den Stacheldraht zu ziehen. Er wehrt die Feinde ab und verläßt das unwirtliche Land.

»Das Drama des Westerners, der sich selbst verraten muß«,
bemerkte Joe Hembus zu diesem Film, »wie viele große Western ein Film der Verzweiflung und der Wut. Die Freiheit
des Westens war für den Westerner die entscheidende Qualität des Westens. Mit der Einzäunung des Landes fühlte sich
der Westerner selbst eingezäunt. Das Dilemma liegt aber
noch tiefer. Dempsey kommt nicht an der Erkenntnis vorbei,
daß sein Ideal der Freiheit nur noch den Besitzenden nützt,
er wird unfreiwillig Gesinnungsgenosse und Helfershelfer

›The Sheepman‹ mit Glenn Ford und Shirley MacLaine

der Viehbarone, die den Stacheldraht nicht deshalb hassen, weil er aus einem weiten Land lauter eingezäunte Ländereien macht, sondern weil er das Bodenrecht einengt. Der Westerner muß seine Ideale verraten und, seinen anderen Idealen der Loyalität und Freundschaft folgend, Partei für die kleinen Leute mit dem Stacheldraht nehmen. Mit diesem Verrat aber kann er nicht leben. Er muß weiterziehen.«

Das Leben der Cowboys ist auch das Thema zweier Western

mit Glenn Ford, in denen der Schauspieler ein sehr authentisches Bild dieses Berufsstandes zeichnet. Vor allem in *Cowboy*, der 1958 von Delmer Daves inszeniert wurde, aber auch in *The Sheepman* (Colorado City, 1958), das einen gewöhnlichen Cowboy in die tödliche und historisch belegte Auseinandersetzung zwischen Rinderleuten und Schafzüchtern hineinzieht. In *Jubal* (Der Mann ohne Furcht, 1956) spielt er einen Cowboy, der auf der Ranch eines Freundes eine neue Heimat findet und sich gegen einen schurkischen Vormann verteidigen muß. Als Schurke in diesem Film agiert auch Jack Elam, der mit seinem schielenden Auge zu einer klassischen Besetzung für Schurken wurde. Er war übrigens tatsächlich auf dem linken Auge blind, das Ergebnis einer jugendlichen Rauferei.

Den nachhaltigsten Eindruck aber hinterließ Glenn Ford in dem Film *3:10 to Yuma* (Zähl bis drei und bete, 1956), einem sehr spannenden Western, der sich sehr an *High Noon* anlehnt und nach einer Story von Elmore Leonard gedreht wurde. Der kleine Rancher Dan Evans (Van Heflin) hilft, den gefährlichen Banditen Ben Wade (Glenn Ford) festzunehmen und erklärt sich bereit, ihn für hundert Dollar nach Yuma zu bringen. Der Zug fährt aber erst um zehn nach drei, und Evans ist gezwungen, den Gefangenen im Hotelzimmer an sein Bett zu fesseln. Er widersteht allen Bestechungsversuchen des Banditen, den Befreiungsversuchen der anderen Banditen und sogar dem Flehen seiner Frau, und es gelingt ihm, den Banditen in den Zug zu verfrachten.

Dan Evans ist kein Held, nur ein gewöhnlicher Mensch, der es lediglich seinem Instinkt und glücklichen Umständen verdankt, daß er Ben Wade in den Zug bringt. Er wirkt schlicht und unbeholfen, und der Bandit ist ihm in allen Belangen turmhoch überlegen. Insofern ist *3:10 to Yuma* kein Western im eigentlichen Sinne, weil ein Western ohne Helden nicht auskommt, sondern ein Film über die Qualitäten von Durchschnittsmenschen. Ein Thema, das Autor Elmore Leonard übrigens auch in Bestsellern wie *Mr. Majestyk* erfolgreich aufgriff.

Richard Widmark überzeugte in *The Last Wagon* (Der letzte

Wagen, 1956), einem weiteren Western, der sich des Indianerthemas annimmt und ein faires Bild der roten Rasse zeichnet. Widmark spielt den Comanche Todd, einen Weißen, der bei den Comanchen aufgewachsen ist und vier Männer niederschießt. Als der Wagenzug, bei dem er gefangengehalten wird, von Indianern angegriffen wird, führt er die überlebenden sechs Kinder in die sichere Zivilisation. Es wird deutlich gemacht, daß ihm das nur gelingt, weil er bei den Comanchen gelernt hat, wie ein Indianer zu denken und zu handeln. Damit schloß Regisseur Delmer Daves gedanklich an seinen Film *Broken Arrow* an.

Die meisten Regisseure beschränkten sich allerdings darauf, dieses Vorbild nachzuahmen, und die meisten Indianerfilme der fünfziger Jahre waren deshalb auch nur mittelmäßige Erfolge, die von der Kritik kaum beachtet wurden. *Sitting Bull*

Glenn Ford und Van Heflin in ›3:10 to Yuma‹ von Delmer Daves

(1954), *The White Feather* (Die weiße Feder, 1955) und *Broken Lance* (Die gebrochene Lanze, 1954) waren herzzerreißende Schnulzen, die aber immerhin das Recht des Indianers auf sein Land und ein eigenständiges Leben verteidigten und gegen die Vorurteile der Weißen zu Felde zogen. Zu den nicht nur finanziell erfolgreichen, sondern auch künstlerisch wertvollen und eigenständigen Produktionen dieser Zeit muß Robert Aldrichs *Apache* (Massai, der große Apache, 1954) gerechnet werden. Der Film idealisiert den Indianer nicht wie viele seiner Vorgänger und deutet sogar die Möglichkeit einer friedlichen Integration an. Burt Lancaster ist der Apachenkrieger Massai, der mit seinen Stammesbrüdern in die Gefangenschaft nach Florida transportiert werden soll. Verbittert sieht er die weiße Zivilisation mit ihren Städten als Schreckenslandschaft am Fenster vorbeiziehen. Als der Zug auf offener Strecke hält, gelingt es ihm zu fliehen, und er schlägt sich die vielen hundert Meilen nach Arizona durch. Unterwegs trifft er einen Cherokee-Indianer, der den Weg des weißen Mannes gegangen und Farmer geworden ist, und Massai begegnet ihm mit dem Hochmut des ungebrochenen Kriegers. Dennoch nimmt er einen Beutel mit Saatgut mit. In seiner Heimat führt er einen einsamen Kampf gegen Armee und weiße Siedler. Er wird festgenommen, kann wieder entkommen und flieht mit seiner jungen Squaw in die Berge. Dort erinnert er sich an die Worte des Cherokees und legt ein Maisfeld an. Seine Frau erwartet ein Kind, und er kann nicht weiterziehen. Nach vielen arbeitsreichen Wochen wird der Fleiß des Indianers belohnt, und die erste Pflanze schaut aus dem trockenen Wüstenboden hervor. Als der Mais meterhoch steht, rücken die Soldaten an. Nachdem erst ein tragisches Ende geplant war, das dem historischen Verlauf natürlich eher entsprochen hätte, entschied man sich doch für einen optimistischen Schluß. Dem Apachen wurde erlaubt zu bleiben.

Einen der besten Filme über das Thema Rache inszenierte Henry King im Jahre 1958. In *The Bravados* (Bravados) spielt Gregory Peck einen verzweifelten Mann, dessen Frau von Banditen umgebracht wurde. Er reitet nach Rio Arriba,

Richard Widmark in der Bredouille: ›The Last Wagon‹

um dort der Hinrichtung von vier Männern beizuwohnen, die er für die Killer hält. Den Banditen gelingt es zu entkommen. Jim Douglas (Gregory Peck) schwört, nicht eher zu ruhen, bis er alle vier erschossen hat. Er tötet die ersten beiden Männer und erwischt den dritten in Mexiko. Als er den vierten Mann stellt, muß er erkennen, daß die Banditen gar nichts

Charlton Heston und Gregory Peck in ›The Big Country‹

mit dem Mord an seiner Frau zu tun haben. Er reitet enttäuscht davon. »Diese zugegebenermaßen blutige Geschichte hat die Reinheit einer elisabethanischen Tragödie«, urteil-
te Clive Denton.
The Big Country (Weites Land, 1958) profitierte vor allem
von der Breitwand und einer großen Besetzung. In dem meist
überschätzten Monumentalwestern spielten Gregory Peck,

der den Film auch produzierte, Burl Ives, Charlton Heston, Jean Simmons und Carroll Baker. Peck verkörpert einen ehemaligen Seefahrer, der familiäre Streitigkeiten austrägt und in einen blutigen Weidekrieg gerät. Der Film sollte laut Regisseur William Wyler den Pazifismus propagieren, bleibt aber vor allem wegen seiner Schlägereien und Action-Szenen in Erinnerung.

Von fragwürdiger Qualität ist auch *The Left-Handed Gun* (Billy the Kid, 1958) mit Paul Newman in der Titelrolle. Wieder einmal wird der jugendliche Outlaw besungen, der nach dem Tode seines Ziehvaters zum gnadenlosen Killer wird. Über den Versuch des Regisseurs, dieses Phänomen psychologisch zu erklären, schrieb ein Kritiker: »Arthur Penn gehörte zu den Intellektuellen, die in den Western einbrachen wie eine Horde scharfsinniger College-Absolventen, die in

Charlton Heston in ›The Big Country‹

Paul Newman als William Bonney in ›The Left-Handed Gun‹

einen vollbesetzten Saloon stürzen, an die Decke schießen und verkünden: ›Ab heute neue Regeln!‹, um dann den seit Jahren herumhockenden Gästen ihre Neurosen auseinanderzusetzen. Im Falle von William Bonney alias Billy the Kid befindet Dr. Penn: ›Wenn man ein Kind daran hindert, seine Sehnsüchte auszuleben, kann man sicher sein, daß seine Aggressionen eines Tages explodieren.‹«

Während Barbara Stanwyck in Western wie *Cattle Queen of Montana* (Königin der Berge, 1954) die unerschrockene und selbstbewußte Pionierin darstellt, kam es in *Johnny Guitar* (1954) zu einer denkwürdigen Auseinandersetzung zwischen zwei sehr zweifelhaften Geschöpfen. Von der amerikani-

146

schen Kritik wegen seiner zweifelhaften Moral verrissen, sogar als »lesbischer Western« beschimpft, wurde der Film in Europa sehr gelobt und sogar zum Kultfilm erhoben. Für den Drehbuchautor Philip Yordan war es ein politischer Film, der gegen den verkappten Faschismus in der McCarthy-Ära und den Puritanismus des ländlichen Amerika vorging: »Ich muß sagen, daß mich das Thema von *Johnny Guitar* immer sehr beschäftigt hat: Sie leben friedlich an einem Ort, und dann kommt plötzlich jemand und erklärt ihnen: ›Sie haben nicht das Recht, hier zu wohnen, aus dem und dem Grund, also machen Sie, daß Sie davonkommen, sonst ...‹ Warum soll ich nicht das Recht haben, zu wohnen, wo ich will? Ich glaube, daß dies ein wesentliches Sujet ist, ein Drama als Folge der Entwicklung einer kleinbürgerlichen Moral, die diese Gewaltherrschaft favorisiert.«

Johnny Guitar – ein Beispiel für einen Western, der eine politische Aussage transportieren soll, wie es vor allem in den späten sechziger Jahren zur Mode wurde. Der Western begann sich von seinen Wurzeln zu entfernen, und hätte es in den sechziger Jahren nicht Filme wie *Rio Bravo* gegeben, wäre das Genre wohl eines frühen und sehr plötzlichen Todes gestorben.

12. KAPITEL

Profis und Träumer

1958–1970

»Ich mag diese Männer.
Ich liebe Außenseiter.«

Sam Peckinpah

Die sechziger Jahre veränderten die politische und kulturelle Landschaft in den USA. Eine neue Generation sagte sich von den überlieferten Traditionen ihrer Väter los und stellte die Gesellschaft in Frage. Zum erstenmal wurde an den Grundfesten der amerikanischen Nation gerüttelt, und Werte wie Fortschritt, körperliche Stärke und Überlegenheit wurden nicht mehr als einzige Kriterien für eine lebenswerte Zukunft anerkannt. Zumindest von einer kritischen Jugend nicht, die sogar auf die Straßen ging, um für ihre neuen Ideale zu demonstrieren und die während des Vietnamkrieges auch gewaltsam gegen die gedankenlose Autoritätsgläubigkeit des Durchschnittsamerikaners protestierte.

Diese Tendenzen gingen natürlich auch am Film nicht vorüber. Vor allem am Western nicht, der als amerikanischstes aller Genres besonders empfindlich auf politische und geistige Strömungen in den USA reagiert. Helden waren plötzlich nicht mehr gefragt, und damit war natürlich auch der Western herkömmlicher Prägung tot. Neue Western wurden gedreht, die direkt auf die neue Entwicklung reagierten und die Gesellschaft in Frage stellten. Sogenannte psychologische Western, die allerdings erst in den siebziger Jahren ihre Blüte erleben sollten, vor allem in Europa, wo man genauso wenig mit der amerikanischen Politik einverstanden war wie ein Großteil der amerikanischen Jugend. Neue Wege wurden gesucht, auch im Western. In zahlreichen Filmen büßten junge Regisseure für die vielen Verbrechen, die Hollywood an den Indianern begangen hatte, oder man machte sich in sogenannten »funny western« über die angeblich so glorreiche Vergangenheit lustig. Oder man fegte jegliche Moral aus den Western und ließ nur noch kühle Profis agieren, die kaum oder gar kein Gefühl zeigten und lediglich den Job ausführten, den sie am besten verstanden.

Den Pilotfilm für diese Art von Western, die dann vor allem in Italien und Spanien entstanden, drehte John Sturges in Mexiko. *The Magnificent Seven* (Die glorreichen Sieben, 1960) erzählt die Geschichte von sieben Revolvermännern, die ihre Zeit überlebt haben und ein kleines Dorf gegen Banditen verteidigen. Ein Auftrag, der eigentlich unter ihrer Würde und zudem noch schlecht honoriert ist, den sie aber annehmen, weil es sonst keine Arbeit für sie gibt.

Jeder dieser Männer verkörpert einen bestimmten Typus und trägt auf seine Weise zum Gelingen des Filmes bei. Yul Brynner überzeugt als zynischer und cooler Anführer, Horst Buchholz mimt einen jungen Hitzkopf, der unbedingt ein großer Revolverheld werden will, Steve McQueen ist ein lässiger Satteltramp, James Coburn bleibt immer ruhig und gefaßt und regelt Streitigkeiten mit dem Messer, Charles Bronson zeigt menschliche Züge und freundet sich mit der Dorfjugend an, Robert Vaughn und Brad Dexter versuchen, ihre Vergangenheit zu verdrängen.

The *Magnificent Seven* war keine neue Geschichte. Der japanische Regisseur Akira Kurosawa, bei dem später auch Sergio Leone hemmungslos Anleihen machte, hatte sie bereits in seinem Film *Die sieben Samurai* erzählt. In der amerikanischen Version erreichte sie eine neue Qualität, weil die sieben Hauptrollen außerordentlich gut besetzt waren und jede für einen anderen Charakter stand – ein Punkt, den der Italo-Western einige Jahre später, wenn auch bewußt, vernachlässigte. Hinzu kam die wohl beste Filmmusik, die je für einen Western geschrieben wurde. Elmer Bernstein komponierte die eindringlichen Fanfaren, die auch zur Themamusik für die Marlboro-Werbung wurden.

Yul Brynner & Co. standen für eine neue Kategorie des Westernhelden, den kühlen Profi, der nach seinem eigenen Ehrenkodex lebte und die bestechlich gewordenen Pioniere

›The Return of the Seven‹

und Bürger bekämpfte. »You are like the wind«, sagt ein Mexikaner in *The Magnificent Seven,* »a strong wind … blowing over the land and passing on.« Was soviel bedeutet wie »Ihr seid wie der Wind … ein starker Wind … ihr fegt über das Land, und dann seid ihr verschwunden.« Eine Art von Held, die auch in den drei Fortsetzungen von *The Magnificent Seven* agierte. Aber *The Return of the Seven* (Die Rückkehr der glorreichen Sieben, 1966), *Guns of the Magnificent Seven* (1968) und *The Magnificent Seven Ride* (Der Todesritt der glorreichen Sieben, 1972) hatten nur noch die Musik mit dem Original gemein und kamen bei weitem nicht an dessen Qualität heran.

Yul Brynner wiederholte seine Rolle als professioneller Revolverkämpfer in dem 1964 entstandenen *Invitation to a Gunfighter* (Treffpunkt für zwei Pistolen). Er spielt den sehr gebildeten und zynischen Jules Gaspard d'Estaing, der von seinen eigenen Auftraggebern vertrieben wird. Ähnlich ergeht es Henry Fonda und Anthony Quinn in *Warlock* (1959), und auch Richard Widmark muß in *Death of a Gunfighter* (Frank Patch – deine Stunden sind gezählt, 1969) erkennen, daß selbst ein angesehener Mann wir Marshal Patch schon zu lange lebt. Die Bürger, die ihn einst um Hilfe gebeten haben,

›Invitation to a Gunfighter‹: Yul Brynner

wollen ihn nun loswerden. Dieser Film entstand übrigens nach einem Roman des Westernautors Lewis B. Patten, der immer mit interessanten Charakteren und schlüssig konstruierten Stories aufwartete.

Aus einem ganz anderen Holz war Alvarez Kelly geschnitzt. In dem 1966 gedrehten Western *Alvarez Kelly* spielt William Holden den Rancher mexikanisch-irischer Abstammung, der sich nur für Geld, Whisky und Frauen (in dieser Reihenfolge) interessiert und den Auftrag, eine Rinderherde zu den Unionstruppen zu bringen, nur des Lohnes wegen übernimmt.

›Death of a Gunfighter‹: Lena Horne und Richard Widmark

›The Professionals‹: Lee Marvin und Burt Lancaster

Er sympathisiert mit keiner Seite im amerikanischen Bürgerkrieg und wechselt nur die Seiten, weil ein Südstaatenoffizier, gespielt von Richard Widmark, ihm mehr bezahlt. *Alvarez Kelly* ist ein Western, in dem es nur noch Schurken und keine Helden mehr gibt.

Nur um den Lohn geht es auch den vier Revolvermännern in dem 1966 entstandenen Western *The Professionals* (Die gefürchteten Vier). Sie sollen die junge Braut (Claudia Cardinale) aus den Klauen des mexikanischen Banditen Jesus Raza (Jack Palance) befreien. In einem modernen Western des Jahres 1966, dem rauhen Revolution Country der Italo-Western, agieren vier kühle und berechnende Profis, die sich nur durch ihr Spezialgebiet voneinander unterscheiden. Lee

Marvin versteht etwas von Waffen, Burt Lancaster kennt sich mit Dynamit aus, Robert Ryan weiß etwas von Pferden, und Woody Strode tut sich als Spurensucher und Bogenschütze hervor. Vom Italo-Western unterscheidet diesen Film lediglich, daß die vier Helden noch so etwas wie Humor besitzen und eine Spur von Gefühl entwickeln.

Für John Wayne begannen die sechziger Jahre mit einem Flop. »Ich mußte diesen Film einfach machen«, sagte er über *The Alamo* (Alamo, 1960), eine patriotische Pferdeoper vom verzweifelten Kampf einer Handvoll Texaner gegen eine vielfache Übermacht von mexikanischen Truppen. Da niemand sonst den zwölf Millionen teuren Film machen wollte, produzierte John Wayne mit eigenem Geld und spielte auch noch die Hauptrolle. Richard Widmark und Richard Boone unterstützten ihn. »Beim Drehen des Films hatte ich das Gefühl, der Welt etwas zu geben«, begründete der Duke sein finanzielles Engagement, das er fast mit seinem Bankrott bezahlte. Es dauerte allerdings nur ein paar Jahre, bis er seinen Kontostand wieder in Millionenhöhe geschraubt hatte. Er drehte einen Film nach dem anderen in den sechziger Jahren, viele belanglose Star-Vehikel, aber auch einige, die als überdurchschnittlich gute Western in die Geschichte eingingen.

Noch vor *The Alamo* entstand *Rio Bravo* (1959), die direkte Antwort von John Wayne und Regisseur Howard Hawks auf *High Noon*. Die beiden Haudegen mochten den Klassiker mit Gary Cooper nicht, weil sie sich nicht vorstellen konnten, daß ein Marshal wie Kane die Leute um Hilfe bat. »Ein Profi hätte so etwas nie getan«, sagte Hawks, und Wayne hielt *High Noon* sogar »für das Unamerikanischste, das ich je gesehen habe«.

Rio Bravo zeigte einen Marshal, wie er nach Meinung der beiden konservativen Männer tatsächlich im Westen gelebt hatte, einen Profi, der allein mit der Banditenmeute fertig wurde und nur Hilfe annahm, wenn sie etwas taugte. »If they're really good, I take them. If not, I'll just have to take care of them«, bringt es Marshal John T. Chance (John Wayne) auf einen Nenner, »wenn die Jungs was taugen, stelle ich sie ein.« Nur drei Männer erfüllen diese Voraussetzungen. Dude (Dean Martin), der versoffene Deputy, der dem Alkohol abschwört und allein in die Höhle des Löwen marschiert. Stumpy (Walter Brennan), ein ständig schimpfender Krüppel, der mit seiner Schrotflinte nicht lange fackelt. Und Colorado Ryan (Ricky Nelson), ein junger Revolvermann mit unglaublichen Reflexen. Der Sheriff hat den Banditen Joe Burdett (Claude Akins) hinter Gitter gebracht und muß sich der Angriffe des rachsüchtigen Bruders erwehren. Als es diesem von John Russell gespielten Schurken gelingt, Dude in seine Gewalt zu bringen, lösen der Sheriff und seine Freunde das Problem mit Dynamit. Die weiblichen Akzente setzt Angie Dickinson in ihrer ersten großen Rolle als Feathers. *Rio Bravo* zählt zweifellos zu den besten Western, die je ge-

›Rio Bravo‹: Ricky Nelson, John Wayne und Dean Martin in gespannter Erwartung eines Angriffs

dreht wurden. Wie fast immer bei Howard Hawks geht es um Männer, die sich aufeinander verlassen können und in keiner Phase an ihrem Erfolg zweifeln. Profis eben, von Hawks mit liebenswerten Schwächen ausgestattet und mit einer gelassenen Aura umgeben, die Gary Cooper in *High Noon* vollkommen fehlt. *High Noon* entstand vor allem am Schneidetisch und wurde von einem Regisseur betreut, der von Western keine Ahnung hatte, *Rio Bravo* wurde von Profis gemacht und lebte von einer Story, an der selbst während der Dreharbeiten noch gefeilt wurde, weil Howard Hawks sich seiner Sache sicher war und keine Kunst, sondern solides Handwerk abliefern wollte.

»Die Dreharbeiten wurden nicht gerade improvisiert, aber wir haben die Figuren bei der Arbeit sehr ausgebaut und ausgefeilt«, schrieb Hawks in einem Aufsatz. »Wir haben uns gesagt, aha, das ist diese Szene, die braucht noch ein bißchen Feuer. Wie würde sich diese Figur verhalten? Nein, er würde nicht dies machen, er würde das machen. Am Schreibtisch fällt einem so etwas nicht ein. Deshalb klopfen wir beim Drehen das Terrain ab und entwickeln alles weiter, fügen einen Charakterzug, eine Action zwischen zwei Figuren hinzu und erfinden alle möglichen Sachen, welche die Beziehungen zwischen den Figuren vertiefen. Dean Martin will sich eine Zigarette drehen. Seine Hände sind ungeschickt, er schafft es nicht, von da an reicht Wayne ihm immer eine Zigarette. Man merkt daran gleich, daß die beiden die dicksten Freunde sind, sonst würde Wayne das ja nicht machen. Diese Sache entstand aus einem richtigen Einwand von Dean Martin: ›Wenn ich mich einerseits mit den Händen ungeschickt anstellen soll, wie soll ich da andererseits Zigaretten drehen?‹ Wayne sagte: ›Ich werde dir eine reichen.‹ Damit war die Sache gerettet. In dem Maße, in dem die Geschichte sich entwickelt, stellt man fest, daß eine Figur noch ein bißchen nackt ist, also macht man sich daran, sie anzuziehen. Der Kern von *Rio Bravo* ist nicht Wayne, sondern die Geschichte von Dean Martin. Tatsächlich hat Wayne mich auch gefragt: ›Und was mache ich, während er die ganzen schönen Szenen spielt?‹ ›Ganz einfach‹, habe ich ihm gesagt, ›du siehst zu wie ein guter Freund.‹ Er hat geantwortet: ›Okay, ich sehe schon, auf was ich mich da eingelassen habe.‹ In Wirklichkeit ist es eine große Rolle für Wayne, weil er diese ganzen Prüfungen aus Freundschaft auf sich nimmt. Er fragt sich, was dieser Mann wirklich wert ist, ob er verloren ist, oder ob er sich noch einmal aus der Scheiße ziehen wird. Man beobachtet einen Menschen in seiner ganzen Entwicklung, die ein gutes Ende nimmt, und darüber ist sein Freund glücklich.«

Rio Bravo wurde zu einem Klassiker und gefiel auch Howard Hawks und John Wayne – so sehr, daß sie den Film gleich noch mal drehten. *El Dorado* (1967) ist eine Variation des ersten Films, unterscheidet sich lediglich in der Besetzung und im Charakter einiger Hauptrollen. Der Säufer ist diesmal der Sheriff und wird von Robert Mitchum gespielt. John Wayne ist ein alternder Revolvermann, den das Zipperlein und eine alte Kugel plagen und der schon zu schmutzigen Tricks greifen muß, um seine Gegner zu besiegen. »Du bist zu gut, als daß man dir eine Chance geben könnte!« sagt er zu dem sterbenden Banditen, den er ohne Vorwarnung mit einer Kugel gefällt hat. Der Junge im Film kann diesmal überhaupt nicht schießen, heißt Mississippi und wird von James Caan gespielt. In der Walter-Brennan-Rolle ist Arthur Hunnicut zu sehen.

Howard Hawks: »Bei den Dreharbeiten zu *Rio Bravo* kamen wir an einen Punkt, wo wir die Wahl hatten, die Geschichte in die eine oder andere Richtung zu entwickeln. Wir entschieden uns für die eine Richtung, aber wir haben uns immer Notizen gemacht, weil wir uns sagten, ›diese Idee ist so gut, die können wir ein andermal gebrauchen.‹ Als wir dann mit *El Dorado* anfingen, sagte ich zu der Autorin – es war Leigh Brackett, dieselbe, die auch *Rio Bravo* geschrieben hat –: ›Also, paß auf, in *Rio Bravo* hatten wir einen Jungen, der sehr gut schießen konnte, daraus machen wir jetzt einen Jungen, der überhaupt nicht schießen kann.‹ Das ist doch schon was ganz anderes, nicht wahr? Dann sagte ich: ›John Wayne war der Sheriff in *Rio Bravo,* also laß uns in *El Dorado* Bob Mitchum als Sheriff nehmen.‹«

Auch *Rio Lobo,* der 1970 entstand, ähnelte *Rio Bravo,* war aber lange nicht so gut, obwohl es auch in diesem Film um Profis geht, die auf die Gesellschaft pfeifen und nach ihren eigenen Regeln leben. Aber Hawks ließ jede Originalität vermissen, es war sein letzter Film, und John Wayne war schon zu alt für die Rolle des unerschrockenen Draufgängers. Er konnte ja nicht mal mehr ohne Hilfe ein Pferd besteigen.

Und doch waren die sechziger Jahre mehr als ergiebig für John-Wayne-Fans. Um seine dank *The Alamo* geschröpfte Kasse aufzufüllen, drehte er einen Western nach dem anderen, von denen allerdings keiner an die Klasse von *Rio Bravo* oder *El Dorado* herankam. Es waren durchweg Vehikel für den Star, unterhaltsame und spannende Filme, in denen Duke sich selber spielte. Und sie kamen hervorragend beim Publikum an, weil sie in einer Zeit, die viele Westernfans mit problematisierenden Filmen überforderte, die einzige Möglichkeit boten, dem Alltag zu entfliehen. Escape Movies ohne jeglichen künstlerischen Anspruch, solides Handwerk, wie es von Hollywood heute nicht mehr beherrscht wird.

North to Alaska (Land der tausend Abenteuer, 1960) hieß das erste dieser Action-Abenteuer. Der Film spielt im Alaska des ausgehenden 19. Jahrhunderts und erzählt die Geschichte zweier Abenteurer, dargestellt von John Wayne und Stewart Granger, die um Gold und die schöne Capucine kämpfen. Henry Hathaway inszenierte diese laute Komödie, in der sich sogar der damals sehr bekannte Schlagersänger Fabian in einer Rolle versuchen durfte.

In *The Comancheros* (Die Comancheros, 1961) spielt John Wayne einen Texas Ranger. Auf einem Flußdampfer nimmt er den Schurken und Spieler Paul Regret fest und fängt sich damit ein Problem ein, daß er erst am Ende des Films an eine schöne Mexikanerin verliert. Die beiden Männer sind mal Feinde, mal Freunde, wie in einem spannenden Spiel, und lassen keine Gelegenheit aus, sich auf Kosten des anderen einen Spaß zu machen. Sogar im Lager der feindlichen Comancheros, die unerlaubten Waffenhandel mit den Comanchen treiben, verlieren sie den Humor nicht. Ein sehr actionreicher und vergnüglicher Film, in einer Nebenrolle glänzt Lee Marvin als skalploser Schurke.

John Wayne als General Sherman

1962 trat John Wayne mit dem größten Aufgebot vor die Kamera, das je für einen Western geritten war. *How the West Was Won* (Das war der Wilde Westen) hieß das Mammutspektakel, das im neuen Cinerama-Verfahren gedreht wurde und die Geschichte des amerikanischen Westens von 1830 bis 1890 in fünf Episoden erzählt: Im ersten Teil geht es um eine

159

gefährliche Floßfahrt auf dem Ohio River, die Liebe zwischen James Stewart und Carrol Baker und den Bau des Erie-Kanals, im zweiten Teil führt Robert Preston einen Wagentreck nach Westen, und Gregory Peck und Debby Reynolds machen das Goldland Kalifornien unsicher, im dritten Teil gewinnen John Wayne und William Holden den Bürgerkrieg, im vierten Teil baut Richard Widmark die Eisenbahn, und Henry Fonda zieht enttäuscht in die Berge, im fünften Teil kämpfen Lee J. Cobb und George Peppard gegen den Banditen Eli Wallach. Drei erfahrene Regisseure (Henry Hathaway, John Ford und George Marshall) inszenierten dieses bombastische Spektakel, das mehr als vierzehn Millionen Dollar verschlang. Allein 12 617 Statisten standen auf der Lohnliste. Ein unnötiger Western eigentlich, den man auch aus den besten Action-Szenen aller bisher gedrehten Western zusammenschneiden hätte können. Lediglich das neue Cinerama-Verfahren, das den Zuschauer die gigantischen Action-Szenen, z. B. die Floßfahrt, hautnah miterleben ließ, rechtfertigte den Aufwand. In der normalen Breitwandversion oder gar im Fernsehen verlor *How the West Was Won* alles, was er zu bieten hatte.

Da war *McLintock* (1963) schon von anderem Kaliber. Nach dem Vorbild von John Fords *The Quiet Man,* der unvergeßlichen irischen Komödie mit John Wayne und Maureen O'Hara, drehte Andrew V. McLaglen einen beinahe ebenso vergnüglichen Film, in dem wieder John Wayne und Maureen O'Hara die Hauptrollen spielten. Allerdings wirkte der Humor in dieser Westernkomödie etwas laut und aufgesetzt und nicht so feinsinnig wie in *The Quiet Man,* dazu fehlten dem Sohn von Victor McLaglen, einem Stammschauspieler von John Ford, einfach die künstlerischen Qualitäten. Er hatte sich ansonsten lediglich als Regisseur bekannter Fernsehserien einen Namen gemacht.

In *The Sons of Katie Elder* (Die vier Söhne der Katie Elder, 1965) wurde es wieder ernst, vor allem für John Wayne, der bei einer Krebsoperation die halbe Lunge verloren hatte und die Drehpausen in einem Sauerstoffzelt verbringen mußte. Aber er war auch im wirklichen Leben der harte Mann und machte weiter, weil er wußte, daß seine vielen Verehrer das von ihm erwarteten. Die Fans wurden nicht enttäuscht, sahen ihren Helden in der gewohnten Rolle und an der Seite von Dean Martin. Henry Hathaway führte in gewohnter Weise die Regie.

›The Sons of Katie Elder‹ (John Wayne, Michael Anderson, Dean Martin, Earl Holliman)

Sein Kollege Burt Kennedy, ebenfalls ein Spezialist für knallharte Action-Abenteuer, inszenierte *The War Wagon* (Die Gewaltigen, 1967). John Wayne und Kirk Douglas spielten zwei betagte Revolverhelden, die noch einmal alle Register ihres Könnens ziehen und einen Banditen nach dem anderen umlegen. »Meiner ist zuerst gestorben«, sagt John Wayne. Und Kirk Douglas meint locker: »Aber meiner war größer!« So wie dieser Dialog ist der ganze Film, eine gelungene Tour de force, in keiner Phase ernstgemeint und voller Selbstironie. Vergnügliche Western-Unterhaltung mit zwei Helden, die nicht mehr so können, wie sie wollen, aber immer noch so tun und nicht nur die Banditen hinters Licht führen.

Nach einem politischen Zwischenspiel, das den Zuschauern *The Green Berets* (Die grünen Teufel, 1968) und den John-Wayne- und Vietnam-Krieg-Gegnern eine Menge Zündstoff lieferte, kehrte Duke in seinen Westen zurück. *The Undefeated* (1969), wieder unter der Regie von Andrew V. McLaglen, war sein schwächster Film in vielen Jahren und überzeugte nur durch einige schöne Landschaftsaufnahmen.

Im Jahre 1970 reichte es dann endlich zu einem Oscar für John Wayne, den er eigentlich schon für *Red River* verdient gehabt hätte. Aber auch in *True Grit* (Der Marshal, 1969) zeigte er, daß mehr in ihm steckte als nur ein Mann, der nur sich selber spielen konnte. Als alter und versoffener Marshal Rooster Cogburn wirkte er so draufgängerisch und mutig, aber auch so verletzlich wie nie zuvor.

Henry Hathaway, ebenfalls ein großer alter Mann, drehte den Film nach einem Bestseller von Charles Portis, der beim Schreiben schon John Wayne im Kopf gehabt hatte. Im Mittelpunkt der ersten Szenen steht allerdings die vierzehnjährige Mattie Ross (Kim Darby), eine sehr selbstbewußte junge Lady, die auszieht, den Mord an ihrem Vater zu rächen. Der ist von dem Banditen Tom Chaney niedergeschossen worden. Mattie reitet nach Fort Smith, wird dort Zeugin einer volksbelustigenden »Hängeparty« des Hanging Judge Parker, für den auch der einäugige Marshal Rooster Cogburn reitet. Er soll den Mörder für einen angemessenen Preis dingfest machen.

Wayne & Douglas in ›War Wagon‹

Rooster Cogburn wohnt im Hinterzimmer eines Chinesen, zusammen mit der fetten Katze General und einigen Ratten, die er zielsicher (trotz der schwarzen Augenklappe) aus dem Leben befördert. In seiner Freizeit pokert er mit dem Chinesen und schüttet den Whisky in sich hinein. Für Mattie und deren Geld unterbricht er diese tägliche Routine, weil Tom Chaney sich mit Ned Pepper zusammengetan haben soll, und den sucht er schon seit vielen Monaten. Auch Texas Ranger La Bœuf, gespielt von dem Country-Sänger Glen Campbell, ist hinter dem Banditen her und will sich dem Marshal anschließen. Mattie wollen sie beide nicht mitnehmen, aber das Mädchen denkt gar nicht daran, zurückzubleiben und treibt ihr Pferd kurzerhand in den Fluß, als die beiden Männer mit der Fähre davonfahren. »By God, she reminds me of me«, kommentiert Cogburn die Szene genüßlich.

Zu dritt reiten der Marshal, der Ranger und das Mädchen auf den Spuren der Banditen, und es kommt zu vielen humorvollen, aber auch gewalttätigen Szenen, bis die Banditen endlich unter der Erde liegen. In die Filmgeschichte ging die Szene ein, in der Rooster Cogburn gegen Ned Pepper antritt. Auf der einen Seite einer großen Wiese der Marshal auf seinem Pferd, am anderen Ende Ned Pepper und drei Kumpane. Den Dialog muß man im Original wiedergeben. »I mean to kill you in one minute, Ned«, ruft Cogburn, »or see you hanged in Fort Smith at Judge Parker's convenience. Which will you have?« Ned Pepper läßt sich nicht beeindrucken: »I call that bold talk for a one-eyed fat man!« Worauf der Marshal die Zügel zwischen die Zähne nimmt, »Fill your hands, you son-of-a-bitch!« schimpft und den Banditen entgegengaloppiert, das Gewehr in der einen, den Colt in der anderen Hand. Drei Banditen erschießt er gleich, für Ned Pepper ist die letzte Kugel bestimmt.

Eine Paraderolle für John Wayne, die er mit Leib und Seele ausfüllte und in vollen Zügen zu genießen schien. Die Akademie dankte es ihm mit einem Oscar und zeichnete damit wohl auch die Verdienste aus, die John Wayne sich in seiner langen Karriere um den Western gemacht hatte. In seiner Dankesrede meinte er in Anspielung auf seine Rolle als Rooster Cogburn: »Hätte ich früher gewußt, was ich jetzt weiß, hätte ich schon vor fünfunddreißig Jahren eine Augenklappe getragen.« Er band sie jedoch erst 1975 wieder um, um mit Katharine Hepburn noch einmal als Rooster Cogburn vor die Kamera zu treten.

True Grit war ein guter Western mit tollen Charakteren und einer sehr authentischen Atmosphäre, litt aber unter der etwas dürftigen Story, einem blassen Glen Campbell und einer Kim Darby, die in den ersten Szenen des Films zu altklug, geschwätzig und vorlaut wirkte. Da zog der eingefleischte Westernfan doch Filme vor, die eher leise Töne anschlugen und die Vergangenheit liebevoll verklärten. John Ford drehte einen solchen Film. Sein *The Man Who Shot Liberty Valance* (Der Mann, der Liberty Valance erschoß, 1962) war einer seiner besten Western, weil er auf eindringliche Weise die Legende beschwor und alles, was Ford jemals sagen wollte, in einem einzigen Film ausdrückte.

Die ersten Bilder von *Liberty Valance* zeigen einen Zug. In einem Abteil sitzen Senator Ranse Stoddard (James Stewart) und seine Frau, sie sind auf dem Weg nach Shinbone, um dort einem Freund die letzte Ehre zu erweisen. Tom Doniphon (John Wayne) ist gestorben. Natürlich ist sofort ein Reporter zur Stelle, als der bekannte Mann aus Washington aussteigt, man wundert sich, warum ein so wichtiger Mann sich die Zeit nimmt, einen so kleinen Ort zu besuchen.

In einer langen Rückblende wird deutlich, was Ranse Stoddard und Tom Doniphon verbindet. Als junger Rechtsanwalt fährt er zum erstenmal nach Shinbone und lernt gleich den berüchtigten Banditen Liberty Valance (Lee Marvin) kennen. In der Stadt kommt er als Tellerwäscher im Saloon unter, wo auch seine spätere Frau Hallie (Vera Miles) arbeitet. Die ist aber noch mit Tom Doniphon verlobt, einem erfahrenen Westmann, der als einziger keine Angst vor Liberty Valance hat. Als der Bandit wieder mal die Stadt unsicher macht und sich erneut mit Stoddard anlegt, kommt er dem Rechtsanwalt zu Hilfe. Er macht ihm klar, daß in Shinbone nicht das Gesetzbuch, sondern der Colt regiert und Liberty Valance nur mit Gewalt beizukommen ist.

Ranse Stoddard will es nicht glauben, sieht aber in der entscheidenden Szene des Films auch keinen anderen Ausweg und stellt sich den Banditen im Duell. Es gelingt ihm, den gefährlichen Widersacher zu erschießen. Das glauben zumindest die Bürger von Shinbone und Hallie, die ihn später heiratet, und die vielen Leute, die *den Mann, der Liberty Valance erschoß,* zum Senator wählen. In Wirklichkeit hat aber Tom Doniphon den Banditen erledigt. Er stand in einer dunklen Seitengasse, um dem Rechtsanwalt beizustehen, als dieser in den sicheren Tod zu laufen schien. Er tat es für den Freund, und er tat es für die Zukunft der Stadt, vor allem aber tat er es, weil seine Uhr längst abgelaufen war, und in Shinbone kein Platz mehr für Männer wie ihn war. Das hatten er und Liberty Valance gemein: Ihre Zeit war vorbei, die Zukunft gehörte Männern wie Ranse Stoddard, und es war besser, wenn die Zukunft auf einer Legende aufbaute, die ermutigte und Hoffnung gab.

Dieser Meinung ist auch der Zeitungsverleger, als der Senator mit seiner Geschichte zu Ende ist. »This is the West, Sir«, beginnt er das berühmte und für alle Ford-Filme gültige Zitat. »When the legend becomes fact, print the legend.« Zu deutsch: »Dies ist der Westen, Sir. Wenn die Legende zur Realität wird, drucken wir dennoch die Legende.« Womit Ford nicht sagen will, daß aus der Lüge eine Wahrheit geworden ist, wie Joseph McBride und Michael Wilmington schreiben, sondern daß die Lüge ein Teil der Geschichte war. So wie in *Fort Apache* und in amerikanischen Schulbüchern, der Westen muß Legende bleiben, darf niemals rauhe Wirklichkeit werden, sonst hört Amerika auf zu existieren.

The Man Who Shot Liberty Valance, in nostalgischem Schwarzweiß gedreht, war das Testament des großen Regisseurs John Ford, der danach nur noch vergleichsweise unbedeutende Filme drehte, sein Abgesang auf die alten Zeiten, sein Vermächtnis an ein Amerika, das diese Legenden heute notwendiger braucht als je zuvor. Ein stimmungsvolles Zeugnis für die Erkenntnis, daß jede Epoche auf den Lügen der vorhergehenden basiert.

In dieser Tradition entstand auch ein Film, den Sam Peckinpah im selben Jahr drehte und der neben *Liberty Valance* als schönster und stimmungsvollster Western der sechziger Jahre gelten muß. *Ride the High Country* (Sacramento) ist die gelungene Abschiedsvorstellung der Veteranen Randolph Scott und Joel McCrea in einer Story, die noch einmal den alten Geist des Westens beschwört und die alten Helden besingt.

Die Handlung spielt um die Jahrhundertwende, als sich im amerikanischen Westen zum erstenmal Pferde und Autos be-

James Stewart, Lee Marvin und John Wayne in ›The Man Who Shot Liberty Valance‹

gegnen und Männer wie der ehemalige Gesetzesbeamte Steve Judd (Joel McCrea) eigentlich gar nicht mehr existieren dürften. Er soll in Coarsegold zwanzigtausend Dollar in Gold abholen, und als er sich über die geringe Summe wundert, bekommt er zu hören: »Die Tage der Goldsucher sind vorbei, jetzt regieren die Männer an den Schreibtischen.« Einen Partner findet Steve auf dem Jahrmarkt, dort tritt sein Freund und Leidensgenosse Gil Westrum (Randolph Scott) in einem albernen Kostüm als »Oregon Kid« auf. Der junge Heck Longtree (Ronald Starr) schließt sich den beiden Männern an, und unterwegs gabeln sie noch die hübsche Elsa Knudsen (Mariette Hartley) auf, die ihrem religiösen Vater davongelaufen ist und Billy Hammond heiraten soll. Aber

167

die Hammonds stellen sich als gemeine und hartnäckige Sippe heraus, die es nur auf das Gold der beiden Männer abgesehen hat.

Auch Gil will mit dem Gold durchbrennen, aber Steve kommt ihm auf die Schliche und zeigt sich tief enttäuscht. Nicht so sehr über den versuchten Diebstahl, viel mehr über den versuchten Verrat an einem Freund. Gil reitet davon, kehrt aber mit fliegenden Fahnen zurück, als die Hammonds angreifen und seinen Partner schwer verwunden. Die Sterbeszene, die Schlüsselszene des Films und zugleich die Wahrheit über den tradionellen Western, rührt in ihrer Aufrichtigkeit tief. Als die Sprache auf das Gold kommt, sagt Randolph Scott alias Gil: »Mach dir keine Sorgen! Ich kümmere mich um das Gold, wie du es getan hättest.« Und Joel McCrea alias Steve antwortet: »Verdammt, das weiß ich, ich habe es immer gewußt. Du hattest es nur für eine Weile vergessen, das ist alles.«

Joe Hembus hat wohl recht, wenn er im gleichzeitigen Erscheinen von *The Man Who Shot Liberty Valance* und *Ride the High Country* den Übergang vom Western zum Spätwestern und gleichzeitig auch eine Wachablösung sieht: »Für John Ford tritt der damals fünfunddreißigjährige Sam Peckinpah an, den der englische Kritiker Jim Kitses einmal den Bastardsohn von John Ford genannt hat. *Ride the High Country* ist ein Film, in dem die Lebenserfahrungen des Regisseurs den Kinoerfahrungen des Zuschauers begegnen. Wir kennen Steve Judd, Gil Westrum und ihre Darsteller, weil wir den Western kennen. Der Regisseur kennt den späten Westen, weil er in ihm aufgewachsen ist.«

Sam Peckinpah hatte sich vorher nur mit dem biederen *Deadly Companions* (Gefährten des Todes, 1961) und Fernsehfilmen hervorgetan, kannte den Westen aber wie kaum ein anderer junger Regisseur zu dieser Zeit. »Meine früheste Kindheitserinnerung ist, daß ich mit zwei Jahren auf einen Sattel geschnallt wurde, um mit ins High Country zu reiten. Wir blieben den Bergen immer nahe, kehrten immer wieder zu ihnen zurück. Als mein Großvater starb, galten seine letzten Worte den Bergen. Die ganze Familie väterlicherseits und

mütterlicherseits, die Peckinpahs und die Churches, sind durch dieses Land gezogen, seit sie Mitte des 19. Jahrhunderts aus dem Mittelwesten kamen. Mein Vater war ein Richter. Er glaubte an die Bibel als Literatur und an das Recht. Ihm verdanke ich die großen Worte Steve Judds in *Ride the High Country:* ›All I want is to enter my house justified.‹«
Die Abkehr vom alten Westen und der nostalgische Rück-

›Ride the High Country‹

blick auf das vergangene Jahrhundert bildeten auch das Thema für zahlreiche Western, die in der Neuzeit spielten. In *Lonely Are the Brave* (Einsam sind die Tapferen, 1962) spielt Kirk Douglas einen Cowboy alter Prägung, der mit der neuen Zeit nicht zurechtkommt, mit seinem Pferd auf einen regennassen Highway gerät und von einem Truck überrollt wird. In *The Misfits* (Misfits – nicht gesellschaftsfähig, 1961) sehnen Clark Gable, Montgomery Clift, Eli Wallach und Marylin Monroe ihren eigenen Untergang herbei, und über *Hud* (Der Wildeste unter Tausend, 1962) sagte Hauptdarsteller Paul Newman: »Der Film ist mißverstanden worden, vor allem von den jüngeren Zuschauern. Sie haben diese Figur in einem Glorienschein gesehen, während es tatsächlich mehr in unserer Absicht lag, einen Mann zu zeigen, der über all die Talente verfügt, die in den Vereinigten Staaten hoch im Kurs stehen – eine gewisse Art äußerlicher Attraktivität, ein Kerl, der es mit den Mädchen kann, ein standfester Trinker, – der aber vor allem ein Mann mit einem tragischen Gebrechen ist: Er kümmert sich einen Scheißdreck um irgend etwas außer sich selbst. Das haben auch die meisten Kritiker übersehen. In gewissem Sinne nimmt der Film die Ideen von Tennessee Williams auf – diesen Wert, den Amerika auf äußerliche Schönheit legt.«

Ein anderer Western, in dem Regisseur George Roy Hill die nostalgische Rückschau mit einer guten Prise Humor verband, war *Butch Cassidy and the Sundance Kid* (Zwei Banditen, 1969), der bis heute größte Kassenerfolg in der Geschichte des Westernfilms. Erzählt wird die historisch belegte Geschichte der Banditen Butch Cassidy (Paul Newman) und Sundance Kid (Robert Redford), die noch um die Jahrhundertwende Züge und Banken ausraubten und vor der Polizei nach Bolivien geflohen sein sollen. Bis heute weiß man nicht, ob sie dort eines normalen oder gewaltsamen Todes starben. George Roy Hill betrat mit seiner Inszenierung vollkommen neue Wege, kümmerte sich wenig um dramaturgische Gesetze und ließ seine beiden Hauptdarsteller und Katharine Ross munter drauflos spielen. Er nimmt sich sogar die Zeit, einen über beide Backen grinsenden Paul Newman auf ein Fahrrad

Die Zivilisation als Ende des Individualismus: Kirk Douglas in ›Lonely Are the Brave‹

zu setzen und zur Musik von »Raindrops Keep Falling On My Head« ein paar Kunststücke vorführen zu lassen. Auch der echte Butch Cassidy soll sich ja für Fahrräder begeistert haben, wie die Banditen überhaupt eine Menge Spaß hatten. Robert Redford erzählte: »Als ich noch sehr jung war, dachte ich, es sei keine schlechte Idee, ein Outlaw zu werden. Die Grenze um 1880 schien mir kein schlechter Platz zu sein. Da war ein Klima der Freiheit, mit dem man etwas anfangen konnte. Einer der Gründe, warum ich *Butch Cassidy* mag, ist, daß der Film deutlich macht, daß eine Menge von diesen Leuten noch halbe Kinder waren, und wenn sie Banken ausraubten und Züge überfielen, dann genausogut wegen des puren Spaßes, den das machte, als aus irgendwelchen anderen Gründen. Es leben noch eine Menge Leute, zumal in Utah, wo ich lebe, die den echten Butch Cassidy und seine Hole-in-the-Wall-Gang noch erlebt haben. Und diese Leute erzählen, daß Butch und seine Jungs am Leben so viel Spaß hatten, daß sie einfach nicht zu zähmen waren. Sie raubten Banken aus, sie waren wie die jungen Hunde, sie machten sich eine schöne Zeit, und sie konnten einander gut leiden. Ich habe Butchs Schwester Lula kennengelernt, die ein Westernfan ist, und sie sagte, daß *Butch Cassidy* dieses Gefühl für Spaß eingefangen hat, das in den meisten Western fehlt. Diese Kerle haben so viel Schwierigkeiten bekommen, weil sie so verdammt viel Spaß hatten.«

George Roy Hill machte seine beiden Banditen und den Western unsterblich, als er die Schlußszene einfrieren ließ. Die Kugeln der mexikanischen Soldaten treffen sie nicht, zumindest nicht im Film, und sorgen auf diese Weise für das seltsamste Happy-End, das je für einen Western gedreht wurde. Und so wie der Schluß ist der ganze Film: humorvoll und temporeich, aber auch still und traurig. »Ich glaube, wir haben sie verloren«, sagt Butch, als die beiden auf der Flucht vor dem Aufgebot mal kurz verschnaufen. »Glaubst du, wir haben sie verloren?« Sundance antwortet: »Nein.« Und Butch darauf: »Ich auch nicht.«

Als reiner Klamauk-Western wurde *Cat Ballou* (1965) oft mißverstanden, obwohl auch diese Komödie viele tragische Elemente enthält und zahlreiche Wahrheiten über den Western und den amerikanischen Westen vermittelt. Jane Fonda spielt die schüchterne Catherine Ballou, die ihren toten Vater rächen will und im Kampf gegen einen Großgrundbesitzer zur marodierenden Cat Ballou wird. Die Schau stiehlt ihr allerdings Lee Marvin in einer Doppelrolle: Für seine Darstellung des eiskalten Killers Tim Strawn und des ständig besoffenen Möchtegern-Killers Kid Shelleen wurde er mit einem Oscar ausgezeichnet. Unvergeßlich die Szene, in der Pferd und Reiter sturzbesoffen an einer Hauswand lehnen. Kid Shelleen, der Killer mit der silbernen Nase, eine Kla-

Familienfoto einer Outlaw-Ehe zu dritt: Paul Newman, Katherine Ross und Robert Redford in ›Butch Cassidy and the Sundance Kid‹

maukfigur, aber auch eine armselige und bedauernswerte Gestalt, die ihre Zeit überlebt hat.

Während *Four for Texas* (Vier für Texas, 1963) tatsächlich nur ein Klamauk-Western war und als Vehikel für Frank Sinatra und Dean Martin und die gewaltigen Brüste von Ursula Andress und Anita Ekberg diente, wurden in *Support Your Local Sheriff* (Auch ein Sheriff braucht mal Hilfe, 1969) und *Support Your Local Gunfighter* (Latigo, 1971) so ziemlich alle Western-Klischees durch den Kakao gezogen. James Garner, der mit dem 1967 gedrehten *Hour of the Gun* (Die fünf Geächteten) bereits einen hervorragenden Wyatt-Earp-Western abgeliefert hatte, zeigte im Kino, was er in einer Fernsehrolle wie Maverick nur andeuten konnte.

Ausgesprochen realistisch wurde im Western der sechziger Jahre das Verhältnis zwischen Weißen und Indianern gese-

›4 For Texas‹: Frank Sinatra, Dean Martin und Victor Buono

James Garner in ›Support Your Local Sheriff‹

hen. Es wurde keine Schönfärberei mehr betrieben, der Finger wurde auf die offene Wunde gelegt. So wie in *Hombre* (Man nannte ihn Hombre, 1966), wenn das bei den Apachen aufgewachsene Halbblut (Paul Newman) einigen Leuten das

Burt Lancaster in John Hustons ›The Unforgiven‹

Leben rettet und dafür nicht einmal Dank erntet. Oder in *Nevada Smith* (1966), wenn der junge Max Sand (Steve McQueen) drei gefährliche Killer (Karl Malden, Arthur Kennedy und Martin Landau) verfolgt, um den Mord an seinen Eltern zu rächen.

In *Last Train from Gun Hill* (Der letzte Zug von Gun Hill, 1959) spielt Kirk Douglas einen Marshal, der den Killer seiner Halbblutfrau festnimmt und wie Van Heflin in *3:10 to Yuma* in einem Hotelzimmer einsperren muß. Seine Aufgabe wird dadurch erschwert, daß der junge Mörder der Sohn seines besten Freundes (Anthony Quinn) ist. Am Bahnhof kommt es zum dramatischen Duell, das Anthony Quinn verliert.

In *The Unforgiven* (Denen man nicht vergibt, 1960) spielen Burt Lancaster, Audie Murphy und Doug McClure drei Brüder, die ihre Halbschwester, ein Halbblut (Audrey Hepburn), gegen die Kiowas und bigotte Weiße verteidigen.

Duel at Diablo (Duell in Diablo) schildert den Rachefeldzug eines zynischen Mannes (James Garner), dessen indianische Frau von Banditen ermordet worden ist. Zusammen mit dem farbigen Sidney Poitier befreit er eine weiße Frau (Bibi Andersson) aus den Klauen der Apachen, aber ihr Mann (Dennis Weaver) will sie nicht zurückhaben, weil sie mit einem Indianer geschlafen und sogar ein Kind von ihm hat. Der Film gehört zu den mutigsten Western der sechziger Jahre, leidet

›Duel at Diablo‹ mit Bibi Andersson

aber etwas unter der aufdringlichen Musik und dem aufdringlichen Spiel von Sidney Poitier.

In dem 1968 gedrehten Film *The Stalking Moon* (Der große Schweiger, 1968) werden ein Scout (Gregory Peck) und eine weiße, alleinstehende Frau (Eve-Marie Saint) mit ihrem Halbblutkind vom Apachenvater des Jungen verfolgt. Der Indianer bleibt während des ganzen Films unsichtbar, und nur die brennenden Wagen und Farmen und die verstümmelten Leichen weisen auf seine Gegenwart hin. Der rote Mann als brutaler Wilder, der kein Erbarmen kennt.

Eine andere Variante bot Sam Peckinpah in *Major Dundee* (Sierra Charriba, 1965). Verfeindete Nord- und Südstaatler müssen ihren Haß überwinden, weil sie nur zusammen gegen die Indianer eine Chance haben. Leider wurde der Film im Schneideraum verstümmelt, und man kann nur noch erahnen, was Sam Peckinpah eigentlich damit ausdrücken wollte. »*Dundee* war eines der schmerzlichsten Dinge, die mir in meinem Leben widerfahren sind«, schrieb Sam Peckinpah. »Wenn man einen Film macht, verliebt man sich in ihn. Er wird zum Teil des eigenen Lebens. Wenn man mitansehen muß, wie er verstümmelt und in Stücke zerfetzt wird, ist es, als ob man ein Kind verliert. Als mir klar wurde, was mit dem Film passierte, wurde ich ein bißchen wild. *Dundee* wäre ein schöner Film geworden, wahrscheinlich der beste meines Lebens. Hätte er seine zwei Stunden und vierundvierzig Minuten behalten, wäre er viel besser als *Ride the High Country*. Jetzt fehlen fünfundfünfzig Minuten.«

Mit der interessanten Frage, ob Menschen, die jahrelang unter Indianern gelebt hatten, wieder in die weiße Gesellschaft integriert werden konnten, beschäftigte John Ford sich in dem 1961 entstandenen Film *Two Rode Together* (Zwei ritten zusammen), in dem James Stewart und Richard Widmark die Hauptrollen übernahmen. Ford hatte die Regie dieses Films nur widerwillig übernommen, weil ihm das Drehbuch nicht zusagte, aber ihm gelang dann doch ein eindrucksvoller Film, der im Gegensatz zu *The Searchers* eine pessimistische Aussage hatte. Die gegen ihren Willen aus der Gefangenschaft der Comanchen befreiten Weißen weigern sich, in die

›The Stalking Moon‹: Gregory Peck reitet wieder in den Westen

weiße Gesellschaft zurückzukehren, und die Weißen wenden
sich gegen die Heimkehrer, bestaunen sie als wilde Tiere und
schleppen sie zum Galgenbaum. »Lieber tot als rot« hieß die
einfache und grausame Devise im Indianerland, und es wurden tatsächlich nur wenige Fälle von Gefangenen bekannt,
die eine Rückkehr in die Welt der Weißen ohne seelischen
Schaden überstanden haben.
Mit seinem letzten Western strafte John Ford dann alle Kritiker Lügen, die seine Meinung immer noch mit der seines

Hauptdarstellers John Wayne in einen Topf warfen. *Cheyenne Autumn* (Cheyenne, 1964) schildert die heroische Flucht der nördlichen Cheyennes von Oklahoma nach Montana. Der Stamm war nach seiner Unterwerfung in die Reservation gebracht worden, und die meisten Indianer wären an gebrochenem Herzen oder Hunger gestorben, wenn sie im Herbst 1878 nicht die Flucht gewagt hätten. Die Zustände in der Reservation in Oklahoma waren katastrophal, und Krankheiten, von denen die meisten Cheyennes noch nie etwas gehört hatten, hatten Dutzende von Kindern dahingerafft. In ihrer Verzweiflung entschlossen sich die Häuptlinge Dull Knife und Little Wolf, ihr sterbendes Volk in die Freiheit zu führen. In der Nacht zum 10. September 1878 verließen neunundachtzig Männer und hundertneunundvierzig Frauen und Kinder die Reservation, um die über zweitausend Meilen entfernte Heimat in Montana zu erreichen. Ihr Marsch durch zivilisiertes Gebiet und durch ein Netz von Soldaten ging als heroische Leistung ungeheuren Ausmaßes in die Geschichte ein. Immer wieder wurden die flüchtenden Indianer in Gefechte mit Zivilisten und Soldaten verwickelt, die eisige Hand eines strengen Winters senkte sich auf das Land, und als fast zwei Drittel des Weges zurückgelegt waren, gab ein Teil der Cheyennes entkräftet auf. Unter der Führung des greisen Dull Knife ergaben sie sich in Fort Robinson, Nebraska. Dort aber wurden sie in Baracken gesperrt, und als sie einige Tage später einen verzweifelten Ausbruch wagten, wurden zweiunddreißig Männer, Frauen und Kinder getötet. Nur Little Wolf und sechzig Stammesbrüdern gelang es, in die Heimat zurückzukehren.

John Ford inszenierte dieses historische Ereignis als aufwendiges Spektakel, ohne dabei seine Feinfühligkeit und seine gute Hand für technische Dinge wie Ausstattung und Beleuchtung vermissen zu lassen. Der Film wurde im Monument Valley und in den Rocky Mountains gedreht und wäre sicher zu einem der eindrucksvollsten und besten Western überhaupt geworden, hätte ein schlechter Schnitt nicht ganze Passagen des Films zerstört. Dennoch zeigte Ford noch einmal sein großes Können, und es gelang ihm, ein kritisches

Bild der Vergangenheit zu zeichnen. »Jede Sache hat zwei Seiten«, sagte er, »und ich wollte zur Abwechslung mal den Standpunkt der Indianer deutlich machen.«

Während John Ford die Cheyennes als tragische Helden in einem wunderschönen Land zeichnete, orientierte sich Sam Peckinpah am Italo-Western und zeigte ein rauhes Land, in dem es keine Helden mehr gab. In *The Wild Bunch* (The Wild Bunch – Sie kannten kein Gesetz, 1969) fliehen professionelle Outlaws vor professionellen Killern und werden in einer grausamen und blutigen Schlacht zusammengeschossen. Sam Peckinpah inszenierte dieses grausamste Massaker der Filmgeschichte als ästhetisches Zeitlupenballett, für das er oft kritisiert wurde. Er verherrliche die Gewalt, hieß es,

›The Wild Bunch‹, das ist Ben Johnson, Warren Oates, William Holden und Ernest Borgnine

und auch Szenen wie die ersten Einstellungen des Films, als ein paar Kinder sich am Todeskampf von Skorpionen ergötzen, seien überflüssig. Der Regisseur wehrte sich mit der Behauptung, er wolle den Westen in seinem ganzen Widerspruch zeigen, als grausame, aber auch als schöne und unschuldige Welt.

Auch die Meinungen der Kritiker waren geteilt. »Peckinpah glaubt«, schrieb Joseph Morgenstern, »man könne Gewalttätigkeit stilisieren (besonders durch Zeitlupenaufnahmen von Todeszuckungen, wie sie seit *Bonnie and Clyde* zum Klischee geworden sind) und wiederholen, bis sie eine abstrakte Qualität gewinnen, ein künstlerisches Mittel, das für sich selbst sprechen mag.« Und Leslie Fiedler meinte: »*The Wild Bunch* ist ein Film, in dem Gewalttätigkeit bewußt abgehandelt wird. Es ist ein Film, der nicht selbst gewalttätig ist, sondern die Gewalttätigkeit mittels seiner Technik reflektiert, durch verlangsamte, beschleunigte und festgefrorene Bilder.«

William Holden, Ernest Borgnine, Warren Oates, Ben Johnson, Jamie Sanchez und Edmond O'Brien sind keine Helden mehr, sondern verzweifelte Menschen, die ihre Zeit längst überlebt und nur noch den Tod vor Augen haben. Im Westen des Jahres 1913 sind sie ein Anachronismus. Sam Peckinpah: »Ich mag diese Männer. Ich liebe Außenseiter. Wenn man sich nicht anpaßt und restlos aufgibt, ist man allein auf dieser Welt. Wenn man aufgibt, verliert man seine Unabhängigkeit als Mensch. Deshalb bin ich für die Einzelgänger. Die Männer des *Wild Bunch* sind Katzen, die den Boden unter den Füßen verloren haben. Sie wissen es, aber sie beugen sich nicht, sie weigern sich, sich kleinkriegen zu lassen. Sie spielen ihr Spiel zu Ende.«

The Wild Bunch – ein Wendepunkt in der Geschichte des Western und die amerikanische Version des Italo-Western, nur perfekter und endgültiger. Ein Western, in dem es keine Moral mehr gibt, weder Gut noch Böse, nur noch Verzweiflung. In einer Zeit, in der Amerika in Vietnam seine bitterste Niederlage einstecken mußte, ging das Ansehen der Nation vor die Hunde, und der traditionelle Western starb einen grausamen Tod.

Loren D. Estleman: »*Shane* ist mein Lieblingsfilm!«

Loren D. Estleman schreibt Krimis und Western und gehört zu den bekanntesten Autoren der USA. Er beschäftigt sich seit vielen Jahren mit dem Westernfilm.

Wie heißen deine Lieblingswestern? Welche Western findest du am scheußlichsten?

Zuerst mal die besten Western, meiner Meinung nach. Die absolute Nummer eins für mich ist *Shane,* der beste Western, der je gedreht wurde. *High Noon* gehört dazu. Auch *True Grit* und *The Shootist. Stagecoach* natürlich. *Butch Cassidy and the Sundance Kid.* Auch *The Wild Bunch.* Und natürlich *Ride the High Country. Rio Bravo?* Eigentlich nicht. Ein guter Film, aber für mich nicht unter den besten zehn.

Einer der schlechtesten Western ist zweifellos *One-Eyed-Jacks.* Ein furchtbarer Film – anderthalb Stunden länger, als er sein sollte. Mich kümmert auch nicht, wenn andere Leute sagen, daß Marlon Brando ein guter Schauspieler ist, für mich konnte er noch nie spielen. In Rollen, die seinem Typ entsprechen, vielleicht, auf keinen Fall aber in diesem Western. Dann ein Film, der *Curse of the Undead* hieß, da trat ein Revolvermann als Vampir auf. Mein Gott, es gibt so viele schlechte Filme. Ich mag *The Searchers* nicht, aber der Film gehört natürlich nicht in eine Liste der schlechtesten Filme. Ich würde ihn als mittelmäßig einstufen. Die schauspielerischen Leistungen sind meiner Meinung nach nicht so überragend, und dann haben sie natürlich den Schluß geändert. Das Buch gehört mit Sicherheit in die Liste der zehn besten Western. Aber die Filmemacher wurden Alan Le May's *The Searchers* nicht gerecht. *Missouri Breaks* gehört zu den schlechtesten Westernfilmen, wieder wegen Brandos schauspielerischer Leistung. Und *The Oklahoma Kid* mit James Cagney, der sein Bestes gab. Jimmy Cagney konnte durchaus in einem Western überzeugen, das hat er in *Tribute to a Badman* bewiesen. Humphrey Bogart spielte einen mexikani-

Marlon Brando und Karl Malden in ›One-Eyed Jacks‹

schen Banditen. Auch er gab sein Bestes, aber er trug diesen Schnurrbart, der an den Enden hochgezwirbelt war. Ich mag *Red River* nicht. Auch dieser Klassiker gehört nicht zu den schlechtesten Western, aber er ist viel zu lang, und egal, was alle anderen sagen, ich war den ganzen Film hindurch für John Wayne, dabei sollte er ja der Schurke sein. Aber ich kann Montgomery Clift nicht ausstehen.

Warum ging es mit dem Fernsehwestern bergab?

Overkill. Manchmal hatten wir über dreißig Westernserien in einer Saison laufen. Das war natürlich *Gunsmoke* (Rauchen-

de Colts) zu verdanken, das war eine der ersten Westernserien im Fernsehen und machte den TV-Western auch für Erwachsene interessant. Es kamen einfach zu viele Serien.
Manche behaupten, *Maverick* habe den TV-Western gekillt,
weil man sich dort über das Genre lustig machte. Vielleicht.
Ansonsten schwingt das Pendel halt vor und zurück.

Wie beurteilst du ›Silverado‹ und ›Pale Rider‹?

Ich mag beide, obwohl *Pale Rider* natürlich mehr von einem
Klassiker hat. Allerdings gab es da auch ein Problem: *Pale
Rider* wurde *Shane* von Anfang bis Ende nachempfunden,
und *Shane* ist natürlich der bessere Film. Aber auch in *Pale
Rider* gibt es sehr gute Passagen, die Geisterstory zum Beispiel, die Clint Eastwood ja schon in *High Plains Drifter* er-
probt hatte. Aber im neuen Film gefällt sie mir besser, weil
man sie entweder akzeptieren oder ignorieren kann. *Pale Rider* liegt daneben, wenn Szenen aus *Shane* nachgemacht und
aufgeblasen werden, zum Beispiel wenn statt Jack Palance
ein Marshal und sechs Deputies auf der Straße stehen und
einen Siedler voll Blei pumpen. Aber ich mag *Pale Rider,*
weil die Geradlinigkeit eines Klassikers zu spüren ist. Und es
ist ja nichts Böses, einen guten Western neu zu verfilmen.
Silverado würde ich weniger Punkte geben, weil der Film
doch mehrere Mängel aufweist. Vor allem gibt es zu viele
Hauptdarsteller. Und dann bemüht sich der Film zu sehr, ein
klassischer Helden-Schurken-Western zu sein, einer der
Gründe übrigens, warum es mit dem Western bergab ging,
weil es so nun mal nicht war. Man kann diese Art von Western nicht wiederbeleben, einen Teil der Mythologie vielleicht, aber ansonsten muß es sehr realistisch zugehen. Auch
der Western muß sich verändern und entwickeln. Das mit
dem schwarzen Helden in *Silverado* funktionierte nicht, eigentlich war kein Platz für ihn. Zu viele Hauptrollen, man bekam die Helden und die Schurken kaum noch auseinander.
Am besten gefiel mir Brian Dehenny, der hat ja zur Zeit
Hochkonjunktur.

Ist ›Silverado‹ ein B-Western, für den zuviel Geld ausgegeben wurde?

Ja, hier hast du einen Film, der fünfundzwanzig Millionen Dollar eingebracht hat. Eine tolle Sache, aber er hat zweiundzwanzig Millionen gekostet. Eastwood hat acht Millionen für *Pale Rider* ausgegeben, das ist unwahrscheinlich billig. Aber *Silverado* hätte man für zehn Millionen drehen können, dann hätte man immer noch fünfundzwanzig Millionen umgesetzt. Man sieht die Kosten nicht in dem Film, die tollen Naturaufnahmen haben ja kaum was gekostet, die Natur ist frei.

Dein neues Buch ›Bloody Season‹ handelt vom legendären Kampf im OK-Corral. Welcher Film über Wyatt Earp und Doc Holliday hat dir eigentlich am besten gefallen?

Ich würde sagen: *Gunfight at the OK Corral.* Obwohl dieser Film am weitesten von der Wahrheit entfernt ist. Und doch versuchte Drehbuchautor Leon Uris, nahe bei der Wahrheit zu bleiben. Natürlich änderte er die Chronologie der Ereignisse, um einen plausiblen Grund für den Kampf zu bekommen. In Wirklichkeit war es ein politischer und finanzieller Konflikt. Aber der Film machte Spaß, besonders wegen Kirk Douglas, ein wunderbares Porträt dieses Mannes. Er strahlte etwas aus, was er als nobler Held niemals gehabt hätte. Jo van Fleet als Big Nose Kate war gut.
My Darling Clementine gefiel mir sehr gut, vor allem Walter Brennan.
Eigentlich gab es überhaupt keinen schlechten Film über den Kampf im OK-Corral. *Doc* gefiel mir sehr gut. Und selbst Marie Osmond in *I Married Wyatt Earp* war nicht schlecht. Bruce Boxleitner spielte einen passablen Wyatt Earp.
Sehr gut gefallen hat mir *Hour of the Gun* mit James Gasner. Der Film beginnt mit dem Kampf, und auch in Wirklichkeit begannen die Schwierigkeiten ja dann erst. Jason Robards als Doc Holliday war gut, obwohl er zu alt für die Rolle war.

Gary Cooper und Seelchen Maria Schell in ›The Hanging Tree‹

Gibt es Beispiele für die gute Verfilmung eines Westernromans und für eine schlechte?

Als Beispiel für die zumindest mittelmäßige Verfilmung eines Buches würde ich *The Searchers* rechnen, obwohl viele damit nicht einverstanden sein werden. Das Buch von Alan Le Mays Klassiker ist vor allem mißlungen, weil der Schluß des Buches für den Film geändert wurde. Der Film ist auch zu lang.

Als gute Verfilmung eines Buches würde ich *True Grit* nennen, da kommt viel von der Atmosphäre des Buches rüber. Der Film fügt sogar eine andere Dimension hinzu. Das Groschenroman-Feeling kommt im Film besser zur Geltung. Dann die Autorin Dorothy Johnson, ein gutes Beispiel für gute und schlechte Verfilmungen von Büchern. Der Film *The Man Who Shot Liberty Valance* gefiel mir nicht so gut wie die Kurzgeschichte. *The Hanging Tree* ist ein sehr schlechter Film, aber ein sehr gutes Buch. Da hängt viel vom Regisseur ab. Bücher und Filme sind sich näher als Filme und Dramen, weil ein Drama nur vom Dialog lebt, ein Film aber auch von der Fotografie. Wenn es richtig gemacht wird, kann die Fotografie die erzählerischen Passagen eines Buches ersetzen. Der Regisseur und der Autor sind einander sehr ähnlich.

13. KAPITEL

Die Karl-May-Welle

1962—1968

>>Es muß spannend sein,
die Leute müssen gefesselt sein,
das ist wichtiger als eine
rein authentische Nacherzählung.<<

Dr. Harald Reinl

Im Jahre 1962 taten die Deutschen etwas, was den Amerikanern wie ein Sakrileg vorgekommen sein muß: Sie drehten einen Western. Und was noch schlimmer war, sie hatten sogar Erfolg damit. Wer die Amerikaner kennt, kann sich vorstellen, wie sehr die Hollywood-Bosse getobt haben müssen. Es gibt ja nichts Schlimmeres für einen Amerikaner, als wenn ihm in seiner eigenen Spezialdisziplin eine ernsthafte Konkurrenz erwächst, wo doch alles Schöne und Gute nur aus Amerika kommen darf.

Nun waren die Karl-May-Filme des deutschen Regisseurs Harald Reinl noch keine Konkurrenz, waren wohl auch nicht als solche gedacht, sondern auf den deutschen Markt zugeschnitten, der nach der Heimatfilm- und der Edgar-Wallace-Welle wieder einmal nach einer urdeutschen Attraktion verlangte. Und was lag da näher, als den Volksschriftsteller Karl May auszubeuten, dessen Bücher auch nach fünfzig Jahren noch weggingen wie warme Semmeln. Seine Mischung aus mystischem Märchen und aufregender Action war Balsam für die deutsche Seele, die alles etwas behäbiger und braver wollte als die Amerikaner.

Ein Garant für diese Art von Unterhaltung war Harald Reinl, ein eher biederer Regisseur, der schon den Heimatfilm und die Edgar-Wallace-Abenteuer im Alleingang abgehandelt hatte. Die Idee zu den Karl-May-Filmen hatte allerdings der kleine Sohn des Produzenten Horst Wendlandt, als er seinen

Vater bat, doch einmal die »schönen Indianerbücher« zu verfilmen. Der hielt es für eine gute Idee und wunderte sich, daß noch kein anderer auf die Idee gekommen war. Zusammen mit einer jugoslawischen Firma und der Münchner Constantin wurde das Vorhaben realisiert.

Der Schatz im Silbersee (1962) hieß das erste Filmabenteuer nach Karl May und etablierte auch gleich die Stars, die während der nächsten paar Jahre den deutschen Film beherrschen sollten: Lex Barker und Pierre Brice. Der blonde Amerikaner war einer von zahlreichen Amerikanern, die nach Johnny Weissmüller mit *Tarzan* Erfolg hatten. Zu Beginn der Dreharbeiten von *Der Schatz im Silbersee* war sein Stern allerdings im Sinken, und er betrachtete seine Rolle als Old Shatterhand als willkommene Gelegenheit, wieder in die Schlagzeilen zu kommen. Der smarte Franzose Pierre Brice hatte als Schauspieler in seinem Heimatland nur mäßigen Erfolg gehabt und wollte als Winnetou ins große Geschäft einsteigen, was ihm auch gelang. Er lebte sich in seine Rolle hinein, las alle Karl-May-Bände und tritt sogar heute noch als Winnetou bei den Karl-May-Festspielen in Elspe und Bad Segeberg auf. »Ich will ein Vorbild für die Kinder sein«, sagt er, »so wie der Winnetou in den Büchern von Karl May.«

Mit den Büchern hatten die Filme allerdings nur wenig gemein. Die komplizierte Handlung und die vielen Charaktere in einem Band wie *Der Schatz im Silbersee* konnten nicht in einen Film gepreßt werden, und man begnügte sich mit den wichtigsten Personen, dem roten Faden der Handlung und Versatzstücken. Dazu gehörte neben Lex Barker und Pierre Brice vor allem Ralf Wolter, der als Sam Hawkins einen zweiten Kinofrühling feierte. Aber auch andere Schauspieler wie Mario Girotti (der sich später Terence Hill nannte), Götz George, Marie Versini, Karin Dor und später Stewart Granger spielten sich in den deutschen Indianerfilmen in den Vordergrund.

Der Schatz im Silbersee war der erste von vielen »Kraut-Western«, wie die deutschen Karl-May-Filme geringschätzig von den Amerikanern genannt wurden, ein biederer Streifen, der zu einem riesigen Kassenerfolg wurde und eine Welle auslö-

›Winnetou II‹: Pierre Brice, Karin Dor und Lex ›Tarzan‹ Barker

ste. Die *Cahiers du Cinema* nannten ihn »einen Schwarzwald-Western, der nicht vorgibt, wie Ford und Boetticher zu sein, aber seine eigene Suppe trefflich kocht«. Und das *Monthly Film Bulletin* lobte später: »Ein frischer kontinentaler Western, die Schauplätze sind attraktiv, und der Film ist erfreulich anzusehen. Und wie schön, daß es zur Abwechslung mal nicht die US-Kavallerie, sondern die Indianer sind, die zur Rettung in letzter Sekunde angaloppiert kommen.«

»Den größten Erfolg seit zehn Jahren«, kommentierte ein deutscher Kinobesitzer den ersten Karl-May-Western, da lag

Mario ›Nobody‹ Girotti hat ein Auge auf Karin Dor geworfen.

es nahe, die Verfilmung von *Winnetou I* in einem noch größeren Stil aufzuziehen. Ein paar Zahlen und Tatsachen aus dem Bericht der Produktionsfirma: Vier Millionen Mark kostete die Herstellung des erfolgreichsten deutschen Indianerfilms, davon wurden je dreihunderttausend Mark für die Dekoration und die Reiterei aufgewandt. Drei Monate Drehzeit wurden für den Film verwandt, davon zweieinhalb Monate Außenaufnahmen in Jugoslawien. Mit einer Karawane von dreißig Personen- und Lastkraftwagen zog die Produktion von ihren Standquartieren in den Küstenorten Zadar, Šibenik und Rijeka in die wildesten und romantischsten Gegenden des Landes, die zuvor in wochenlangen Motivsuche-Fahrten ausgekundschaftet worden waren. Fünftausend Komparsen und fünfzig *stuntmen* arbeiteten für den Film. Zum Requisitenfundus gehörten eine Lokomotive, zweihundert Meter Schienen mit Unterbau und Weiche, fünf Planwagen, ein Küchenwagen, vierzig Kanus und zwanzig Telegrafenstangen. Es wurde nicht gekleckert, sondern geklotzt. Der Erfolg gab dem Produzenten recht. *Winnetou I* spielte ein Vielfaches seiner Produktionskosten ein und überragte den ersten Karl-May-Film auch in künstlerischer Qualität. Regisseur Harald Reinl, mit einem untrüglichen Instinkt für den Geschmack der breiten Masse ausgestattet, hatte die rechte Mischung aus romantischem Märchen und Hollywood-Western gefunden.

Dieser Meinung war auch der Autor Allan Eyles: »*Winnetou* ist offensichtlich von Leuten gemacht, die den Western lieben, und hinter dem mühelosen Eindruck, den das Ganze macht, verbergen sich wahrscheinlich unendlich viel Mühe und Sorgfalt. Die Inszenierung ist immer darauf bedacht, alles übersichtlich darzustellen, und Schwenks verbinden oft verschiedene Gruppen von Leuten, wodurch man sehen

›Der letzte Mohikaner‹: Dean Martin und Carl Lange

kann, daß alles so in Szene gesetzt ist, wie man es sieht, und nicht aus Aufnahmen zusammengesetzt ist, die an verschiedenen Plätzen und zu verschiedenen Zeiten gedreht wurden. Der Film ist nicht nur wirklich aufregend, sondern erweckt auch den legendären Westen in seiner natürlichen, großartigen Umwelt und in Dekorationen, die genau richtig wirken, obwohl sie von der Hollywood-Norm erfrischend abweichen, zu neuem Leben. Die Darsteller wirken echt, besonders Pierre Brice, der an Rock Hudson in seinen *Taza, Son of Cochise*-Tagen erinnert, und der zerzauste alte Witzbold Sam Hawkins. Ohne Scherz – dies ist von Anfang bis Ende eine reine Freude.«

Auch die Kassierer freuten sich, und so wunderte es keinen, als wenig später auch *Winnetou II* und *Winnetou III* in die Kinos kamen. Sie waren genauso erfolgreich wie der erste Winnetou-Film und fielen auch qualitativ nicht ab. Im Gegenteil, die Mannschaft um Produzent Horst Wendlandt und Regisseur Dr. Harald Reinl bekam das Genre immer besser in den Griff und verkaufte die Filme auch nach den USA, wo sie als solide, in der Tradition der B-Western gedrehte Filme verstanden wurden.

In Deutschland hatte Wendlandt ohnehin keine Schwierigkeiten, Millionenbeträge für Karl-May-Western zu sammeln. Jeder zeigte sich beeindruckt von der Qualität und dem Erfolg der Indianerfilme, und bei Winnetous Tod in *Winnetou III* weinten sogar die hohen Herren von der Constantin. Was sie nicht davon abhielt, den Häuptling schon wenige Monate später wieder zum Leben zu erwecken. In *Der Ölprinz* (1965) ritt Pierre Brice wieder quicklebendig über die Prärie, um einen Wagenzug zu beschützen, und auch in *Old Surehand* (1965) saß er wieder im Sattel. Für die Rolle des Old Surehand wurde übrigens ein weiterer Amerikaner verpflichtet: Stewart Granger, der schon neben John Wayne in *North to Alaska* geritten war, gab sich humorvoll und lässig und erwarb sich viele Sympathien.

Bergab ging es erst 1966, als *Winnetou und das Halbblut Apanatschi* in die Kinos kam und niemanden mehr so recht hinter dem Ofen hervorlockte. Kein Wunder. Regisseur Harald

Philipp schaffte nicht einmal eine solide handwerkliche Leistung, und auch die aparte Uschi Glas vermochte dem scheinbar lustlos inszenierten Streifen keine Glanzlichter aufzusetzen. Das gleiche galt für *Winnetou und sein Freund Old Firehand* (1966), in dem der amerikanische Schauspieler Rod Cameron seine Kollegen Lex Barker und Stewart Granger schmerzlich vermissen ließ, und *Winnetou und Old Shatterhand im Tal der Toten* (1968), der von Artur Brauner produziert wurde und genauso aussah. Die Karl-May-Welle verebbte, und das Geschehen verlagerte sich wieder in die Freilichtbühnen von Elspe und Bad Segeberg, wo *Winnetou* Pierre Brice noch heute über die Prärie reitet.

14. KAPITEL

Der Italo-Western

1962—1968

»Im amerikanischen Western sterben die
Helden häßlich im Hintergrund.
Bei mir sterben sie im Vordergrund –
unheimlich schön.«

Sergio Leone

In Western wie *The Professionals* und *The Wild Bunch* waren
die Helden zu kühlen Profis geworden, die nichts mehr mit
einem Randolph Scott oder Joel McCrea gemein hatten und
nur noch auf ihren eigenen Profit aus waren. Aber sie zeigten
immer noch Gefühlsregungen und erinnerten sich an einen
Westen, in dem die Welt noch in Ordnung war und das Gute
über das Böse triumphierte.

Im Westen der Italo-Western oder »Spaghetti-Western«, wie
sie in Amerika herablassend genannt wurden, war nicht einmal mehr das der Fall. Die Helden waren überhaupt keine
Helden mehr, reduzierten sich auf mythische Gestalten, die
keinen Funken Mitleid hatten und töteten, wo sich eine Gelegenheit dazu bot oder zumindest ein Profit heraussprang.
Das einzig Menschliche an ihnen war der sardonische Humor, den ein Django oder Mann-ohne-Namen an den Tag
legte, ansonsten bewegten sie sich wie Abgesandte des Bösen
durch ein karges und tödliches Land, das kaum noch Ähn-
lichkeit mit dem echten Westen hatte. Der Wilde Westen
eines Sergio Corbucci oder Sergio Leone war ein Niemands-
land, eine Traumlandschaft, eine moralische Wüste, in dem
es keinen Unterschied mehr zwischen Gut und Böse gab und
wo die Vision eines Amerika entstand, das von Schurken und
Killern erobert wurde. Von einer Zivilisation, die den Kapitalismus und die hemmungslose Profitgier über die Interessen des einzelnen stellte.

Damit kam man der Wahrheit über die Eroberung des ameri-

kanischen Westens natürlich näher als jeder Durchschnitts-
western aus den USA, und vielleicht reagierte die amerikanische Kritik gerade deshalb so bissig und böse auf den Italo-
Western. Als dumme und gefährliche Brutalo-Western wurden die Filme da abgetan, als Schrott aus dem Land der Ma-
fia, weil man die europäische Art, den Westen zu sehen,
nicht verstand oder nicht verstehen wollte. Erst viele Monate
nach der Veröffentlichung des ersten Leone-Western erkannten manche die Bedeutung dieses Regisseurs.

Per un pugno di dollari (Für eine Handvoll Dollar, 1964) entstand zu einer Zeit, als bereits fünfundzwanzig andere Italo-
Western in den Kinos liefen. Sergio Leone, der sich sein
Rüstzeug als Regieassistent in amerikanischen Sandalenfil-
men wie *Quo Vadis* und *Ben Hur* verdient hatte, die beide in
Cinecittà entstanden, und später italienische Sandalenfilme
inszenierte, hatte schon lange auf die Gelegenheit gewartet,
einen Western zu drehen. Er liebte Western über alles, und
als er den japanischen Samuraifilm *Yojimbo* gesehen hatte,
glaubte er auch, seine Geschichte gefunden zu haben. Er
schrieb ein Drehbuch, kratzte einen bescheidenen Etat zusammen und machte sich daran, nach einem amerikanischen
Hauptdarsteller zu suchen. Der mußte sein, wenn der Film
auch im Ausland zu einem Erfolg werden sollte, und das
strebte Leone natürlich an.

Die Idealbesetzung war seiner Meinung nach Henry Fonda,
aber der winkte bei fünfundzwanzigtausend Dollar Gage nur
müde lächelnd ab. Auch Charles Bronson war nicht zu bekommen. Dann erwähnte einer den Namen Clint Eastwood,
von dem hatte Leone aber noch nie etwas gehört. Der junge
Mann spiele in der Fernsehserie *Rawhide* mit und sei der
ideale Cowboy, hieß es. Der Regisseur ließ sich eine Folge
der später auch in Europa erfolgreichen Serie (in Deutschland lief sie unter dem Titel *Cowboys*) kommen und war sehr
angetan von Eastwood. Er ließ sich mit Hollywood verbinden, und tatsächlich sagte der Amerikaner zu.

Bei Beginn der Dreharbeiten war Clint Eastwood vierund-
dreißig Jahre alt. Er hatte sechs Jahre *Rawhide* hinter sich
und war sogar ein paar Monate früher in Italien erschienen,

weil die Serie im siebten Jahr abgesetzt wurde. Der Schauspieler war in den USA zwar bekannt, aber noch lange kein Star. Er freute sich darauf, zum erstenmal eine große Filmrolle zu übernehmen. Weil er die italienischen Western nicht kannte, hatte er sich sicherheitshalber ein Mitspracherecht bei seinen Dialogen ausbedungen. Was sich später als richtig erwies, denn Eastwood hat der Figur des Mann-ohne-Namen durch originelle Ideen und kluge Straffung der Dialoge wohl seine endgültige Form gegeben.

Der Mann-ohne-Namen ist ein wortkarger Einzelgänger, der keinen Funken Gefühl im Leib hat. Ein schmutziger Satteltramp und Kopfgeldjäger, der nur *für eine Handvoll Dollar* tötet, aber keine Ahnung hat, was er mit dem Geld machen wird, weil er kein Ziel vor Augen hat. Wie der Erzengel Gabriel reitet er durch eine trostlose Landschaft, läßt sein Schwert überall dort niedersausen, wo ihm jemand im Wege steht. Es gibt keine Helden mehr, nur noch Böse, von denen der Stärkste überlebt. Der Mann-ohne-Namen interessiert sich für nichts und niemanden, ihn kann weder eine hilflose Mutter noch ein schreiendes Kind erweichen, und lediglich sein brennender Zigarillo erinnert daran, daß er kein böser Geist ist. Er ist gewalttätig, besitzt aber auch einen lakonischen Witz, der viele Szenen ins Irreale zieht und zur gelungenen Parodie werden läßt. Eine Wirkung, die Sergio Leone und Clint Eastwood durchaus beabsichtigten.

Das drückt sich auch in der Kleidung aus. Die Legende will wissen, daß Eastwood sich den Poncho, die Schaffelljacke und den Hut in einem Westernshop auf dem Santa Monica Boulevard kaufte und die berühmten schwarzen Zigarillos in Beverly Hills erstand, aber Leone schwort, daß er es war, dei den Schauspieler mit jenen Attributen ausstattete, die ihn zum Star machten. »Ich wollte etwas Vireleres, Härteres aus ihm machen, etwas Älteres – deshalb der Bart, der Zigarillo und der Poncho, der ihn irgendwie massiver erscheinen ließ. Als ich ihn aufsuchte, um ihm die Rolle anzubieten, hatte er in seinem ganzen Leben noch nie geraucht. Für ihn war das ein Problem, ständig einen Zigarillo im Mund zu haben, wo er überhaupt nicht wußte, wie man raucht …«

Per un pugno di dollari erzählt die Geschichte, die schon der japanische Regisseur Akira Kurosawa in seinem Film *Yojimbo* erzählt hatte. Ein einsamer Reiter erscheint in einem abgelegenen Dorf und gerät zwischen die Fronten zweier kämpfenden Großfamilien. Er hegt weder für die eine noch für die andere Seite irgendwelche Sympathien, nutzt den Streit aber zu seinem eigenen Vorteil aus und verkauft sich meistbietend an beide Seiten. »Ich bin nicht gerade billig«, sagt der Mann-ohne-Namen. Nach getaner Arbeit verschwindet er im Nirgendwo.

Eine einfache Geschichte, die aber auf vollkommen neue Art erzählt und in Bilder umgesetzt wurde. Entnervend ruhige Sequenzen, die jede Einzelheit, jeden Schweißtropfen, jedes Zucken im Gesicht zeigen, wechseln mit rasanten Action-Szenen ab, die komponiert zu sein scheinen, in ihrer Grausamkeit schon wieder ästhetisch wirken. Das taten auch Peckinpahs Zeitlupenszenen in *The Wild Bunch,* aber Leone rückt von den überlieferten Techniken ab, läßt seinen Kameramann in traumhaften Phantasien schwelgen und gewinnt einen ironischen Abstand von der Wirklichkeit. Leones Western sind eine Persiflage auf den amerikanischen Western, verlegen die Handlung in eine unwirkliche Traumlandschaft, fügen der Wahrheit und der Fordschen Legende eine weitere Ebene hinzu.

Die Amerikaner kapierten das nicht, auch nicht die bekannten Kritiker, sie sahen nicht den komischen Aspekt hinter all dem Blut und all der Gewalt. Lediglich Clint Eastwood merkte, wie sein Regisseur sich über den Western lustig machte und mit der Erwartungshaltung des Zuschauers spielte: »Ein typischer Western verlief zu diesem Zeitpunkt ungefähr so: Held reitet in die Stadt. Sieht Lehrerin auf Schulbank und Mann, der Pferd auspeitscht. Mischt sich ein. Verprügelt den Mann, der das Pferd auspeitscht. Lehrerin sieht zu. Man weiß, daß zwei Figuren zusammenfinden werden und daß es nicht der Held und das Pferd sein werden. In diesem Film läuft das dagegen so: Sehr schäbig aussehender Mann reitet auf einer alten Mähre in die Stadt. Sieht Mann, der ein Kind verprügelt. Und verzweifelte Frau, die dabei zusieht. Offenbar irgendeine Gefangene. Dann reitet er wieder fort ... Und sofort sagen Sie sich: Das kann unmöglich der Held sein. Er trägt keinen weißen Stetson und tut auch nicht das Übliche. Man kann das Ende des Films nicht vorhersagen.«

Sergio Leone und seine Mitarbeiter vertrauten ihren Fähigkeiten, hatten aber nicht den Mut, ihre wirklichen Namen im Abspann anzugeben. Das wurde auch in anderen Italo-Western nicht gemacht, weil damals noch die Meinung vorherrschte, nur ein amerikanischer Western könne in Italien erfolgreich sein. Also firmierte Leone als Bob Robertson, der Kameramann Massimo Dallamasso als Jack Dalmas und Komponist Ennio Morricone als Dan Savio. Erst als der Film wider Erwarten zu einem Welterfolg geworden war, gaben sie ihre wirklichen Namen preis.

Für den großen Erfolg war auch Ennio Morricone verantwortlich, ein begnadeter Komponist, der für *Per un pugno di dollari* mit einer vollkommen neuen Art von Filmmusik aufwartete. Da waren keine schwülstigen Melodien mehr zu hören und auch keine Volkslieder wie bei John Ford. Morricone empfand wirkliche Geräusche nach, verband entnervende Stöhngeräusche, lautes Peitschenknallen, den Klang von Schüssen und verzerrtes Glockengebimmel mit dem fetzenden Sound einer rhythmischen E-Gitarre und dem Schlagen einer Maultrommel. Eine ungewöhnliche Musik für einen ungewöhnlichen Film, die im zweiten Dollar-Film noch besser und eindringlicher wurde.

Per qualche dollaro in piu (Für ein paar Dollar mehr, 1965) war länger, besser und teurer als sein Vorgänger. Nach dem riesigen Erfolg des ersten Streifens brauchte Sergio Leone nicht mehr zu sparen, er konnte mit Lee Van Cleef sogar einen zweiten Amerikaner verpflichten. Der Schauspieler war zum erstenmal als Schurke in *High Noon* aufgefallen, hatte dann viele Jahre lang den bösen Buben vom Dienst gespielt und erlebte auch seinen zweiten Frühling in Italien als Schurke.

Der Mann-ohne-Namen (Clint Eastwood) ist im zweiten Film zum Kopfgeldjäger geworden. Er tötet für Geld und interessiert sich nur dafür, ob seine Kasse stimmt. Er ist hinter

›Per qualche dollaro in pui‹: Clint Eastwood und Konsorten

demselben Schurken her wie Colonel Mortimer (Lee Van Cleef), ein älterer und geduldigerer Kopfgeldjäger, der keine Zigarillos, sondern Pfeife raucht und mit einem ganzen Waffenarsenal ausgestattet ist. Ihr Opfer ist Indio (Gian-Maria Volonté), der die Schwester von Colonel Mortimer vergewaltigt und getötet hat, ein brutaler Killer, der auch Frauen und Kinder tötet, dabei lacht und seine Tat im *pipedream* einer Marihuana-Zigarette wiederholt.

»Wenn sie ans Killen gehen«, schrieb *Time* über die beiden Kopfgeldjäger, »beginnen sich die Leichen zu stapeln, und es fliegt genug Blei durch die Luft, um die ganze ägyptische Armee neu auszurüsten. Schon lange vor dem Ende wird der Austausch von Brutalitäten zur Grand-Guignol-Show – ex-

201

zessiv und absurd. Für alle, die einen elementaren Western mit galvanischen Attitüden, einer nervenzerrenden Musik voller Maultrommeln und Choräle und einer souveränen Verachtung für Sinn und Authentizität lieben, ist dieser Film ideal.« Die italienische Kritik aber erkannte, daß Leone ein Meisterwerk und ein glorreicher Sieg über den amerikanischen Western gelungen war. Nicht ohne Schadenfreude bemerkte *Il Messagero:* »Alles ist in eine Form gebracht, die besser ist als der heutige amerikanische Westernstil.«

Il buono, il brutto, il cattivo (Zwei glorreiche Halunken, 1966) hieß der dritte und zugleich beste Film der Dollar-Trilogie. Neben dem »Guten«, der kein Guter ist (Clint Eastwood) und dem »Bösen« (Lee Van Cleef) ist der »Häßliche« und damit ein weiterer amerikanischer Star hinzugekommen: Eli Wallach. Die drei Männer suchen nach einem Goldschatz, der auf einem Friedhof begraben liegt und der sie in die Wirren des amerikanischen Bürgerkriegs treibt. Vor dem Hintergrund dieser Auseinandersetzung, die in gigantischen Schlachtenbildern verdeutlicht wird, verblassen sogar die grausamen Taten des mörderischen Trios und gewinnen eine neue Bedeutung. »So ein Blödsinn«, sagt »der Gute« beim Anblick der vielen sterbenden Soldaten. »Die krepieren alle. Und für was?«

Seinen besonderen Reiz zieht *Il buono, il brutto, il cattivo* aus der Beziehung zwischen dem Guten und dem Häßlichen. Der wortkarge und zynische Clint Eastwood steht einem ständig lamentierenden und quatschenden Eli Wallach gegenüber, der keine Gelegenheit ausläßt, sich bei dem Guten zu beschweren. Am Anfang des Films verbindet die beiden noch ein einträgliches Geschäft. Der gute Kopfgeldjäger bringt den häßlichen Banditen zum Sheriff und kassiert die Belohnung. Dann wartet er darauf, daß Tuco aufgehängt wird und zerschießt in letzter Sekunde den Strick. Die beiden fliehen und wiederholen das Spielchen in der nächsten Stadt. Am Schluß des Films hat der Gute dem Häßlichen das Geld abgenommen und legt ihm einen Strick um den Hals. Erst nach einer ganzen Weile zerschießt er ihn – aus Motiven, die natürlich nichts mit Freundschaft oder Mitleid zu tun haben.

Il buono, il brutto, il cattivo war auch in den USA ein Kassenerfolg. Der Film spielte allein in Amerika mehr als sechs Millionen Dollar ein und war damit erfolgreicher als *Rio Bravo, The Wild Bunch* oder *Vera Cruz*. Sergio Leone glaubt die Gründe für diesen überwältigenden Erfolg zu kennen: »Wenn bei John Ford einer zum Fenster 'rausschaut, hat er den Blick in eine strahlende Zukunft. Wenn bei mir einer das Fenster aufmacht, weiß jeder: der wird jetzt erschossen. Ford ist ein Optimist. Ich bin ein Pessimist. Im amerikanischen Western sterben die Helden häßlich im Hintergrund, bei mir sterben sie im Vordergrund – unheimlich schön.«

Das taten sie auch in einer Flut von anderen Italo-Western, die vom Erfolg der Dollar-Filme profitieren wollten, aber lange nicht deren Perfektion erreichten. Lediglich *Django*

›Il buono, il bruto, il cattivo‹: Eli Wallach und Eastwood

(1966) und *Il Grande Silenzio* (Leichen pflastern seinen Weg, 1968) erfüllten einen gewissen künstlerischen Anspruch. In beiden Filmen führte Sergio Corbucci die Regie, seine Vision vom Wilden Westen war ebenso schön wie die seines Kollegen Leone, verzichtete aber auf dessen Happy-End. Die Landschaft war unwirtlich, noch abweisender als in den Dollar-Filmen, die Helden waren abgrundtief schlecht, verbreiteten bestenfalls derben schwarzen Humor wie Django oder die von einer Endzeitstimmung getragene Melancholie der letzten Helden wie Tigrero/Loco in *Il Grande Silenzio*.

Den Django spielte Franco Nero, ein begabter Schauspieler mit stechenden blauen Augen, die sehr hart blicken, aber auch amüsiert funkeln konnten. Sergio Corbucci: »Mit *Django* ist es mir gelungen, dem Italo-Western neue Seiten abzugewinnen und eine Welle in Bewegung zu setzen. Das Originelle daran: Der Held hat viel Sinn für Humor. Er bewegt sich in einem Westen aus Schmutz und Regen und schleift einen Sarg hinter sich her. Diese Vorstellung allein fand ich damals schon zum Totlachen.«

Mit *Il Grande Silenzio* gelang Corbucci vielleicht der beste Italo-Western überhaupt. Er versetzte seine Schauspieler und die Zuschauer in eine abweisende und bedrohliche Schneelandschaft, in der es keine menschliche Wärme und keine Gefühlsregung mehr gab. Mit Jean-Louis Trintignant und Klaus Kinsky als Silenzio, der große Schweiger, und Tigrero (in der deutschen Fassung: Loco), der Kopfgeldjäger, fand er die Idealbesetzung für einen Film, der in eindringlichen Bildern von einer Menschenjagd berichtet. Silenzio ist hinter dem gnadenlosen Kopfgeldjäger her und wird von Pauline (Vonetta McFee) unterstützt, deren Angehörige von Tigrero umgebracht wurden. Am Ende des blutigen und grausamen Katz-und-Maus-Spiels erschießt Tigrero beide, den Killer und das Mädchen.

Sergio Corbucci: »In erster Linie ist dieser Film im Zeichen dessen gemacht, was man heute als Idealismus oder als das unnötige Opfer eines Menschen bezeichnen kann, der wahrscheinlich im lebendigen Zustand nützlicher gewesen wäre. Silenzio, der Held des Films, läßt sich – man verzeihe mir den

Serge Leone's Meisterwerk: ›Cera una volta il west‹

Vergleich – ein wenig wie Christus töten; ich will damit sagen, daß es sich in etwa um das totale Opfer handelt, das die Gewalttätigkeit verdammt. Das moralische Alibi könnte sein: Das irrige und vom Menschen schlecht praktizierte Gesetz kann auch inhuman, grausam und erbarmungslos sein wie das Gesetz der Kopfjäger in *Il Grande Silenzio*. Nota bene gibt es in dem Film keinen kriminellen Akt, der nicht vom Gesetz, zumindest von dem von den Menschen geschriebenen und angewandten Gesetz, vorgesehen ist. Eine Tat außerhalb der Gesetzgebung kommt in dem ganzen Film nicht vor.« Und der deutsche Filmkritiker Hans C. Blumenberg schrieb: »Die alpinen Exteriers, deren trostlos monotones Weiß von Ennio Morricones unendlich elegischem Soundtrack quälend unterstrichen wird, präsentiert Corbucci mit einem so gigantischen Zoom, daß die zynisch parodistische Absicht überdeutlich wird. Ebenso demonstrieren die vielen lustvollen Close-ups von ekelhaft blutverschmierten Gesichtern Corbuccis Intention, durch bewußte Übersteigerung das Genre selbst als groteske Mißgeburt darzustellen.«

Ein Epos von gewaltigen Ausmaßen gelang Sergio Leone mit seinem Film *C'era una volta il west* (1968). Das Werk, das den ebenso schönen deutschen Verleihtitel *Spiel mir das Lied vom Tod* bekam, erzählte keine neue Geschichte, der Kampf der Siedler gegen die Eisenbahn war Thema unzähliger anderer Western – aber wie Leone diese Geschichte erzählte, das war neu und zumindest für amerikanische Augen beinahe revolutionär.

Am Beginn des Films stehen die blauen Augen von Henry Fonda, den sich Sergio Leone nun endlich leisten konnte. Aber der berühmte Star aus Hollywood ist kein Held, sondern ein grausamer Killer, der im Auftrag der Eisenbahn gegen die Siedler vorgeht. In unheimlich schönen Bildern, die jede Einzelheit quälend lange festhalten und die Spannung auskosten, erleben wir, wie Killer Frank und seine Kumpane eine Siedlerfamilie über den Haufen knallen. Unschuldiges Weiß wird mit Blut bespritzt. Und als nur noch der kleine Timmy übrig ist, der die Killer fassungslos anstarrt, sagt einer: »Und was machen wir mit dem, Frank?« Fonda blickt so kalt und böse wie nie zuvor in seiner Karriere. »Da du mich beim Namen genannt hast ...« sagt er, lächelt plötzlich hintergründig und schießt den Jungen nieder.

Auch Charles Bronson, der ebenfalls lange auf der Wunschliste des italienischen Regisseurs gestanden hatte, konnte für den Film gewonnen werden. Er spielt Harmonica, einen sympathischen Landstreicher, der ständig auf seiner Mundharmonika spielt, das Lied vom Tod natürlich, und Frank töten will. Als kleiner Junge hat Harmonica mitansehen müssen, wie der Killer seinen Bruder auf grausame Weise umgebracht hat. Sein Mundharmonikaspiel gibt dem Film eine geheimnisvolle Dimension, kündigt den Tod mit einer elegischen Morricone-Komposition an, die zur bekanntesten Filmmusik der letzten zwanzig Jahre wurde.

Aber auch Harmonica muß sterben. Wie sein Gegenspieler Frank und der Satteltramp Cheyenne (Jason Robards) hat auch er seine Zeit überlebt. Die alternden Westernhelden müssen der neuen Zivilisation weichen, die mit der Eisenbahn ins Land kommt. Insofern zeigt Leone in *C'era una vol-*

ta il west keine Menschen mehr, sondern Systeme: den Individualismus des freien Westens, der zum Untergang verurteilt ist, und den kapitalistischen Imperialismus der amerikanischen Bürokratie, die gesichtslos bleibt, aber grausamer sein kann als jeder Verbrecher. Daß ausgerechnet Frank, ein Vertreter des freien Westens, zu ihrem Vollstrecker wird, zeigt die Perversion, mit der in Amerika Geschichte geschrieben wurde. Sergio Leone deckt diese Tatsachen auf, zieht sie ins Lächerliche und stellt ihren Widersinn zur Diskussion. In seinem Westen agieren nur verzweifelte Menschen, die ihrem Untergang lediglich zynische Seiten abgewinnen können und zufrieden sterben, weil es an der Zeit ist, abzutreten. Der alte Westen ist tot, und die Rechtsanwälte übernehmen das Kommando.

Leone deckt auf, daß die Eroberung des amerikanischen Westens ein grausamer und gewalttätiger Akt war, huldigt gleichzeitig aber der Landschaft, an der er sich regelrecht berauschen kann. Zum erstenmal ließ er auch in den USA drehen, im Monument Valley John Fords, was ihm viele Amerikaner als Plagiat vorwarfen. Aber die Felskolosse und die unendliche Weite passen zu der opernhaften Inszenierung und zu der Musik, die in *C'era una volta il west* fast zum Selbstzweck wird und das Tempo des Films bestimmt. Einzelheiten erlangen plötzlich Bedeutung, die Fliege im Gesicht eines Banditen ist Leone mehrere Minuten wert und steht neben einer gewaltigen Totale und schönen Bildern.

»*Once Upon a Time In the West* (amerikanischer Titel) ist Guiseppe Verdi gleichermaßen verpflichtet wie John Ford«, schreibt Hans C. Blumenberg. Und indem Leone amerikanische Bilder einer europäischen Struktur verpflichtet, macht er ihre Schönheit erfahrbar als die eines Traums.«

C'era una volta il west wurde zu einem der erfolgreichsten Western aller Zeiten – zumindest in Europa, wo man Leones Bild vom gebrochenen Traum eines unwirklichen Westens besser verstand als in Amerika. Dort reagierte man wieder einmal fassungslos, man verstand seine eigene Welt nicht mehr, und es dauerte eine ganze Weile, bis man sich von dem Schock einer europäischen Überlegenheit erholt hatte.

15. KAPITEL

Die Klamauk-Western

1967–1971

>»Die Gewalt in unseren Filmen tut
keinem weh!«

Bud Spencer

Mario Girotti, der sich nur noch Terence Hill nannte, und
Bud Spencer alias Carlo Pedersoli gehörten zu den italienischen Schauspielern, die vom Erfolg des Italo-Western profi-
tierten. Sie prügelten und schossen sich durch einige der brutalen Streifen, bevor sie dem Drehbuchautor und Regisseur
Giuseppe Colizzi begegneten und einen Vertrag für den Film
Dio perdone – io no unterschrieben. Damit waren sie – ohne
es zu wissen – auf eine Goldader gestoßen, denn dieser Giuseppe Colizzi bereitete den Weg für den Klamauk-Western.
Zuerst einmal sah jedoch alles danach aus, als hätten Terence
Hill und Bud Spencer nur für einen weiteren Italo-Western
unterschrieben – einen von vielen, denn das Angebot war zu
dieser Zeit schon kaum noch übersehbar. In der Tat wurde
Dio perdone – io no als Italo-Western an die Kinos verliehen
und in Deutschland sogar *Gott vergibt – Django nie* betitelt,
obwohl der Held in der Originalfassung Wild Doc heißt und
nicht ein einziger Django über die Leinwand reitet. Ein paar
Jährchen später – Terence Hill und Bud Spencer hatten inzwischen als Komiker-Duo Karriere gemacht – drehte man
sich um hundertachtzig Grad und fand den neuen Titel: *Gott
vergibt – wir beide nie!* Ein kleiner, aber sehr feiner Unterschied.
Der Film entstand in Spanien und erzählt die Geschichte des
Falschspielers Wild Doc, der wohl der historischen Figur des
Doc Holliday nachempfunden ist – in Deutschland aber zu
Django gemacht wurde. Wild Doc alias Django reist als Be-
rufsspieler durch die Lande und gewinnt ein Spiel nach dem

anderen. Das läßt seine Gegner natürlich nicht ruhen. Sie können nicht glauben, daß bei den Spielchen alles mit rechten Dingen zugeht und verdächtigen den guten Wild Doc des Falschspiels. Dabei hat er gar nichts mit falschen Assen im Sinn. Er beteuert immer wieder, die ehrlichste Haut im ganzen Wilden Westen zu sein und gezinkte Karten nur vom Hörensagen zu kennen. Seine Gegner glauben ihm aber nicht und fordern ihn ständig zum Duell, was ihnen aber schlecht bekommt.

In einem Kuhdorf begegnet Wild Doc alias Django einer anderen ehrlichen Haut: seinem Freund Earp Hargitay (der historischen Gestalt des Wyatt Earp nachempfunden, der auch im wirklichen Leben mit Doc [Holliday] befreundet war), der von den deutschen Verleihern in Dan umgetauft wurde, weil das einfacher zu sprechen ist und angeblich besser zu Bud Spencer paßt, der diesen biederen Versuchungsagenten im Film verkörpert. Er ist auf der Suche nach dem berüchtigten Eisenbahnräuber Bill St. Antonio (Frank Wolff), der mit dreihunderttausend Dollar über den Deister gegangen ist. Natürlich tun sich Earp und Doc zusammen, denn auch Earp hat mit dem Schurken noch ein Hühnchen zu rupfen. Sie folgen dem Banditen durch den halben Westen und führen ihn endlich seiner gerechten Strafe zu.

Das unterschied sich natürlich kaum von der Masse der anderen Italo-Western, aber wer genau hinschaute, konnte schon einen gewissen Trend zum Menschlichen und Humorvollen entdecken. Die beiden Helden waren nicht so schablonenhaft wie in den gängigen Django-Western und hatten sogar menschliche Züge, was der Großteil der puppenhaften Spaghetti-Helden nicht von sich behaupten konnte.

Endgültig zum humorvollen Western tendierte Giuseppe Colizzi dann mit seinem Film *I quatro dell' Ave Maria* (Vier für ein Ave Maria), der im Jahre 1968 entstand. Wieder spielen Terence Hill und Bud Spencer zwei wagemutige Abenteurer, die ihre Gegner mit viel List und Tücke übers Ohr hauen. Cat Stevens (Terence Hill) und Hutch Bessy (Bud Spencer) finden heraus, daß ihr Anteil an einer dicken Beute in eine Bank gelangt ist. Dort liegt das Geld zwar sicher, kann aber nicht für die beiden Spitzbuben arbeiten. Also versuchen sie, es dem Geldinstitut wieder abzuschwatzen. Der Bankpräsident lenkt nach einem längeren Gespräch tatsächlich ein und händigt ihnen einen fetten Scheck aus. Zufrieden ziehen die Freunde von dannen. Leider haben sie nicht mit der Verschlagenheit des Bankpräsidenten gerechnet. Der hat nämlich nichts Eiligeres zu tun, als zum Gefängnis zu laufen, wo ein gewisser Caco (Eli Wallach) seit mehr als fünfzehn Jahren auf seine Hinrichtung wartet. Der Bankpräsident hat ihm diese Tortur selbst eingebrockt, ist aber nun bereit, ihm die Freiheit zu schenken – wenn Caco dafür den Scheck zurückholt. Caco verspricht es hoch und heilig. Natürlich hastet er nach seiner Freilassung zuerst einmal zur Bank und rächt sich an dem bösen Präsidenten. Dann macht er sich an die Verfolgung der beiden Freunde, um selbst in den Besitz des Schecks zu kommen. Es kommt zu hitzigen Kämpfen, in deren Verlauf das Wertpapier ständig den Besitzer wechselt. Caco lacht zuletzt – weint aber schon wenige Tage später, als er das ganze Geld in einer Spielhölle verliert und seine Schulden in der Küche abarbeiten muß. Dort finden ihn Cat und Hutch wieder. Sie kommen den Falschspielern auf die Schliche, holen sich das Geld zurück und reiten zu dritt (!) weiter.

Mit diesem Film war die neue Richtung festgelegt. Aus dem Italo-Western war eine Komödie geworden, in der alles auf die Schippe genommen wurde, was im Italo-Western hart und brutal gewesen war. Regisseur Giuseppe Colizzi trieb die Spannung immer wieder zum Höhepunkt, um das Publikum dann mit einem herzerfrischenden Gag zu erlösen. Wenn Terence Hill den eisenharten Django mimte, um im nächsten Augenblick eine Grimasse zu ziehen und eine Ohrfeige auszuteilen, bog sich das Publikum jedesmal vor Lachen. Aber auch die anderen Schauspieler machten ihre Sache gut, allen voran Bud Spencer und Eli Wallach, die schmunzelnd Hiebe austeilten und das Publikum mit immer neuen Kniffen überraschten. Hollywood-Star Eli Wallach fand sichtlich Gefallen an seiner Rolle und fühlte sich so heimisch im Italo-Schmunzel-Western, daß er gleich in Italien blieb und noch in einer ganzen Reihe von Italo-Western mitwirkte.

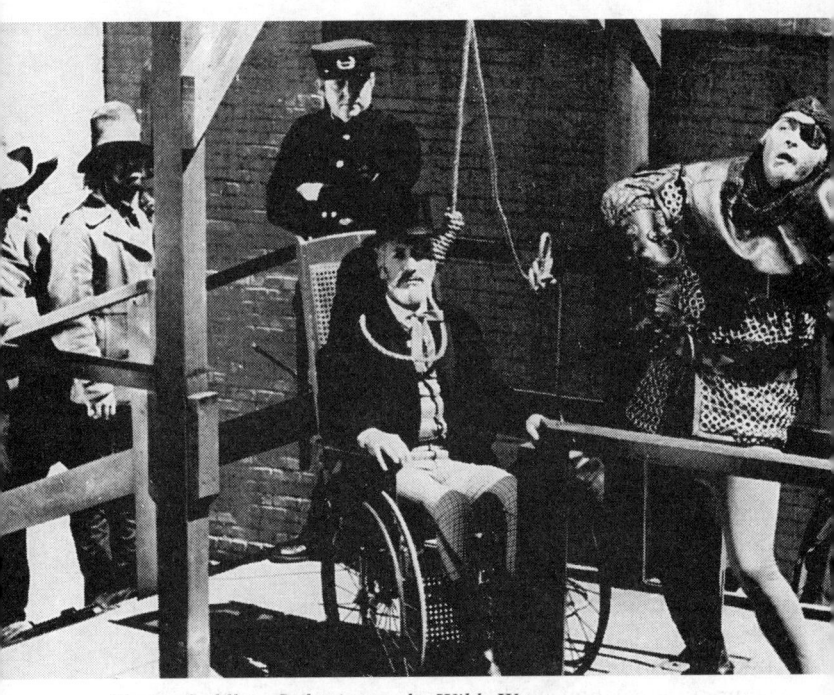

›Blazing Saddles‹: So lustig war der Wilde Westen

Zur Perfektion führte den Klamauk-Western aber erst ein
Mann, der seit 1950 im Filmgeschäft arbeitete und sich als
hervorragender Kameramann einen Namen gemacht hatte:
Enzo Barboni. Er hatte als Kriegsfotograf begonnen und
erstklassige Fotos von der russischen Front im Zweiten Weltkrieg mit nach Hause gebracht. Nach dem Krieg hatte er den
Fotoapparat gegen eine Filmkamera eingetauscht und für so
hervorragende Regisseure wie Vittorio De Sica und Antonio
Petrucci gedreht. Innerhalb weniger Jahre war sein Name zu
einem Gütezeichen für erstklassige Bilder und saubere Arbeit geworden.

Auch amerikanische Regisseure waren auf den jungen Mann
aus Rom aufmerksam geworden. Fred Zinnemann verpflichtete ihn für *The Nun's Story* (Geschichte einer Nonne), Wil-

liam Wyler holte ihn für *Ben Hur,* Nicholas Ray für *King of King's* (König der Könige), Stanley Kubrick für *Spartacus* und Richard Fleischer für *Barrabas* – alles Monumentalfilme, die in Italien entstanden und zu Welterfolgen wurden.

Nachdem historische Schinken aus der Mode kamen, trat Enzo Barboni wieder in die Dienste italienischer Produktionsfirmen und arbeitete an einer ganzen Reihe von hervorragenden Filmen mit. Auch am Erfolg einer ganzen Anzahl von Italo-Western, die ja fast durchweg durch eine sehr eindrucksvolle Fotografie bestachen, hatte er einen beträchtlichen Anteil.

Bei den Dreharbeiten zu einem der zahlreichen Django-Western lernte Enzo Barboni dann Mario Girotti kennen, der die Hauptrolle in dem Streifen spielte und seinen Namen gerade in Terence Hill abgeändert hatte. Der Kameramann war überzeugt davon, daß der große Blonde mit den blauen Augen ein internationaler Star werden würde. Er beschloß, sich den Namen des damals nur in Europa bekannten Django zu merken.

Drei Jahre später arbeitete Enzo Barboni zum erstenmal als Regisseur. Er setzte den Italo-Western *Ciakmull* in Szene und war mit dem Ergebnis so zufrieden, daß er beim nächstenmal versuchen wollte, den ganz großen Treffer zu landen. Das Drehbuch dafür hatte er schon in der Tasche, eine selbstverfaßte Story über zwei ungleiche Westernhelden, die noch lustiger waren als die beiden Möchtegern-Banditen aus den Colizzi-Filmen und den Wilden Westen ständig auf die Schippe nahmen. Barboni war der (richtigen) Meinung, daß die große Zeit des harten Western vorbei sei und man etwas vollkommen Neues machen müsse, um das Publikum in die Filmtheater zu locken.

Als es an das Verpflichten der Schauspieler ging, erinnerte sich Enzo Barboni (er nannte sich inzwischen E. B. Clucher) an den blauäugigen Blonden aus dem Django-Film. Er war wie geschaffen für die Rolle des Trinita (in der deutschen Synchronisation: »der müde Joe«), eines pfiffigen Satteltramps, der mit viel List und Tücke schwierige Situationen meistert.

Terence Hill war begeistert von der Rolle (und von dem Angebot) und unterschrieb sofort. Und nach einiger Zeit fiel ihm auch ein, wer für die Rolle des tolpatschigen, aber gutmütigen und bärenstarken Bambino (in der deutschen Synchronisation: »der Kleine«) am besten geeignet war. Er erinnert sich: »Nachdem wir über hundert Schauspieler angesehen hatten, fiel mir Carlo Pedersoli wieder ein, mit dem ich einst in Rom im selben Schwimmverein gewesen war. Als der Produzent ihn sah, war Carlo sofort engagiert. Damit er auch in das ›internationale‹ Image des Filmes paßte, änderte er seinen Namen in Bud Spencer.«

Lo Chiamavano Trinita (Die rechte und die linke Hand des Teufels) war der erste von zwei Klamauk-Western, die als Musterbeispiele für den humorvollen Western in die Filmgeschichte eingingen. Er erzählt die Geschichte des müden Trinita, der in ein Nest des amerikanischen Südwestens reitet

›Il mio nome è Nessuno‹: Da ist aus Mario Girotti bereits Mr. Hill geworden

und dort seinen Bruder Bambino wiederfindet. Der dicke Bambino arbeitet als Sheriff, klaut aber in seiner Freizeit wertvolle Pferde, weil's so viel Spaß macht. Der ehrliche Trinita hat natürlich kein Verständnis dafür und ist auch dagegen, daß Bambino dem unsympathischen Rancher Harriman an den Kragen will. Bis er einige Mormonen (und deren Töchter) kennenlernt, die von Major Harriman bedroht und von ihrem Land vertrieben werden sollen. Der Rancher hat eine Horde mexikanischer Banditen engagiert, die den Mormonen ein bißchen Dampf unter dem Hintern machen sollen. Für eine gute Bezahlung, versteht sich. Genauer gesagt: zwanzig erstklassige Pferde. Trinita und Bambino tun sich zusammen und stehlen dem Rancher gleich die ganze Herde. Dann gibt's Saures. Die mexikanischen Bösewichte werden vernichtend geschlagen und aus dem Land gejagt. Auch der böse Major bekommt sein Fett ab. Bliebe die Pferdeherde. Bambino will sie sich unter den Nagel reißen, aber Trinita hat vorgesorgt und die Tiere mit dem Brandzeichen der Mormonen versehen. Das war schließlich das Mindeste, was er für die Mormonen (und ihre Töchter) tun konnte. Denn heiraten will er nun doch nicht. Er sagt Lebwohl und reitet davon. Natürlich erinnerte vieles an diesem Western an Laurel und Hardy, die als Dick und Doof immer noch auf unseren Bildschirmen für Unruhe sorgen. »Der Vergleich mit dem amerikanischen Komiker-Paar ist natürlich positiv zu verstehen, und die Patenschaft wird nicht nur in den Filmen manifest«, schrieb Joe Hembus in seinem Western-Lexikon. »Es ist bekannt, daß die Darsteller und ihr Autor-Regisseur ungezählte Stunden in Vorführräumen verbracht haben, um das Harmonie-Verhältnis einer Partnerschaft zu studieren, bei dem man einander etwas einbrockt und trotzdem zu einer gemeinsamen Methodik der Destruktion kommt. Trinitas positive Fehlleistungen sind denen von Mr. Laurel ebenbürtig, Bambinos Slowburn ist richtig, menschlich und funktionell wie der von Mr. Hardy. Die Lehren der Slapstick-Geschichte sind mit Liebe aufgenommen und verarbeitet, mit Virtuosität umgesetzt, der Spaß über das Genre Western erwächst aus dem Spaß an diesem Genre.«

Besonders Kinder waren von dem neuen Komikergespann aus dem europäischen Süden begeistert. Innerhalb weniger Monate avancierten Terence Hill und Bud Spencer zum beliebtesten Duo des neuen Abenteuerfilms, und die Leute (und die Kinobesitzer) konnten es gar nicht mehr erwarten, bis der nächste Film mit den beiden Stars in die Kinos kam. Er hieß *Continuavano a Chiamarlo Trinita* (Vier Fäuste für ein Halleluja). Wie der italienische Titel schon verriet, handelte es sich dabei um eine Fortsetzung des ersten Trinita-Films, der immer noch mit großem Erfolg in den Kinos lief. In *Vier Fäuste für ein Halleluja* versuchen Trinita (alias »der müde Joe«) und Bambino (alias »der Kleine«) wieder einmal vergeblich, so richtig böse zu sein. Sie schwören zwar am Sterbebett ihres Vaters, so richtig widerliche Banditen zu werden, aber das gelingt ihnen natürlich in keiner Phase des hundereinundzwanzig Minuten langen Films. Im Gegenteil. Als sie eine Siedlerfamilie ausrauben wollen, bekommen sie Mitleid mit den armen Schluckern und schenken ihnen ein paar Dollar, anstatt ihnen welche zu nehmen. Daran hat natürlich auch die hübsche Tochter der Siedler ihren Anteil. In Tascosa kommen Trinita und Bambino dann doch zu einer ganzen Menge Geld, weil niemand den Kunststücken und der Pokerkunst des guten Trinita gewachsen ist. Die beiden Helden »verfressen« das Geld in einem vornehmen Restaurant und fallen einem Obergauner auf, der sie für Bundesagenten hält. Der Schurke bietet den überraschten Freunden sage und schreibe viertausend Dollar, damit sie in eine andere Richtung schauen, wenn er und seine Banditen ihre schmutzigen Geschäfte abwickeln. Trinita und Bambino kassieren und kümmern sich keinen Deut um die Abmachung. Sie verkleiden sich als Mönche und versalzen den Banditen die Suppe, die in einem Kloster geschmuggelte Waffen verkaufen wollen. Es kommt zu einer großen Schlägerei (einer der besten in der Filmgeschichte), die wie ein Footballspiel abläuft und zum endgültigen k. o. der Gauner führt. Trinita und Bambino kassieren die Gelder des Obergauners, übergeben sie aber den Texas-Rangern, die bald darauf auftauchen. Dieser letzte und beste Spaß-Western der beiden Schauspieler war noch lustiger als *Die rechte und die linke Hand des Teufels* und brach alle Kassenrekorde. Das Publikum war begeistert von den Kunststücken des pfiffigen Trinita und lachte Tränen über den dicken Bambino, der ganze Heerscharen von Banditen mit seinen Fäusten in den Boden stampfte. »Natürlich war alle Gewalt grotesk«, meinte Bud Spencer, »ein bißchen wie in Trickfilmen, in denen niemand eine Schlägerei ernst nimmt.« In der Tat gab es keinen einzigen Toten in den Trinita-Western, und auch die von Bambino alias Bud Spencer ins Land der Träume beförderten Gauner wachten schnell auf, um gleich darauf wieder k. o. geschlagen zu werden.

Diese Schlägereien gehörten zu den Höhepunkten beider Trinita-Western und wurden von Regisseur E. B. Clucher und seinen Schauspielern wie ein Ballett einstudiert. Clucher schlüpfte in die Rolle eines Choreographen und orientierte sich für die Schlägerei im Kloster zum Beispiel an einem amerikanischen Footballspiel, das er in Ablauf und Rhythmus genau nachahmen ließ. Jede Bewegung wurde genau festgelegt, und die Schauspieler hatten jeden einzelnen Kinnhaken so genau im Kopf, daß sie mitten in der Schlägerei abbrechen und nach einer kleinen Pause genau dort weitermachen konnten, wo sie aufgehört hatten.

Natürlich erwartete das Publikum eine dritte und vierte Fortsetzung der Trinita-Western, aber Clucher wollte nicht den Fehler so vieler anderer Regisseure machen, die eine gute Sache totgeritten hatten. Deshalb beschloß er, keinen neuen Klamauk-Western mehr zu drehen. Er holte Terence Hill und Bud Spencer aber ein paar Jahre später für einen Gaunerfilm vor die Kamera, der in Florida spielte und den Trinita-Western an Komik und Action in nichts nachstand. *Zwei sind außer Rand und Band* zählt zu den besten Nicht-Western des Duos.

Vorerst aber konnten sich Terence Hill, Bud Spencer und vor allem ihr »Erfinder« und Regisseur E. B. Clucher in dem Ruhm sonnen, dem Western eine ganz neue Seite abgewonnen zu haben. Die Spaß-Western machten einen solchen Eindruck auf das Publikum, daß selbst Hollywood hellhörig wurde und das erfolgreiche Schema kopieren ließ. Es spricht für den italienischen Regisseur und Terence Hill und Bud Spencer, daß der Erfolg der beiden Trinita-Western von europäischen wie amerikanischen Epigonen nicht einmal im Ansatz erreicht wurde.

16. KAPITEL

Die Helden sind tot
1971—1980

»Nobody gets to be
a cowboy forever.«

Monte Walsh

Der Western ist eine typisch amerikanische Filmgattung und war deshalb schon immer dazu geeignet gewesen, bestimmte Aspekte der amerikanischen Politik zu verdeutlichen oder zu kritisieren. Das war schon bei *Union Pacific* so gewesen, dem klassischen Film über den Bau der Transkontinentaleisenbahn, der im Jahre 1939 zu einer Zeit entstanden war, als das amerikanische Selbstbewußtsein dringend eine Stärkung notwendig gehabt hatte, und auch *Broken Arrow* wollte nach dem Krieg die Möglichkeit einer friedlichen Koexistenz deutlich machen.

Während in diesen Filmen die politische Bedeutung nur in zarten Tönen sichtbar wurde, entsann man sich Ende der sechziger Jahre des Ausspruchs von General Philip H. Sheridan, der 1869 den bedeutsamen Satz »Nur ein toter Indianer ist ein guter Indianer« geprägt und damit die Haltung der Armee beschrieben hatte, die hundert Jahre später genau dasselbe vom Vietkong dachte. Schriftsteller und Drehbuchautoren erkannten diese Parallelen, das Theaterstück *Indians* machte gar kein Hehl daraus, daß es sich hier um ein Proteststück gegen den Vietnam-Krieg handelte, und 1970 entstanden dann die beiden Filme *Soldier Blue* (Das Wiegenlied vom Totschlag) und *Little Big Man,* die sich auf unterschiedliche Weise mit diesem Problem auseinandersetzten.

Beide Filme haben das Sand-Creek-Massaker als historischen Hintergrund. Das tragische Ereignis hatte bereits im Juni 1864 seine Schatten vorausgeworfen, als eine Rancherfamilie von herumstreifenden Indianern abgeschlachtet wor-

Dustin Hoffman in › Little Big Man‹ – auch kein Lobgesang auf die weißen Pioniere des Westens

den war. Ihre verstümmelten Körper wurden in Denver öffentlich ausgestellt und brachte den Haß der Bevölkerung auf die Indianer in Wallung. In aller Eile wurde eine Freiwilligen-Armee aufgestellt, da die regulären Truppen im Bürgerkrieg gegen die Südstaaten kämpften. Unter der Führung des ehemaligen Pastors Colonel John M. Chivington zogen die Freiwilligen im November 1864 los, um die roten Hunde – egal, welche – zu bestrafen.

Inzwischen hatte sich der Cheyenne-Häuptling Black Kettle mit seinem Stamm Major Wynkoop ergeben, und über seinem Lager wehten das Sternenbanner und eine weiße Flagge. Diese Maßnahme war den Cheyennes von Major Wynkoop empfohlen worden, »dann würde ihnen kein weißer Mann etwas zuleide tun«. Das erklärt auch, warum die Indianer von dem Überfall am 29. November vollkommen überrascht wurden. Chivington und seine zum großen Teil betrunkenen Männer überrannten das Zeltlager, sie schlachteten wehrlose Frauen und Kinder ab und hörten erst zu schießen auf, als das Lager vollkommen zerstört und niedergebrannt war.

Soldier Blue unter der Regie von Ralph Nelson war der oberflächlichere der beiden Filme, die sich mit diesem Massaker beschäftigten. Der Regisseur wollte die Zuschauer durch ekelerregende Bilder schockieren und ihnen auf diese Weise die Grausamkeit des Krieges verdeutlichen. Quälend lange verharrt die Kamera auf abgehackten Armen und Beinen, Frauen werden vergewaltigt und Kinder verstümmelt. Nur wenigen Zuschauern wurde nicht übel, und es bleibt zu bezweifeln, ob Nelson seinen Protest durch diese vordergründige Blutorgie deutlich machen konnte. Auch wenn dieses Filmmassaker seine historischen Vorbilder in Sand Creek und My Lai hatte, hätte man von einem guten Regisseur doch einen künstlerischen und eindringlicheren Protest gewünscht, der wahrscheinlich auch einen größeren Effekt gehabt hätte.

Little Big Man, von Arthur Penn nach dem gleichnamigen Roman von Thomas Berger in Szene gesetzt, erfüllte diese Voraussetzungen in geradezu perfekter Weise. Der Film beschreibt die Odyssee eines Westernhelden (Dustin Hoffman) durch den Wilden Westen und kritisiert auf ironische und sehr subtile Weise das Vorgehen der Armee gegen die Indianer. Auch dieser Film zeigt grausame Bilder, aber die Schlachtszenen sind besser motiviert und nicht so plump und vordergründig wie in *Soldier Blue.*

Little Big Man ist vielleicht der gelungenste Versuch, die Indianer als menschliche Wesen zu zeigen. Allein an den Gebärden und in der Mimik des Häuptlings Old Lodge Skins (gespielt von dem Indianer Chief Dan George) wird die ganze Tragik des Geschehens deutlich. Der blinde und greise Häuptling stolpert hilflos durch das Lager, und der Anblick dieses torkelnden Mannes wirkt nachhaltiger als alles Blut in *Soldier Blue*.

Auch in der DDR nützte man die Gunst der Stunde, um in einem Western Kritik an den Vereinigten Staaten und der kapitalistischen Politik zu üben. Regisseur Konrad Petzold machte in seinem 1971 entstandenen Streifen *Der Kampf der Seminolen* gar kein Hehl daraus, daß er die Politik der USA angriff. Der handwerklich sehr saubere Film wurde in Kuba gedreht und schildert eine Episode aus dem Leben der Seminolen, die von den Weißen immer weiter in die Sümpfe Floridas getrieben wurden. Viele Negersklaven flüchteten aus den Herrenhäusern und schlossen sich dem Stamm an, um gemeinsam mit den Indianern für die Freiheit zu kämpfen. Der Film bezieht eindeutig Stellung, zeigt die weißen Herren als rücksichtslose Sklaventreiber und sieht sie genauso klischeehaft wie ein Großteil der amerikanischen Western die India-

Die Weißen als Schurken, die sie eben auch waren: ›Soldier Blue‹

ner. Es wurden lediglich die Rollen vertauscht, und der Satz des mit den Negern und Indianern sympathisierenden weißen Helden ist bezeichnend für den ganzen Film: »Kämpfe um Arbeit!« sagt er, und der Neger verläßt die bösen Weißen und zieht zu den braven Indianern in den Sumpf.

In den USA ging man inzwischen daran, die Indianerfilme authentischer und wirklichkeitsgetreuer auszustatten. *Little Big Man* war ein solcher Film, auch *Windwalker,* besonders aber *A Man Called Horse* (Ein Mann, den sie Pferd nannten, 1970) unter der Regie von Elliot Silverstein. Richard Harris spielt einen Engländer, der von den Sioux gefangengenommen und als Pferd aufgezogen wird. Nur langsam gelingt es ihm, sich an die fremde Welt der Indianer anzupassen und schließlich auch anerkannt zu werden.

Die Ausstattung in diesem nach einer Kurzgeschichte von Dorothy M. Johnson gedrehten Film sollte nach authentischen Überlieferungen und Gemälden erfolgen, und die Pro-

›A Man Called Horse‹: Richard Harris in weiblicher Gesellschaft

›The Ballad of Cable Hogue‹ mit Jason Robards und Stella Stevens

duzenten des Films waren schon 1968 auf die Rosebud-Re-
servation der Sioux gefahren und hatten den dortigen historischen Berater Clyde H. Dollar gebeten, die Leitung der historischen Vorarbeiten zu *A Man Called Horse* zu übernehmen. Alle Zelte, Waffen, Kleidungsstücke, Handwerkszeu-
ge, ja, selbst die Sprache der Sioux sollten der Wirklichkeit
und dem Leben der Sioux um 1825 entsprechen.
Über die Schwierigkeit dieses Unternehmens berichtete
Clyde H. Dollar: »Zahl und Art der Requisiten mußte bestimmt, jedes Stück einzeln entworfen und schließlich angefertigt werden. Die Requisiten und Kostüme, die in die Tausende gingen, wurden während der Herstellung laufend auf
ihre historische Korrektheit überprüft. Das Drehbuch mußte
gründlich durchgesehen, überarbeitet und in einigen Ab-
schnitten neu geschrieben werden. Dann wurde das Manu-
skript in die Sioux-Sprache übersetzt. Fast siebenhundert

verschiedene Kostüme mußten entworfen werden, und keines davon und keines seiner Teile wie Schuhe, Lendentuch usw. durfte als Massenanfertigung erscheinen. Art, Farben und Muster der Körper- und Gesichtsbemalung waren festzustellen, rund sechzig verschiedene Zelte und über hundert Schilde mußten entworfen werden. Und inmitten dieses Trubels fanden die Besetzungsinterviews mit den Rosebud-Leuten statt.« *A Man Called Horse* ist einer der wenigen Filme, in denen wirkliche Indianer die Rollen ihres Volkes übernahmen.

Natürlich war der Vietnam-Krieg daran schuld, daß die Indianer plötzlich in den Mittelpunkt des Geschehens rückten. Junge und engagierte Regisseure benutzten den Western als Sprachrohr einer Generation, die genug vom kapitalistischen Gebaren ihrer Väter hatte und sich für die Unterdrückten einsetzte. Die Helden in den Western sahen sich plötzlich einem unsichtbaren Feind gegenüber, unmenschlichen Konzernen und Corporations, die der freien Weide und dem Individualismus ein Ende bereiten wollten.

Ein Lieblingsthema des Sam Peckinpah, der mit *The Ballad of Cable Hogue* (Abgerechnet wird zum Schluß, 1970) einen seiner schönsten Filme ablieferte. Erzählt wird die Geschichte des sonderbaren Cable Hogue (Jason Robards), der von seinen Kumpanen in der Wüste liegengelassen wird. In einer Gegend, die als ausgesprochen trocken bekannt ist, findet er Wasser, wo kein anderer Wasser gefunden hätte. Er hat das Glück, daß die Fundstelle direkt an der Postkutschenlinie liegt, und eröffnet die einzige Station zwischen zwei Wüstennestern.

Cable ist ein schrulliger Typ. Er stiehlt und hintergeht und ist auch mit dem Colt schnell bei der Hand. Gleich der erste Kunde wird kurzerhand erschossen, weil er nicht bezahlen will. Er liebt eine Prostituierte (Stella Stevens) und ist mit dem Reverend Joshua Duncan Sloane (David Warner) befreundet, der nur predigt, um verheiratete Frauen rumzukriegen. Er betet aber auch an Cable Hogues Grab, nachdem dieser von einem Auto überfahren wurde. Cable Hogue, der letzte Individualist, wird das Opfer einer neuen Zeit, in die er nicht mehr hineinpaßt.

Ein ähnliches Schicksal erleiden McCabe (Warren Beatty) und Mrs. Miller (Julie Christie) in einem Film von Robert Altman. *McCabe & Mrs. Miller* (1971) handelt von einem Spieler und einer Hure, die in einer aufstrebenden Stadt einen Saloon und ein Hurenhaus bauen und von den Killern einer Corporation gejagt werden, die sie zur Aufgabe zwingen will. Vor allem aber ist es ein Film über eine Beziehung, über die Unfähigkeit der beiden, sich auszudrücken und dem anderen zu erklären.

›McCabe & Mrs. Miller‹, der Spieler und die Puffmutter, Warren Beatty und Julie Christie

Das alles wird in ungemein melancholischen und zarten Bildern erzählt, die fast wie Gemälde wirken. Der ungarische Kameramann Vilmos Zsigmond lieferte sein erstes Meisterwerk ab. Untermalt wurden die Bilder von der traurigen Musik des kanadischen Songpoeten Leonard Cohen. Die schlammigen Straßen, der Schnee auf den Dächern sorgen für eine trostlose Atmosphäre, die auch den Gemütszustand von McCabe und Mrs. Miller beschreibt.

Das Ende der freien Weide, die Übernahme der Ranches durch gesichtslose Corporations ist das Thema des Spätwestern *Monte Walsh* (1970). Lee Marvin in der Titelrolle und Jack Palance sind zwei alte Cowboys, die nicht wahrhaben wollen, daß ihre große Zeit längst vorbei ist. Ihre Ranch wird von einer Gesellschaft im Osten übernommen, und sie können von Glück sagen, daß sie einen Job bekommen, andere Cowboys werden arbeitslos und müssen hungern oder stehlen. Dennoch geht es zu Ende mit ihnen, und lediglich Jack Palance erkennt die Zeichen der Zeit, als er eine Witwe heiratet, seinen Sattel mit einem Platz hinter dem Ladentisch vertauscht und sagt: »Nobody gets to be a cowboy forever!« Monte Walsh will es nicht einsehen und steuert seinem Untergang entgegen.

Ähnlich ergeht es Charlton Heston und James Coburn in dem Western *The Last Hard Men* (Der letzte der harten Männer, 1976), in dem ein längst pensionierter Gesetzesbeamter nochmal in den Sattel steigt, um einen Outlaw zu jagen, der längst seine Zeit überlebt hat. Beide suchen nach einer Vergangenheit, die es nicht mehr gibt, genauso wie Gregory Peck als alternder Cowboy in *Shoot-out* (1971).

Auf viele Westernfans mußten solche Filme ernüchternd wirken. Die einst so siegreichen Helden wurden plötzlich von übermächtigen und gesichtslosen Feinden an die Wand gedrückt und kämpften nur noch ums Überleben. Mit ihnen starb der traditionelle Western, die Legende, und wurde durch die bittere Wahrheit ersetzt. Vielleicht war es bezeichnend, daß John Ford, der die Legende zur Wahrheit erklärt hatte, zu einer Zeit (1973) starb, als ausgesprochen realistische Western in die Kinos kamen.

Jack Palance und Lee Marvin in ›Monte Walsh‹

Doc (1971) war ein solcher Film. Wieder eine Verfilmung des historischen Revolverkampfes am OK-Corral, nur anders, nüchterner und ehrlicher vielleicht als seine Vorgänger. Stacy Keach spielt einen Doc Holliday, der vom Leben enttäuscht wurde und als trauriger Held seinen Untergang herbeisehnt, Harris Yulin einen Wyatt Earp, der nur auf seinen politischen Profit bedacht ist. Faye Dunaway spielt Katie Elder, die opiumrauchende und herumhurende Freundin des kranken Doc. Es gibt keine Helden mehr, die Wirklichkeit ist dekadent und gewalttätig.

Sehr deutlich wird der Unterschied zwischen traditionellem und modernem Western in *The Culpepper Cattle Company* (Greenhorn, 1972). Der neue Film hat dasselbe Thema wie *Red River,* einen Rindertreck, zum Teil sogar dieselben Versatzstücke. Und doch ist es nicht derselbe Film. Die Cowboys sind keine romantischen Helden mehr, sondern schmutzige

Arbeiter, die für einen kargen Lohn harte Arbeit verrichten. Gary Grimes spielt ein Greenhorn, das diesen Job von der Pike auf lernt und beinahe daran zerbricht. Ein Cowboyfilm, der alles versucht, den zugegebenermaßen falschen Glorienschein abzubauen.

Dasselbe versucht *Dirty Little Billy* (Dreckiger kleiner Billy, 1972) mit der Gestalt des Billy the Kid. Von dem heroischen Jungen, der gegen eine Übermacht kämpft und zum mißverstandenen Outlaw wird, ist in diesem Film nicht mehr viel übrig, jetzt agiert ein dreckiger, kleiner Billy (Michael J. Pollard), ein Rotzjunge, der keinerlei hehre Absichten hat.

Einen etwas älteren Billy spielt Kris Kristofferson in dem Film *Pat Garrett and Billy the Kid* (Pat Garrett jagt Billy the Kid). Sam Peckinpah beschwört wieder einmal das Ende des Westens und zeigt einen rebellischen Billy the Kid, der sich vergeblich gegen die neue Zeit auflehnt. James Coburn verkörpert als Pat Garrett die wenig verheißungsvolle Zukunft, eine korrupte Politik, die jeden Individualismus unterjocht. Nicht ohne Grund suchte der Regisseur sich zwei Darsteller, die auch im wirklichen Leben – und vor allem als Sänger – als Rebellen galten. Kris Kristofferson spielte einen sehr erwachsenen Billy the Kid, der das Ende nahen fühlt, und Bob Dylan in seiner ersten Filmrolle verkörpert ein Bandenmitglied und verfaßte auch die Musik zu dem Film. *Knocking on Heaven's Door* paßte so recht zu der Untergangsstimmung des Films, der – wie immer bei Peckinpah – durch zahlreiche Schnitte litt.

Um einen anderen Outlaw, den legendären Jesse James, geht es in dem Film *The Great Northfield Minnesota Raid* (Der große Minnesota-Überfall, 1972). Jesse James (Robert Duvall) ist kein Robin Hood mehr, der nur die reichen Banker beklaut und das Geld an die armen Siedler verteilt, sondern ein neurotischer Wirrkopf, der sich von trügerischen Visionen leiten läßt. Die blutigen Bilder, die das Ende seiner Träume illustrieren, lassen ahnen, wie sehr sich die grausame Wirklichkeit von den verklärten Bildern der Legende unterscheidet.

Sehr realistisch sieht auch das Bild aus, das Sidney Pollack vom Leben eines Trappers zeichnet, obwohl er vieles offen läßt und der Legende durchaus ihren Platz einräumt. Robert Redford spielt in *Jeremiah Johnson* (1973) einen Trapper, der in die Einsamkeit der Rocky Mountains flüchtet. Er heiratet eine Indianerin (Allyn Ann McLerie), die auf brutale Weise ermordet wird, als er eine Abteilung Kavallerie durch eine Begräbnisstätte der Crow-Indianer führt. Jeremiah Johnson rächt sich auf grausame Weise und ermordet einen Crow nach dem anderen. Der Schluß läßt offen, ob er stirbt oder als unsterblicher Mountain Man in die Legende eingeht. Die wunderschön fotografierte Geschichte wurde nach einer historischen Begebenheit gedreht, es gab tatsächlich mal einen Trapper, der seine Frau an die Crows verlor und wäh-

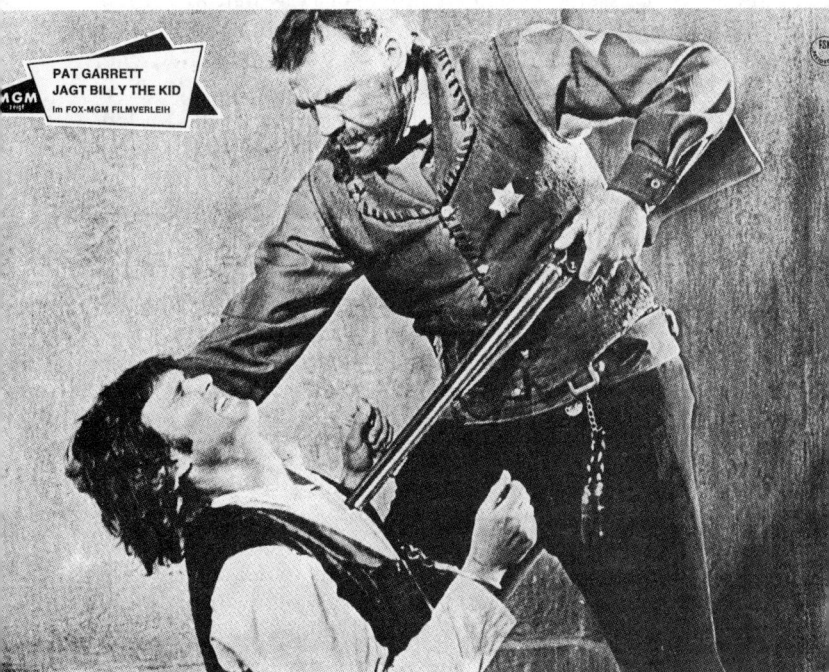

›Pat Garrett and Billy the Kid‹. James Coburn erledigt Kris Kristofferson.

rend eines Rachefeldzugs zum mordenden Monster wurde. Er soll über hundert Crows die Leber aus dem Leib geschnitten und diese verzehrt haben, deshalb nannte man ihn auch »Liver-eating Johnson«. Der Film erspart dem Zuschauer solche Grausamkeiten und konzentriert sich eher auf den verzweifelten Kampf des Trappers gegen eine unwirtliche Natur, zu der auch die Crows gehören.

Während Sidney Pollack ehrfürchtigen Respekt vor der Legende und den majestätischen Rocky Mountains zeigte, machte sich John Huston daran, eine Legende zu zerstören. In *The Life and Times of Judge Roy Bean* (Das war Roy Bean, 1972) spielt Paul Newman einen Roy Bean, der nichts mehr mit der Legende zu tun hat, aber wohl auch der Wirklichkeit nicht entspricht und zur bedauernswerten Comic-Figur wird. Dasselbe geschieht mit Paul Newman in *Buffalo Bill and the Indians* (Buffalo Bill und die Indianer, 1976). In dem Film von Robert Altman ist er ein aufschneiderischer Buffalo Bill, der sich zum Star aufbauen läßt, während ein trauriger Sitting Bull dabeisteht und traurig lächelt. Im Untertitel wird es deutlich: *Sitting Bull's History Lesson.* Der alte Indianer erteilt dem Westmann Geschichtsunterricht.

Als ziemlich oberflächliche Breitwandspektakel erwiesen sich die Western mit Charles Bronson. In *Chato's Land* (1972), dem Vorläufer des Krimis *Deathwish* (Ein Mann sieht rot), ist Charles Bronson ein rachsüchtiger Indianer. In *The White Buffalo* (Der weiße Büffel, 1976) erledigt er einen weißen Büffel, der in King Kongs Fußstapfen treten sollte, aber als harmloses Stofftier auf der Strecke blieb. Und in *Breakheart Pass* (Nevada Pass, 1976), einem durchsichtigen Western-Krimi nach Alistair McLean, klärt er einen Mord auf. Das einzig Sehenswerte an diesem Eisenbahnwestern sind Bronsons Ehefrau Jill Ireland und die von Yakima Canutt komponierten Action-Szenen.

Burt Lancaster hatte da mehr Glück mit seinen Filmen. Sowohl *Valdez Is Coming* (Valdez, 1971) als auch *Ulzana's Raid* (Keine Gnade für Ulzana, 1972) waren sehr originelle und realistische Western, die neue Wege gingen und einen Westen zeigten, wie er tatsächlich ausgesehen haben mag.

›The Life and Times of Judge Roy Bean‹. Paul Newman läßt sich nicht in die Karten schauen

In *Valdez Is Coming* spielt Lancaster einen alternden Gesetzesbeamten, der aus Versehen einen Schwarzen erschießt, dann der Witwe Geld anbietet, was die mächtigen Rinderleute gar nicht verstehen können. Es kommt zu einer gnadenlosen Hetzjagd, in deren Verlauf er sogar an ein Kreuz gebunden wird. Mit einem Gewehr kehrt er zurück und macht die Feinde reihenweise nieder.

In *Ulzana's Raid* ist er ein alternder Scout, der eine kleine Abteilung Kavallerie gegen die Apachen führt. Ulzana (Joaquin Martinez) ist mit neun Kriegern aus der Reservation ausgebrochen, und der Apachenscout sagt, was man von ihm zu erwarten hat: »Wenn ein Krieger einen Feind tötet, übernimmt er dessen Macht. Hier in diesem Land muß ein Mann mächtig sein. Ulzana war lange in der Reservation. Seine Macht ist sehr klein.«

Der Scout und die Soldaten bekommen die Apachen kaum zu Gesicht, stoßen aber überall auf die blutigen Spuren der Bande. So war es auch in Wirklichkeit. Viele hundert Soldaten waren oft nicht in der Lage, die Apachen aufzuspüren. Insofern ist der Film sehr realistisch, auch in der Darstellung von Grausamkeiten, die beide Seiten begehen. *Ulzana's Raid* ist vielleicht der ehrlichste Film, der je über die Indianerkriege gedreht wurde, auf alle Fälle aber war er realistischste.

Von einer Hausfrau stammt das Drehbuch zu *The Man Who Loved Cat Dancing* (Der Mann, der die Katzen tanzen ließ, 1973). Burt Reynolds spielt den Banditen Jay Grobard, der die Indianerin Cat Dancing liebte und seine Kinder von den Shoshonen zurückkaufen will. Dazu braucht er Geld, und deshalb überfällt er einen Zug. Eine Hausfrau (Sarah Miles), die ihres Lebens überdrüssig geworden ist, reitet mit ihm und wird natürlich von ihrem Mann (Lee J. Cobb) verfolgt. Eine ziemlich alberne Geschichte über eine Frau, die sich in den Armen eines Banditen verwirklicht.

Ähnlich dumm stellt sich die Frau in *Zandy's Bride* (Zandys Braut, 1974) an. Sie ist viel älter, als es sich ihr Zufallsgatte vorgestellt hat und tut nun alles, um ihm zu gefallen. Gene Hackman und Liv Ullman überzeugen mit ihrem rauhen Charme, können diese »Szenen einer Ehe« aber kaum retten.

Da ist die Frau in *Comes A Horseman* (Aufstand der Aufrechten, 1978) schon aus einem anderen Holz geschnitzt.

Jane Fonda setzt sich in diesem modernen Western gegen einen mächtigen Großrancher (Jason Robards) und einen Ölkonzern zur Wehr, wird dabei nur von einem jungen Cowboy (James Caan) und einem alten Mann unterstützt. Ein Film, der von Alan Pakula inszeniert wurde, aber auch von Peckinpah stammen könnte.

›Zandy's Bride‹: Gene Hackman mit seiner Eroberung Liv Ullmann

Endzeitstimmung herrscht auch in dem Film *Mustang Country* (1976), einem stillen und unauffälligen Film, und damit der beste Abschied für Joel McCrea, einen der ganz großen und vor allem sympathischen Westerndarsteller.

John Wayne dachte noch lange nicht daran, aufzuhören. Er ritt auch in den siebziger Jahren durch zahlreiche Western, die sich an keine Zeitströmung hängten und das waren, was auch seine Filme in den sechziger Jahren gewesen waren: spannende und handwerklich sauber gemachte Vehikel für den alternden Star. Deshalb erzählten sie auch fast alle dieselbe Geschichte.

In *Chisum* (1970) ist John Wayne der gleichnamige Großrancher, der Billy the Kid beschäftigte. In fast allen anderen Filmen über Billy war er ein mächtiger Patriarch, der kleinen Siedlern keine Chance ließ, in diesem Film ist er immer noch mächtig und groß, aber auch fair gegenüber kleinen Leuten. Er eröffnet sogar einen kleinen Laden mit preiswerten Waren, als ein anderer Rancher die Siedler ausnehmen will.

In *Big Jake* (1971) ist John Wayne wieder ein Rancher, der einen gnadenlosen Rachefeldzug startet, als sein Enkel von Outlaws entführt wird. Mit von der Partie bei der Verfolgung sind auch Patrick Wayne und Chris Mitchum, die Söhne von Duke und Robert Mitchum. Der Film spielt im Jahre 1909 und bezieht seine Reize auch aus der Konfrontation zwischen dem alten Haudegen Wayne und den jungen Draufgängern, die sogar auf einem Motorrad hinter den Banditen herfahren. Natürlich kommt John Wayne mit seinem Pferd besser zurecht als die Grünschnäbel.

The Cowboys (Die Cowboys, 1972) berichtet wieder von einem Rancher. Will Andersen (John Wayne) will eine Rinderherde nach Norden treiben und muß Schuljungen als Cowboys anheuern, weil alle erwachsenen Männer zu den Goldfeldern unterwegs sind. Die Vater-Sohn-Beziehung zwischen Wayne und den Jungen bleibt nicht ohne Reiz, besteht ansonsten aber aus den üblichen Szenen eines Rindertrecks, wie man sie schon in *Red River* gesehen hat. Wayne stirbt in den Armen der Jungen, das zweite Mal nach *The Alamo,* daß er in einem Western sein Leben läßt.

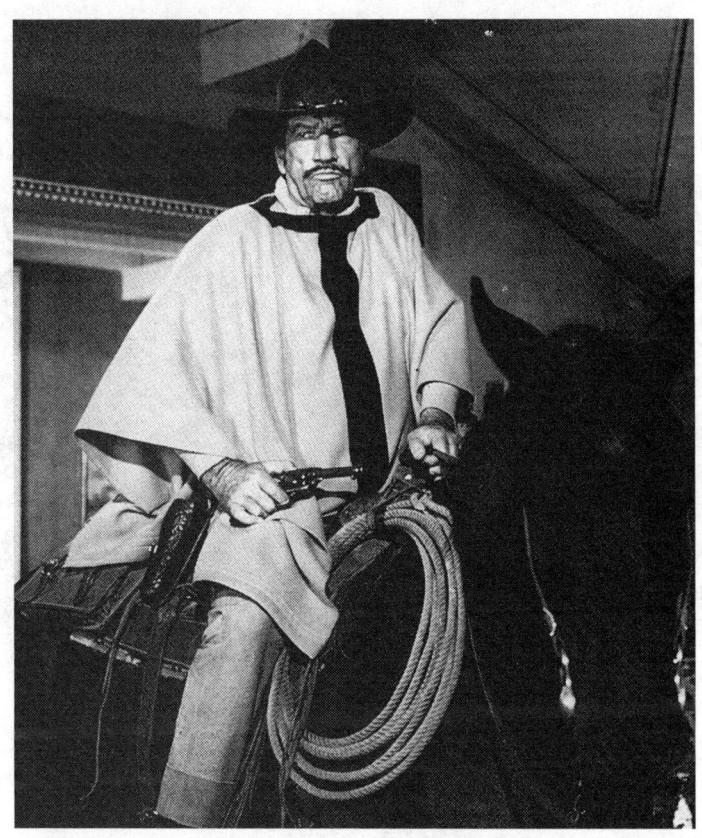

›Big Jake‹ mit Richard Boone

In *The Train Robbers* (Dreckiges Gold, 1973) fliegt viel Dynamit. John Wayne wird von einer hübschen Witwe (Ann-Margret) angeheuert, um das gestohlene Gold ihres toten Mannes sicherzustellen. Dabei kommt es zum Kampf gegen gierige Banditen.

Cahill, United States Marshal (Geier kennen kein Erbarmen, 1973) handelt von einem Marshal, dessen Söhne auf die schiefe Bahn geraten, weil er sie immer vernachlässigt hat. Er holt sie zurück und bringt ihnen Manieren bei.

Kampfpause für ›The Cowboys‹ (in der Mitte: Bruce Dern)

In *Rooster Cogburn* (Mit Dynamit und frommen Sprüchen, 1975), einer Mischung aus *True Grit* und *African Queen,* wiederholt John Wayne seine Darstellung des einäugigen Marshals, der diesmal mit einer geschwätzigen Witwe (Katharine Hepburn) auf Banditenjagd geht.

Seinen Abschied nahm John Wayne in *The Shootist* (Der letzte Scharfschütze, 1976), und es hätte kein anderer Film sein dürfen. Regisseur Don Siegel beginnt seine Geschichte mit Bildern aus früheren John-Wayne-Filmen, die immer denselben Mann in immer derselben Rolle zeigen. John Wayne ist J. B. Books, ein alter Revolverheld, der vom Arzt (James Stewart) erfährt, daß er Krebs und nur noch zwei Monate zu leben hat. Um sich die unmenschlichen Schmerzen zu ersparen, entschließt sich der Revolverheld, seinen Tod selbst zu arrangieren.

Der Film beginnt am 22. Januar und endet am 29. Januar des Jahres 1901, zeigt die letzte Woche im Leben des J. B. Books. Den Westen, den er einmal gekannt hat, gibt es längst nicht mehr, im Carson City des neuen Jahrhunderts brennen Gaslaternen, und eine Straßenbahn rattert durch die Stadt. Books kommt bei einer alten Witwe (Lauren Bacall) und deren Sohn (Ron Howard) unter, die ihn beide nicht mögen.

›Rooster Cogburn‹ mit der Traumkombination Wayne/Hepburn

Für sie verkörpert er eine gewalttätige Zeit, sein Colt stammt aus einer anderen Welt.

Books bereitet sich auf seinen Tod vor. Er verkauft sein Pferd und seinen Sattel und arrangiert sein Begräbnis. In einer rührenden Szene gesteht er der Witwe, warum er sterben muß. Der Sheriff freut sich darüber, aber Books jagt ihn genauso zum Teufel wie einen Reporter, der über sein Leben berichten will, und eine frühere Freundin, die ein Buch schreiben will. »Ich habe immer noch meinen Stolz«, wehrt er ihr Anliegen ab.

An seinem Geburtstag fährt Books mit der Straßenbahn zum Saloon, wo er ein Duell arrangiert hat, um in Würde zu sterben. Richard Boone, Hugh O'Brien und Bill McKinney tei-

Don Siegel brachte für ›The Shootist‹ John Wayne und Lauren Bacall zusammen

238

›The Shootist‹. Wayne gibt den letzten Schuß ab

len sich die zweifelhafte Ehre, den Schützen von den Beinen zu holen. J. B. Books stirbt und mit ihm eine ganze Zeit, das vergangene Jahrhundert. »In general, I've had a hell of a time«, sagt er einmal zur Witwe, »alles in allem hatte ich 'ne verdammt gute Zeit.«

John Wayne starb seinen Filmtod und erlag 1979 auch im wirklichen Leben der tödlichen Krankheit. Mit ihm starb ein Stück Amerika, vor allem aber der große Held des Westernfilms, der für Millionen von Fans zum Idol geworden war. Aber sein Nachfolger stand schon bereit. »Dieser Junge, dieser Eastwood, könnte es werden«, soll Wayne einmal gesagt haben.

Clint Eastwood, der in Leones Italo-Western zum Star geworden war, hatte es inzwischen auch in Amerika geschafft. Auch er spielte immer dieselbe Rolle, die des namenlosen Reiters aus den Dollar-Filmen, die in seinen amerikanischen Filmen allerdings menschlichere Züge bekam. So wie in *Two Mules for Sister Sara* (Ein Fressen für die Geier, 1970), als er zusehen muß, wie eine Frau vergewaltigt wird. Diesmal greift er ein, und seine Überraschung ist groß, als er sieht, daß es sich um eine Nonne handelt. Später wird sich allerdings herausstellen, daß Sara (Shirley MacLaine) nichts weiter als eine Hure ist, und dementsprechend ist ihr Benehmen. Sie trinkt und flucht und gesteht ihrem Retter schließlich, daß sie eine Revolutionärin ist. Zur Revolution des Benito Juarez zieht es auch Clint Eastwood, der seine Schießkünste meistbietend verkaufen will.

Nach einem überaus erfolgreichen Krimi-Zwischenspiel als *Dirty Harry* zog es Clint Eastwood 1972 wieder zurück in den Westen. In *Joe Kidd* (Sinola) wird er von einem mächtigen Landbesitzer (Robert Duvall) verpflichtet, den Revolutionär Luis Chama (John Saxon) aufzuspüren, aber anstatt ihn abzuknallen, macht er gemeinsame Sache mit ihm.

In *High Plains Drifter* (Ein Fremder ohne Namen, 1973) führte Clint Eastwood auch Regie. Der deutsche Verleihtitel deutete bereits an, daß er auch in diesem Film wieder in seiner Lieblingsrolle zu finden war. Er geht gegen gemeine Outlaws vor, verschont aber auch die falschen Bürger nicht und brennt eine ganze Stadt nieder. Es bleibt unklar, ob er der rächende Geist des Sheriffs ist, der vor den Augen der Bürger getötet wurde, ein Motiv, das Eastwood auch in seinem letzten Western *Pale Rider* verwendete.

In *The Outlaw Josey Wales* (Der Texaner, 1976) spielt Eastwood einen Farmer, dessen Familie von Fanatikern getötet wird. Er schließt sich mordenden Südstaatlern an und begibt sich auf einen langen Rachefeldzug, der auch nach dem Bürgerkrieg kein Ende findet. Ein Film über einen Ausgestoßenen der Gesellschaft, der bei Gesetzlosen ein neues Zuhause und in der Rache wieder eine – wenn auch tödliche – Bestimmung findet.

»Einige Filme mochte ich überhaupt nicht!«

*Exklusiv-Interview
mit dem Westernautor Louis L'Amour*

Louis Dearborn L'Amour zählt zu den erfolgreichsten Autoren der Gegenwart. Sein Gesamtwerk ist auf über achtzig Bände angewachsen, erschien in fast allen Ländern der Erde und hat eine weltweite Auflage von über hundertzwanzig Millionen Exemplaren. Über dreißig seiner Romane wurden für den Film und das Fernsehen bearbeitet, unter anderem *Shalako* (mit Brigitte Bardot und Sean Connery), *The Sacketts* (mit Tom Selleck und Glenn Ford) und *The Shadow Riders* (mit Tom Selleck). Seine beiden Romane *Hondo* (Man nennt mich Hondo) und *Down the Long Hills* (Allein in der Wildnis) wurden als »beste Western des Jahres« mit dem Spur Award ausgezeichnet; für sein Gesamtwerk erhielt er den »Saddleman Award« der Firma Levi-Strauss und als erster Autor die »Congressional Gold Medal« der amerikanischen Regierung. Viele seiner Bücher standen wochenlang auf der amerikanischen Bestsellerliste. In dem Interview spricht Louis L'Amour über sein Leben und Werk und die Verfilmungen seiner Romane.

Viele Leser glauben, der Name ›Louis L'Amour‹ sei ein Pseudonym.

Nein, der Name stammt aus der Bretagne. Viele meiner Vorfahren lebten dort, und der Name kommt in diesem Teil Frankreichs recht häufig vor. Aber meine Familien, sowohl die meines Vaters als auch die meiner Mutter, leben schon seit mindestens zehn Generationen in Nordamerika. Die Familie meiner Mutter wanderte 1638 ein … So weit reichen unsere Aufzeichnungen zurück, aber es kann natürlich sein, daß einzelne L'Amours schon früher hier waren. Die Familie meines Vaters wanderte ungefähr zur selben Zeit nach Kanada aus, zuerst nach Nova Scotia und dann weiter nach Westen.

Cowboy gegen Indianer in ›Hondo‹

Wo wuchsen Sie auf?

In North Dakota … bis ich fünfzehn war. Dann trieb ich mich in allen Teilen der Erde herum. Es gibt kaum ein Land, das ich noch nicht gesehen habe.

Wie kamen Sie darauf, Westernromane zu schreiben?

Nun, in unserer Familie wurden natürlich Western gelesen, zum Beispiel Zane Grey, aber das war später. Ich wuchs im amerikanischen Westen auf. Das Land gehörte zur Tradition meiner Familie. Mein Vater arbeitete eine Zeitlang als Deputy Marshal, verhaftete seine Gefangenen aber anders, als wir es heute in Film und Fernsehen vorgesetzt bekommen. Sein Ruf als Kämpfer war so groß, daß sich die Bösewichter erst gar nicht zu wehren versuchten. Wenn er jemand festnehmen wollte, drückte er irgendeinem Jungen sein Messer in die Hand und sagte: »Gib das John Smith und sag ihm, daß er es mir zurückbringen soll!« Der Junge tat, was ihm mein Vater aufgetragen hatte, und der Bösewicht brachte das Messer zurück. So nahm mein Vater Schurken fest. Es klappte fast immer, und wenn nicht, ging er halt los und kaufte sich den Burschen.

Was brachte Sie auf die Idee, den Weg einer Familie zu beschreiben?

Die Sackett-Serie entwickelte sich auf seltsame Art und Weise über Jahre hinweg. Den Anstoß dafür bekam ich von zwei Cowboys in New Mexico. Ihr Name war nicht Sackett. Es existiert aber eine wirkliche Sackett-Familie, deren Lebensweg manchmal parallel zu dem meiner Sacketts verläuft. Es gibt zum Beispiel einen Sportler, der John Sackett heißt, einen Skiläufer aus Durango, Colorado. Na, ich traf also diese beiden Cowboys in New Mexico. Ich befand mich in einer sehr prekären Situation. Ich war mit einem Burschen aus Tucamcori, New Mexico, aneinandergeraten und prügelte mich mit ihm auf der Straße. Ich war damals sechzehn. Der Bursche war auf einen Kampf aus gewesen, und er hatte ihn bekommen. Ich war gerade am Gewinnen, als ihm mehrere seiner Familie zu Hilfe eilten. Die beiden Cowboys, die ich bis dahin noch nie gesehen hatte, hielten sie auf und ließen uns den Kampf auf faire Weise beenden. Später wurde ich näher mit den Cowboys bekannt. Ich verrate ihre Nachnamen nicht, aber ihre Vornamen waren Jud und Red. Sie waren Cousins. Große, muskulöse Kerle, die wohl noch nie in ihrem Leben Socken getragen hatten – sie zogen ihre Cowboystiefel über die nackten Füße. Nette Kerle. Wir ritten zusammen in die Wüste und kamen eines Abends am Lagerfeuer auf den Kampf zu sprechen. Jud sagte:»Wir werden nie in einen Kampf verwickelt.« Ich antwortete:»Dann habt ihr 'ne Menge Glück.« Er sagte:»Daran liegt es nicht. Es gibt siebzehn Jungs in Reds Familie und dreizehn in meiner, da will sich einfach niemand mit uns anlegen.« Das brachte mich auf die Idee, eine Serie über eine große Familie zu schreiben, und der Gedanke fraß sich immer tiefer in mich hinein. Eines Tages war ich dann von Yuma, Arizona, nach San Diego, Kalifornien, unterwegs. Unser Wagen fing an zu kochen, und ich holte Wasser aus einem Brunnen, der »Sackett's Well« genannt wurde. Ich lieh mir den Namen »Sackett« dort aus. Das Wasserloch war von einem Mann entdeckt worden, der Maultiere für die Armee durch die Wüste getrieben hatte. Ich erinnerte mich an die beiden Cowboys und beschloß, die Geschichte einer großen Familie namens Sackett zu erzählen, die aus England nach Amerika kam und nach Westen wanderte.

William Tell ist anscheinend der beliebteste Sackett …

Das stimmt, aber meine Leser favorisieren eine ganze Reihe von ihnen. Auch Nolan und Logan, die beiden Outlaws, sind sehr beliebt. Aber Tell ist die Nummer eins, und ich werde bald einen großen Bürgerkriegsroman über ihn schreiben. In mehreren Romanen habe ich erwähnt, daß Tell als junger Bursche im Bürgerkrieg kämpfte und mit der Sechsten Kavallerie ritt. Nun werde ich diese Geschichte erzählen. Das Buch wird sehr umfangreich.

Es gibt auch ein Buch über eine Sackett-Lady …

Ja, es handelt von einem sechzehnjährigen Mädchen und heißt »Das Mädchen vom Fluß« (Heyne-Western 05/2706). Das Girl ähnelt der Annie Oakley aus *Annie Get Your Gun*. Sie ist eine gute Schützin, und sie läuft mit einem »Arkansas-Zahnstocher« herum, einem zweischneidigen Messer.

Louis L'Amour, Tom Selleck und Produzent Doug Netter

Sie schreiben noch über zwei andere Familien …

Ja, über die Chantry- und die Talon-Familie. In meinem Roman über das Sackett-Mädchen kommt zum Beispiel ein Chantry vor. Ich schreibe über die Sacketts, Chantrys und Talons und erzähle auf diese Weise die Geschichte der Eroberung des Westens. Die ersten Siedler kamen vorwiegend aus England und Irland, später kamen Schweden und Deutsche und ganz zum Schluß die Italiener und Menschen aus anderen Ländern. Einige Deutsche und auch ein paar Schweizer siedelten allerdings schon früh im Hill Country von Texas.

Wie kam es zur Verfilmung von ›The Sacketts‹?

Viele Produzenten wollten schon seit Jahren an den Stoff 'ran, aber ich verkaufte ihn schließlich an Doug Netter. Die Schwierigkeit bestand darin, die richtigen Schauspieler zu finden. Daß *Magnum*-Star Tom Selleck mitspielen würde, stand für mich von vornherein fest. Sam Elliott marschierte einfach ins Besetzungsbüro und sagte: »Ich bin Tell Selleck!« Er kennt alle Sackett-Romane und sah tatsächlich so aus, wie ich mir Tell immer vorgestellt hatte. Tyrel ist ein gefährlicher Revolvermann, der auch ziemlich frauenscheu ist. Mit Jeff Osterhage fanden wir den richtigen Mann. Natürlich mußten alle drei reiten können. Wenn man nun Schauspieler fragt, können sie erst mal alles. »Reiten?« meinten die drei. »Überhaupt kein Problem!« Das dicke Ende kam erst, als wir sie zur Ranch von Ben Johnson rausfuhren. Ben ist ein alter Cowboy und spielt selbst eine Rolle in dem Film. Sie hätten die Jungs sehen sollen. Es war wirklich komisch. Sie purzelten aus dem Sattel und schluckten Staub. Wäre eine tolle Szene für einen Lustspielfilm geworden. Na, sie lernten dann aber doch noch reiten und hielten sich recht wacker.

Der Fernsehfilm basiert auf zwei Sackett-Romanen …

Ja, die Romane heißen *Der letzte Showdown* und *Sackett* (bei Heyne als Doppelband »Die Sacketts«, Heyne-Western 05/2680, lieferbar). Wir zogen die beiden Romane zusammen, weil wir die Stories von Tell, Tyrel und Orrin erzählen wollten.

Warum wurde ›The Sacketts‹ ein Fernsehfilm und kein Kinofilm?

Wir wollten einen langen Film. Die Originallänge des Vierteilers betrug sechs Stunden, er wurde später um zwei Stunden gekürzt. Es gab viel zu erzählen. Ein Kinofilm wäre schon okay gewesen, aber wir hatten auch keine Angebote vorliegen. Viele Filmproduzenten in Hollywood glauben, die Zeit des Kino-Western sei vorbei, aber das ist nicht wahr. Sie drehten ein paar schlechte Filme, deshalb ging das Zeug nicht. Wenn man einen Western dreht, muß man einen Western drehen und nicht einen sogenannten Psychologie-Western. Es muß ein Western sein, und er muß gut gemacht sein.

Waren Sie bei den Dreharbeiten zu ›The Sacketts‹ dabei?

Ja, ich war dabei, als sie eine Szene in der Stadt drehten … als er seine Freundin trifft. Ich war auch bei den Dreharbeiten zu *The Shadow Riders* (im deutschen Fernsehen nicht gelaufen, aber als Heyne-Buch 05/2700 unter dem Titel »Die Schattenreiter« lieferbar) dabei. Sie wollten, daß ich eine kleine Rolle übernehme, und sie hatten sogar ein Kostüm für mich, aber ich fühlte mich damals nicht so gut und lehnte ab.

Wollen Sie denn irgendwann einmal mitspielen?

Ich habe es dem Produzenten sogar versprochen. Einen kleinen Part, so wie Hitchcock das immer gemacht hat. Ich bin kein Schauspieler, das überlasse ich den Jungs, die das gelernt haben.

Haben Sie mit dem Drehbuchautor zusammengearbeitet?

Wir haben uns mehrmals unterhalten. Wir trafen uns und diskutierten über den Inhalt des Films. Er rief mich auch zwei- oder dreimal an, wenn er Schwierigkeiten mit den Figuren hatte. Aber sie hielten sich in beiden Fernsehfilmen *(The Sacketts* und *The Shadow Riders)* ziemlich genau an meine Vorlagen. Ich war sehr zufrieden mit dem Ergebnis.

Im Gegensatz zu einigen anderen Filmen, die nach Romanvorlagen von Ihnen gedreht wurden, nehme ich an …

Einige Filme mochte ich überhaupt nicht. Da gab es zum Beispiel einen Film mit dem Titel *Taggart,* mit dem konnte ich überhaupt nichts anfangen. In meinem Roman kamen fünf starke Charaktere vor, drei Männer und zwei Frauen. Mehr Helden brauchte ich nicht. Einer der Männer suchte nach Gold und hatte zwei Frauen dabei. Er hatte eine alte Mine der Spanier gefunden. Die Apachen wußten nicht, daß er sich in ihrem Land aufhielt. Und solange sie ihn nicht fanden, war er sicher. Und dann tauchte ein Mann auf, der von einem Offizier verfolgt wurde. Aber in dem Film gab es eine Rinder-Panik und ein paar andere Szenen, die überhaupt nichts mit der Handlung zu tun hatten.

Wie verhielt es sich mit ›Shalako‹?

Der Film war recht gut, lag aber auch daneben. Es fing gut an. Die Produzenten und der Regisseur hatten gute Absichten, als mit den Dreharbeiten begonnen wurde. Ich mochte Sean Connery und auch Brigitte Bardot, obwohl ich mir die Frau in meinem Buch nicht so vorgestellt hatte. Auch die anderen Schauspieler waren sehr gut, der verstorbene Peter van Eyck zum Beispiel. Einer der Apachen in dem Film, der Krieger, der Sand in den Mund der Frau schüttet, ist ein guter Freund von mir. Er heißt Elmer Smith und ist ein phantastischer Reiter.

Ihre ausgedehnten Reisen führten Sie in fast alle Länder der Erde …

Ich fuhr ein paar Jahre zur See. Ich mußte ja Geld verdienen und nahm deswegen jeden Job an, den ich ergattern konnte. Zuerst ging ich bei den Westindischen Inseln vor Anker, dann in England, Holland und Deutschland. Danach ging es zurück nach Amerika und einige Jahre später mit einem Frachter um die ganze Welt. Von New York aus fuhr ich auf einem Tanker durch den Panama-Kanal und in den Fernen Osten, wo ich lange Zeit blieb.

Gibt es eigentlich ein Land, in dem Sie noch nicht waren?

Ich war in allen Ländern der Erde – außer dreien. Na, so ganz stimmt das nicht mehr, in Afrika gibt es ja eine ganze Reihe von neuen Staaten. Auch einige andere Länder habe ich nur für ein paar Stunden gesehen. Ich war nie in Norwegen, Schweden und Finnland.

Louis L'Amour's ›Shalako‹ mit Sean Connery

Fuhren Sie gleich nach der Schule zur See?

Ich verließ die Schule, als ich fünfzehn war, fuhr aber nicht gleich zur See. Ich ging erst einmal ins westliche Texas und arbeitete dort auf einer Ranch. Ich häutete Rinder ab. Die meisten Tiere waren während einer langen Trockenheit gestorben, und die Rancher versuchten, wenigstens die Häute zu retten. War ein schmutziger und harter Job. Danach arbeitete ich in zahlreichen Minen und auf Ranches in New Mexico.

Und was bewog Sie, Schriftsteller zu werden?

Ich schrieb die ganze Zeit. Wann immer ich Zeit dazu fand. Aber ich wußte noch zuwenig. Zuerst schrieb ich Gedichte. Ich veröffentlichte ein Bändchen mit Gedichten, dann verkaufte ich Stories an Zeitschriften. Einige dieser Geschichten erschienen später in dem Band *Yondering* (Im Angesicht des Todes). Ich schrieb mehrere hundert Stories. Sie erscheinen heute wieder in Büchern.

Lesen Sie selber Western?

Nein, ich lese kaum Romane, fast nur Sachbücher. Tagebücher und Aufzeichnungen und so. Man braucht über den Western nicht zu phantasieren, die Leute damals zeichneten alles auf. Ich besitze auch ein Buch, das von einem Schweizer geschrieben wurde. Er war in Kalifornien, als Sutter Gold entdeckt hatte.

Sie recherchieren viel vor Ort ...

Das stimmt. Vor einiger Zeit fand ich einen versteckten Canyon in Utah, der noch nie von einem Weißen betreten worden war. Aber es war sehr schwer, einen Weg in diese Schlucht zu finden. Ich fuhr mit dem Geländewagen hin, bekam den Canyon aber nicht zu sehen. Vom Flugzeug aus entdeckte ich viele Bäume in dem Canyon. Mit einigen Polizisten flog ich schließlich in den Canyon. Wir fanden frische Tierspuren und indianische Felsbilder. Ich werde ein Buch darüber schreiben, es wird »The Haunted Mesa« heißen. Nächsten Monat ziehe ich wieder los, um nach dem Trail in dem Canyon zu suchen. Es muß einen Indianerpfad geben.

Wie sieht ein Arbeitstag für Sie aus?

Ich stehe sehr früh auf, im Sommer um halb sechs, im Winter um halb sieben, dann frühstücke ich und lese die Zeitung. Dann schreibe ich. Besprechungen oder so versuche ich während des Mittagessens zu erledigen. Dann schreibe ich so bis um drei und verschwinde danach in meinem Übungsraum. Dort treibe ich Gymnastik, hebe Gewichte usw. Auf Reisen sieht mein Tagesablauf natürlich anders aus.

17. KAPITEL

Hat der Western Zukunft?

1981–1987

»Don't play around with matches!«

Clint Eastwood in *Pale Rider*

In den achtziger Jahren rechnete niemand mehr mit einem Comeback des Western. Eigentlich war er ja nie ganz verschwunden, und es wurde auch in den siebziger Jahren auf der Leinwand geritten und geschossen, aber die jungen Leute reisten lieber zu *Star Wars* in den Weltraum oder amüsierten sich in belanglosen College-Komödien. Der Western schien nicht mehr gefragt, auch wenn Kritiker erfolgreiche Science-Fiction-Filme wie *Outland* als verkappte Western bezeichneten und ja auch die Folgen von *Star Wars* wie ein Western ablaufen. Aber es gab eben keine richtigen Western mehr im Kino, keinen Joel McCrea und keinen Randolph Scott, und auch im Fernsehen waren keine wilden Reiter zu sehen. Der Western durchlebte eine Flaute – oder war tot, wenn man amerikanischen Kritikern glauben durfte.

Zwei Stars wollten es nicht wahrhaben: Steve McQueen und Clint Eastwood. Der einstige Held des Italo-Western, der inzwischen mehr mit *Dirty Harry* identifiziert wurde, entschloß sich zumindest zu zwei modernen Western, die allerdings beide nicht befriedigen konnten und von denen nur *Bronco Billy* (1980) einen Gewinn einspielte. In der actionreichen Komödie, die Eastwood selber inszenierte, spielt er den Chef einer Wildwest-Show, die von einer Pleite in die andere gerät. Die Story war nicht ohne Witz, wirkte aber zu überdreht und hatte nicht das einmalige Timing seiner beiden anderen Komödien *Every Which Way But Loose* (Der Mann aus San Fernando, 1978) und *Any Which Way You Can* (Mit Vollgas nach San Fernando, 1980). In *Honkytonk Man* (1982) spielt Clint Eastwood einen Country-Sänger, der es bis auf die

›Bronco Billy‹. *Eastwood mit seiner Freundin Sondra Locke*.

Bretter der Grand Ole Opry schafft, was die Eastwood-Fans allerdings nicht sonderlich interessierte.

Steve McQueen überraschte 1980 mit dem ersten traditionellen Western seit langer Zeit. *Tom Horn* (Ich, Tom Horn, 1980) erzählt die historisch belegte Geschichte des legendären Weidedetektivs, der zu Beginn des 20. Jahrhunderts noch einmal in den Sattel steigt und Viehdiebe jagt. Die Rancher versprechen ihm einen hohen Lohn, wenden sich aber gegen ihn, als er zu brutal vorgeht und auch vor kaltblütigem Mord nicht zurückschreckt. In Wirklichkeit war Tom Horn ein Mann, der seine Zeit überlebte und vor allem deshalb sterben mußte.

Steve McQueen, sichtbar von seiner schweren Krankheit gezeichnet, überzeugte als kompromißloser Killer in der Titelrolle, ansonsten beeindruckte der Film vor allem durch seine stimmungsvolle Fotografie, die den Westen so zeigte, wie er wirklich gewesen sein muß: unwirtlich und wild, aber auch wunderschön. Linda Evans, noch unbefleckt vom *Denver*-Erfolg, spielte eine Lehrerin, und Slim Pickens, der die Männer, die Tom Horn vor Gericht brachten, noch kannte, war als Sheriff zu sehen.

Wenn *Tom Horn* auch keinen Vergleich mit *The Searchers* oder *Stagecoach* aushielt, so war es doch ein handwerklich solider und vor allem visuell eindrucksvoller Film, der durchaus einen neuen Western-Boom hätte auslösen können – wäre *Heaven's Gate* (1980) nicht gewesen. Das größte Desaster in

Steve McQueen in ›Tom Horn‹

der Filmgeschichte brach nicht nur der Verleihfirma United Artists, sondern auch dem Western das Genick – zumindest für ein paar Jahre.

Eigentlich hatte United Artists auf ein sicheres Pferd gesetzt. Regisseur Michael Cimino hatte für *The Deer Hunter* einen Oscar bekommen und galt als sicherer Garant für einen Hit, als er mit den Dreharbeiten zu *Heaven's Gate* begann. Aber dann wurde der Film immer teurer, kostete schließlich vierzig Millionen Dollar und erhielt nach der Premiere im November 1980 so vernichtende Kritiken, daß United Artists ihn wieder zurückziehen mußte. Kein Amerikaner wollte sich das drei Stunden und neununddreißig Minuten lange Epos ansehen. Auch nachdem *Heaven's Gate* um siebzig Minuten gekürzt und im April 1981 erneut in die Kinos gebracht worden war, änderte sich die Meinung der Amerikaner nicht. Erst in Europa erfuhr der Film die Würdigung, die er in den USA nie erfahren hatte.

Erzählt wird die wiederum historisch belegte Geschichte des Johnson County War in Wyoming. Die alteingesessenen Rancher wollen osteuropäische Siedler loswerden und lassen deren Anführer auf eine Schwarze Liste setzen. Bundesmarshal James Averill (Kris Kristofferson) muß hilflos mitansehen, wie Männer, Frauen und Kinder von einem Aufgebot brutal erschossen werden. Es gelingt ihm nicht, das Massaker zu verhindern, die mächtigen Rancher gehen rücksichtslos und gnadenlos vor und erwehren sich der drohenden Landnahme durch Mord und Totschlag.

Michael Cimino inszenierte die authentische Story als verzweifelten Kampf der Revolutionäre gegen das Kapital, und es war eigentlich klar, daß die konservativen Amerikaner keinen Gefallen daran finden würden. Der Film zog ihre angeblich so glorreiche Geschichte in den Dreck und erinnerte zu sehr an die Kommunistenhatz während der McCarthy-Ära. Die schmerzliche Wahrheit wollte niemand erkennen, auch wenn nüchterne Gerichtsprotokolle und Tagebücher der damaligen Zeit beweisen, daß Michael Cimino gar nicht so weit danebenlag und im amerikanischen Westen ja tatsächlich der Grundstein für den Kapitalismus der heutigen

Einer der schmerzlichsten Flops in der Filmgeschichte: ›Heaven's Gate‹, der United Artists in den Ruin trieb

Zeit gelegt wurde. Da nützte es auch nichts, daß der Film in eindrucksvollen Aufnahmen des Kameramannes Vilmos Zsigmond schwelgte und mit einer Musik unterlegt war, welche die depressive Stimmung unterstrich. *Heaven's Gate* war zu europäisch und kam vor allem deshalb nicht an.

Mit zwei Banditenbanden, die schon durch zahlreiche Filme galoppiert waren, beschäftigten sich die Filme *Long Riders* (1980) und *Cattle Annie & Little Britches* (Zwei Mädchen und die Doolin-Bande, 1981). *Long Riders* zeigte wieder einmal das Ende der James-Bande, schwelgte in Zeitlupen-Aufnahmen à la Sam Peckinpah, ohne allerdings an *The Wild Bunch* heranzukommen. Dazu war die Handlung zu banal, und auch der Gag, daß Schauspieler-Brüder in den Rollen der Banditen-Brüder zu sehen waren, war nicht mehr als ein origineller

›Long Riders‹ handelt von Bruderschaften: David, Keith und Robert Carradine, Nicholas und Christopher Guest, Dennis und Randy Quaid, Stacy und James Keach

Einfall. James und Stacy Keach sind als Jesse und Frank James, David, Keith und Robert Carradine als Younger-Brüder zu sehen.

Cattle Annie & Little Britches spielt im Oklahoma Territory von 1893 und erzählt von zwei Teenagern, die von der berühmt-berüchtigten Doolin-Dalton-Bande in Schundheftchen gelesen haben und erkennen müssen, daß die wahren Banditen nichts mit den legendären Helden ihrer Träume zu tun haben. Sie werden erst dazu, als die Mädchen (Amanda Plummer und Diane Lane) mit ihnen durch die Lande ziehen und hart daran arbeiten, die Banditen unsterblich zu machen. Als Bill Doolin ist Burt Lancaster, in der Rolle des Bill Dalton ist Scott Glenn zu sehen. Ein humorvoller Film, der aber nicht dazu angetan war, nach *Heaven's Gate* von einer erfolgreichen Wiederbelebung des Western zu sprechen.

Das schaffte auch das Fernsehen nicht. Lediglich mit der in den USA bereits 1979 ausgestrahlten *mini-series The Sacketts* (Die Sacketts) zeigte Hollywood, daß es durchaus noch in der Lage war, einen handwerklich sauberen und ohne psychologisches Getue oder politische Ambitionen belasteten Western zu drehen. *The Sacketts,* nach zwei Romanen des Bestseller-Autor Louis L'Amour entstanden, ist ein handfester und spannender Vierteiler, und Tom Selleck, Sam Elliott und Jeff Osterhage sind eine ideale Besetzung. Dieselben Schauspieler waren auch in der TV-Produktion *The Shadow Riders* zu sehen, die ebenfalls nach einem Roman von Louis L'Amour gedreht wurde, aber lange keinen so souveränen Eindruck wie der andere Film machte. Inzwischen wurde auch *Down the Long Hills,* ein dritter Roman des Bestseller-Autors, mit Bruce Boxleitner verfilmt.

Sam Elliott als William Tell Sackett

Zur großen Hoffnung für alle Westernfans wurde das Jahr 1985. Gleich zwei große Westernproduktionen wurden angekündigt, eine von und mit Clint Eastwood, die andere mit relativ unbekannten Schauspielern. Beide Produzenten versprachen, Western ohne Wenn und Aber anzubieten, spannende Filme in der Tradition der großen Western vergangener Jahrzehnte, mit spannenden Szenen, viel Action und schönen Landschaften.

So ein Film wurde *Silverado*. Eine mit viel Tempo inszenierte Komödie, die an den richtigen Stellen aber auch bierernst sein konnte und den Westernfans so ziemlich alles bot, was sie in den letzten Jahren vermißt hatten. Erzählt wurden eigentlich mehrere Stories, die aber alle in der wilden Stadt Silverado endeten und Scott Glenn, Kevin Kline und Kevin Kostner zusammenführten. Aber die Handlung spielte eigentlich kaum eine Rolle. In der Tradition der B-Western ging es Regisseur Lawrence Kasdan anscheinend vor allem darum, ein Feuerwerk von Verfolgungsjagden, Schießereien und Prügeleien zu zünden, und das ist ihm inmitten einer grandiosen Landschaft auch gelungen.

Clint Eastwood wollte sicher mehr, obwohl er nach der Premiere von *Pale Rider* (Pale Rider – Der namenlose Reiter) sagte: »Wenn man mich fragt, warum ich zu diesem Zeitpunkt einen Western inszeniert habe, so muß ich sagen, daß es für mich überhaupt keinen aktuellen Anlaß für diesen Entschluß gab. Ich hatte also nicht vor, ein Filmgenre zu retten. Mir gefiel einfach die Geschichte, und ich hatte Lust, sie zu erzählen. Vielleicht gab es andere unbewußte Motivationen, aber zuallererst gefiel mir das Drehbuch, und ich verspürte das Bedürfnis, es zu realisieren. Ich glaube nicht an Marktanalysen oder Zuschauertrends. Ich verlasse mich ganz einfach auf meinen Instinkt.«

Erzählt wird die Geschichte einer Auseinandersetzung im kalifornischen Goldgräberland. Hull Barret (Michael Moriarty) und einige Siedler suchen im Carbon Canyon nach Gold, sind aber LaHood und seiner Bergbaugesellschaft im Weg, die im großen Stil abbaut. Megan (Sidney Penny), deren Mutter Sarah (Carrie Snodgress) schon seit vielen Mona-

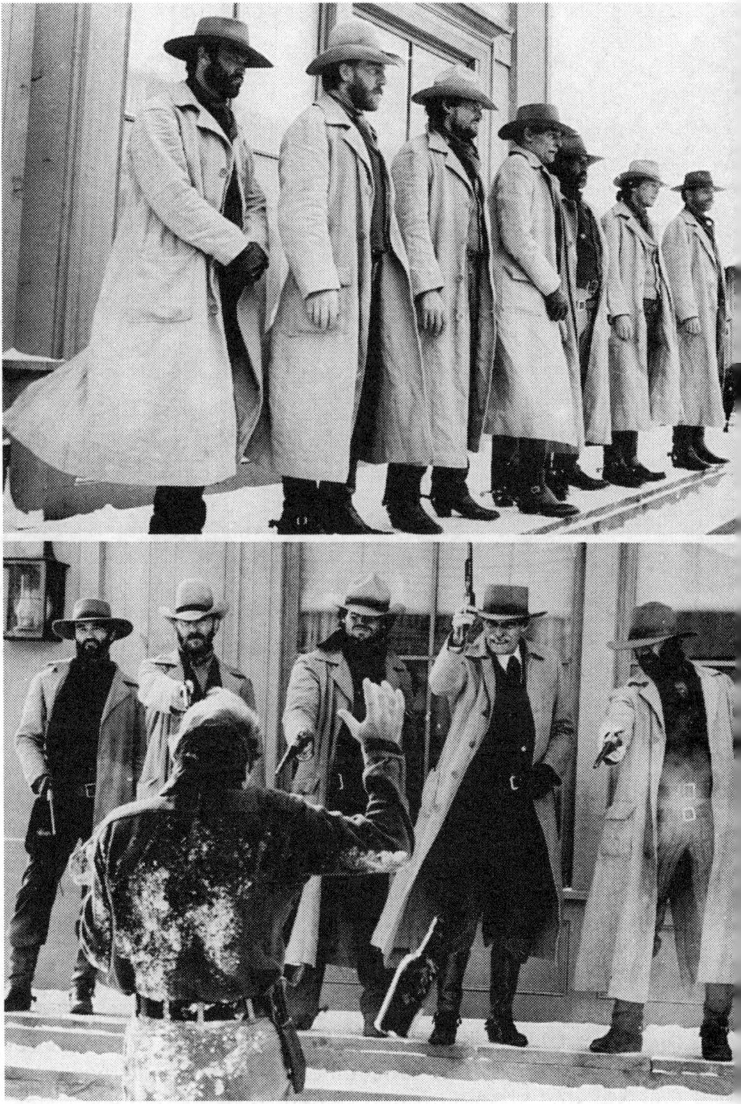

›Silverado‹, für einen B-Western zu teuer

Kevin Kline und Regisseur Lawrence Kasdan bei den Dreharbeiten zu ›Silverado‹

ten mit Hull verlobt ist, bittet den lieben Gott um Hilfe. Ihr Gebet wird erhört. »Und ich hielt inne und sah ein fahles Pferd«, liest sie aus der Bibel vor, »und der darauf saß, dessen Name war Tod. Und die Hölle folgte ihm nach.« Eine Beschreibung, die auf den namenlosen Reiter paßt, der aus den Bergen kommt, LaHoods Schlägern eine Lektion erteilt und den Siedlern hilft. Seltsam ist nur, daß er die schwarze Kleidung eines Priesters trägt.

LaHood macht ein letztes Angebot und bietet tausend Dollar für jeden Claim, aber die Siedler lehnen ab. Während der Fremde verschwindet, findet einer von ihnen Gold, wird aber von Marshal Stockburn und seinen sechs Deputies erschossen. Die Gesetzesbeamten sind eiskalte Killer und wurden von LaHood angeworben. Am nächsten Tag kehrt der namenlose Reiter zurück, als sei nichts gewesen, bindet sich seinen Waffengurt um und reitet in die Stadt. Er tötet die Killer und reitet davon.

Das erinnert an *Shane,* und tatsächlich ist *Pale Rider* bis in einzelne Szenen hinein eine exakte Kopie des legendären Films. Aus dem Baumstumpf, den Alan Ladd und Van Heflin in *Shane* bearbeiteten, ist lediglich ein Felsbrocken geworden, aus dem kleinen Jungen ein kleines Mädchen, und auch andere Szenen unterscheiden sich nur unwesentlich vom Original. Lediglich in der Beziehung zu Sarah geht Eastwood ein bißchen weiter als Shane, er verbringt eine Nacht mit der unentschlossenen Frau, verschweigt aber auch ihr seinen Namen.

Den meisten Zuschauern waren die Parallelen zu *Shane* egal, und tatsächlich spielten sie keine Rolle, ganz im Gegenteil,

›Silverado‹: *Der jüngste Versuch, mit einem Western alten Stils eine neue Ära einzuleiten*

261

Eastwood als Hauptdarsteller und Regisseur von ›Pale Rider‹

ermöglichten es Clint Eastwood vielmehr, den Film mit einigen Momenten aus seinen Italo-Western anzureichern.
Wenn er zum Beispiel LaHoods Killer mit einem Baseball-
schläger versohlt und auf unnachahmliche Weise sagt:
»Don't play around with matches!« Zu deutsch: »Mit Streich-
hölzern spielt man nicht!« Oder wenn er einem Koloß von
Schurken einen Vorschlaghammer zwischen die Beine
drischt.

Aber *Pale Rider* ist mehr als ein Vehikel für Eastwood und
seinen sardonischen Humor. Der namenlose Reiter auf dem
blassen Pferd ist Shane, der sich selbstlos für die unterlege-
nen Siedler einsetzt, weil es so in seinem Code steht, aber er
ist auch ein Geist, der von den Toten auferstanden ist, um
sich an Marshal Stockburn zu rächen. Eine mythische Figur,
so unantastbar wie die schneebedeckten Berge, aus denen sie

gekommen ist und in die sie wieder verschwindet. »Ja, seine Augen«, sagt LaHood, »die waren irgendwie merkwürdig.« *Pale Rider* wurde zu einem wirtschaftlichen Erfolg und hielt sich wochenlang in den Top Ten der erfolgreichsten Filme. Clint Eastwood als Retter des Western? Oder nur ein geheimnisvoller Reiter, der aus den Bergen kommt und nach getaner Arbeit auf Nimmerwiedersehen verschwindet? Die Zukunft wird es zeigen. Seit *Pale Rider* ist zumindest in den USA ein deutlicher Aufwärtstrend in Sachen Western zu verzeichnen, und die großen Fernsehgesellschaften haben bereits angekündigt, auch den Fernsehwestern wiederzubeleben. Der amerikanische Westen als Schauplatz braucht diese Hilfe nicht. *North and South* (Fackeln im Sturm), die erfolgreichste *mini-series* des Jahres 1985, spielte im Westen. Wo sonst?

Filmographie

der bekanntesten Westernfilme
zwischen 1903 und 1985

The Great Train Robbery (Der große Eisenbahn-Überfall)
USA 1903
Regie: Edwin S. Porter
Drehbuch: Edwin S. Porter, James White, inspiriert vom Titel des
           gleichnamigen Bühnenstücks von A. H. Woods
Kamera: Edwin S. Porter
Darsteller: George Barnes, Frank Hanaway, G. M. Anderson,
           Marie Murray.

The Covered Wagon (Der Planwagen)
USA 1923
Regie: James Cruze
Drehbuch: Jack Cunningham, nach der gleichnamigen Saturday-
           Evening Post-Geschichte von Emerson Hough
Kamera: Karl Brown
Darsteller: J. Warren Kerrigan, Lois Wilson, Alan Hale, Ethel
           Wales, Charles Ogle, Ernest Torrence, Tully Marshall,
           Guy Oliver, John Fox

The Iron Horse (Das eiserne Pferd)
USA 1924
Regie: John Ford
Drehbuch: Charles Kenyon, nach einer Story von Charles Kenyon
           und John Russell
Kamera: George Schneiderman, Burnett Guffey
Musik: Erno Rapee
Darsteller: George O'Brien, Madge Bellamy, Judge Charles,
           Edward Bull, William Walling, Fred Kohler

The Vanishing American (Der letzte Indianer)
USA 1927
Regie: Joe Kane

Drehbuch: Alan LeMay, nach dem gleichnamigen Roman von Zane Grey
Kamera: John L. Russell
Musik: R. Dale Butts
Darsteller: Scott Brady, Audrey Totter, Forrest Tucker, Gene Lockhart, Jim Davis

The Virginian (Der Virginier)
USA 1929
Regie: Victor Fleming
Drehbuch: Howard Estabrook, nach dem gleichnamigen Roman von Owen Wister und einer Bühnen-Adaption des Romans von Kirk La Shelle
Kamera: J. Roy Hunt, Edward Cronjager
Darsteller: Gary Cooper, Walter Huston, Richard Arlen, Mary Broan

The Indians Are Coming (Raub an der Goldküste)
USA 1930
Regie: Henry McRae
Drehbuch: George H. Plympton, Ford I. Beebe, nach dem Buch *The Great West That Was* von William F. Cody
Darsteller: Allene Ray, Tim McCoy, Edmund Cobb, Francis Ford, Wilbur McGaugh

Riders of the Purple Sage
USA 1931
Regie: Hamilton McFadden, nach einer Story von Zane Grey
Darsteller: George O'Brien, Marguerite Churchill, Noah Beery, Frank McGlynn

Cimarron
USA 1931
Regie: Wesley Ruggles
Drehbuch: Howard Estabrook, nach einem Roman von Edna Ferber
Darsteller: Richard Dix, Irene Dunne, Estelle Taylor, William Collier jr., Nance O'Neil

To the Last Man
USA 1933
Regie: Henry Hathaway
Drehbuch: Jack Cunningham, nach einem Roman von Zane Grey
Darsteller: Randolph Scott, Ester Ralston, Noah Beery, Jack
            LaRue

The Last Roundup
USA 1934
Regie: Henry Hathaway
Drehbuch: Jack Cunningham, nach dem Roman *The Border
            Legion* von Zane Grey
Darsteller: Randolph Scott, Barbara Fritchie, Barton MacLane,
            Fuzzy Knight, Monte Blue

The Plainsman (Der Held der Prärie)
USA 1936
Regie: Cecil B. DeMille
Drehbuch: Waldemar Young, Harold Lamb, Lynn Riggs, nach
            einem Buch von Frank J. Wilstach
Darsteller: Gary Cooper, Jean Arthur, James Ellison, Charles
            Bickford, Helen Burgess

Wells Fargo
USA 1937
Regie: Frank Lloyd
Drehbuch: Paul Schoefield, Gerald Geraghty, Frederick Jackson
Darsteller: Joel McCrea, Bob Burns, Francer Dee, Lloyd Nolan,
            Henry O'Neill

Drums Along the Mohawk (Trommeln am Mohawk)
USA 1939
Regie: John Ford
Drehbuch: Lamar Trotti, Sonya Levien, nach dem gleichnamigen
            Roman von Walter D. Edmonds
Kamera: Bert Glennon, Ray Renahan
Musik: Alfred Newman
Darsteller: Henry Fonda, Claudette Colbert, Edna May Oliver,
            Eddie Collins, John Carradine

Stagecoach (Ringo, früher: Höllenfahrt nach Santa Fe)
USA 1939
Regie: John Ford
Drehbuch: Dudley Nichols, nach der Erzählung *Stage to Lordsburg* von Ernest Haycox
Kamera: Bert Glennon
Musik: Richard Hageman
Darsteller: John Wayne, Claire Trevor, John Carradine, Thomas Mitchell, Andy Devine, Donald Meek

›Destry Rides Again‹: *James Stewart und Marlene Dietrich*

Destry Rides Again (Der große Bluff)
USA 1939
Regie: George Marshall
Drehbuch: Felix Jackson, Gertrude Purcell, Henry Meyers, nach
            dem gleichnamigen Roman von Max Brand
Kamera: Hall Mohr
Musik: Friedrich Hollaender
Darsteller: Marlene Dietrich, James Stewart, Brian Donlevy,
            Charles Winninger, Mischa Auer

Jesse James (Jesse James – Mann ohne Gesetz)
USA 1939
Regie: Henry King
Drehbuch: Nunnally Johnson, nach historischen Recherchen von
            Rosalind Shaffer und Jo Frances James
Kamera: W. H. Greene, George Barnes
Musik: Louis Silvers
Darsteller: Tyrone Power, Henry Fonda, Nancy Kelly, Randolph
            Scott, Henry Hull

Dodge City (Herr des Wilden Westens)
USA 1939
Regie: Michael Curtiz
Kamera: Sol Polito
Musik: Max Steiner
Darsteller: Errol Flynn, Olivia De Havilland, Ann Sheridan,
            Bruce Cabot, Frank McHugh

Dark Command (Schwarzes Kommando)
USA 1940
Regie: Raoul Walsh
Drehbuch: Crover Jones, Lionel Houser, F. Hugh Herbert, nach
            dem gleichnamigen Roman von W. R. Burnett
Kamera: Jack Marta
Musik: Victor Young
Darsteller: John Wayne, Walter Pidgeon, Claire Trevor, Ray
            Rogers, George »Gably« Hayes

John Wayne

Virginia City (Goldschmuggel nach Virginia)
USA 1940
Regie: Michael Curtiz
Drehbuch: Robert Buckner
Kamera: Sol Polito
Musik: Max Steiner
Darsteller: Errol Flynn, Randolph Scott, Humphrey Bogart,
              Miriam Hopkins, Frank McHugh

The Westerner (Der Westerner, auch: In die Falle gelockt)
USA 1940
Regie: William Wyler
Drehbuch: Jo Swerling, Niven Busch, nach einer Story von Stuart
              N. Lake

Fritz Langs Epos über die Telegraphengesellschaft – ›Western Union‹

Kamera: Gregg Toland, Archie Stout
Musik: Dimitri Tiomkin, Alfred Newman
Darsteller: Gary Cooper, Walter Brennan, Doris Davenport, Fred
           Stone, Forrest Tucker

Western Union (Western Union, früher: Überfall der Ogalalla)
USA 1941
Regie: Fritz Lang
Drehbuch: Robert Carson, nach dem gleichnamigen Roman von
           Zane Grey
Kamera: Edward Cronjager, Allen M. Davey
Musik: David Buttolph
Darsteller: Robert Young, Randolph Scott, Dean Jagger, Virginia
           Gilmore, John Carradine

The Ox-Bow Incident (Ritt zum Ox-Bow)
USA 1943
Regie: William A. Wellman
Drehbuch: Lamar Trotti, nach dem gleichnamigen Roman von
            Walter Van Tilburg Clark
Kamera: Arthur Miller
Musik: Cyril Mockridge
Darsteller: Henry Fonda, Dana Andrews, Anthony Quinn, Jane
            Darwell, Henry Morgan

Duel in the Sun (Duell in der Sonne)
USA 1946
Regie: King Vidor, unter Mitwirkung von Otto Brower,
            Sidney Franklin, William Cameron Menzies, William
            Dieterle, Josef von Sternberg
Drehbuch: David O. Selznick, Oliver H. P. Garrett, nach dem
            gleichnamigen Roman von Niven Busch
Kamera: Lee Garmes, Hal Rosson, Ray Rennahan
Musik: Dimitri Tiomkin
Darsteller: Jennifer Jones, Joseph Cotten, Gregory Peck, Lionel
            Barrymore, Lillian Gish

My Darling Clementine (Tombstone, früher: Faustrecht der
Prärie)
USA 1946
Regie: John Ford
Drehbuch: Samuel G. Engel, Winston Miller, nach dem Buch
            Wyatt Earp, Frontier Marshal von Stuart N. Lake
Kamera: Joe MacDonald
Musik: Cyril J. Mockridge
Darsteller: Henry Fonda, Linda Darnell, Victor Mature, Walter
            Brennan, Tim Holt

The Angel and the Badman (Der schwarze Reiter)
USA 1947
Regie: James Edward Grant
Drehbuch: James Edward Grant
Kamera: Archie Stout

Musik: Cy Feuer, Richard Hageman
Darsteller: John Wayne, Gail Russell, Harry Carey, Bruce Cabot,
            Irene Rich

Fort Apache (Bis zum letzten Mann)
USA 1948
Regie: John Ford
Drehbuch: Frank S. Nugent, nach der Erzählung *Massacre* von
            James Warner Bellah
Kamera: Archie Stout
Musik: Richard Hageman
Darsteller: John Wayne, Henry Fonda, John Agar, Ward Bond,
            Shirley Temple

John Ford: ›Three Godfathers‹

Three Godfathers (Spuren im Sand)
USA 1948
Regie: John Ford
Drehbuch: Laurence Stallings, Frank S. Nugent, nach der gleich-
            namigen Erzählung von Peter B. Kyne
Kamera: Winton C. Hoch
Musik: Richard Hageman
Darsteller: John Wayne, Pedro Armendariz, Harry Carey jr.,
            Ward Bond, Mildred Natwick

The Man from Colorado (Der Richter von Colorado)
USA 1948
Regie: Henry Levin
Drehbuch: Robert Andrews, Ben Maddow, nach einer Story von
            Borden Chase
Kamera: William Snyder
Musik: George Dunning
Darsteller: Glenn Ford, William Holden, Ellen Drew, Ray
            Collins, Edgar Buchanan

Red River (Red River, früher: Panik am roten Fluß)
USA 1948
Regie: Howard Hawks
Drehbuch: Borden Chase, Charles Schnee, nach der Saturday
            Evening Post-Fortsetzungsgeschichte *The Chisholm
            Trail* von Borden Chase
Kamera: Russell Harlan
Musik: Dimitri Tiomkin
Darsteller: John Wayne, Montgomery Clift, Joanne Dru, Walter
            Brennan, Coleen Gray

She Wore a Yellow Ribbon (Der Teufelshauptmann)
USA 1949
Regie: John Ford
Drehbuch: Frank S. Nugent, Laurence Stallings, nach der Erzäh-
            lung *War Party* von James Warren Bellah
Kamera: Winton C. Hoch, Charles P. Boyle
Musik: Richard Hageman

Darsteller: John Wayne, Joanne Dru, John Agar, Ben Johnson,
Harry Carey jr.

Rio Grande (Rio Grande)
USA 1950
Regie: John Ford
Drehbuch: James Kevin McGuiness, nach der Erzählung *Mission
           With No Record* von James Warner Bellah
Kamera: Bert Glennon, Archie Stout
Musik: Victor Young
Darsteller: John Wayne, Maureen O'Hara, Claude Jarman jr.,
           Ben Johnson, Harry Carey jr.

The Bravados (Bravados)
USA 1950
Regie: Henry King
Drehbuch: Philip Yordan
Darsteller: Gregory Peck, Joan Collins, Stephen Boyd, Albert
           Salmi, Henry Silva

Gregory Peck und Stephen Boyd in ›The Bravados‹

Broken Arrow (Der gebrochene Pfeil)
USA 1950
Regie: Delmer Daves
Drehbuch: Michael Blankfort, nach dem Roman *Blood Brother*
              von Elliott Arnold
Darsteller: James Stewart, Jeff Chandler, Debra Paget, Basil
              Ruysdael, Will Geer

Wagonmaster (Westlich St. Louis)
USA 1950
Regie: John Ford
Drehbuch: Frank Nugent, Patrick Ford
Darsteller: Ben Johnson, Harry Carey jr., Joanne Dru, Ward
              Bond

Winchester 73 (Winchester 73)
USA 1950
Regie: Anthony Mann
Drehbuch: Robert L. Richards, Borden Chase, nach einer Story
              von Stuart N. Lake
Kamera: William Daniels
Musik: Joseph Gershenson
Darsteller: James Stewart, Shelley Winters, Dan Duryea, Stephen
              McNally

The Gunfighter (Der Scharfschütze, auch: Scharfschütze Jimmy
Ringo)
USA 1950
Regie: Henry King
Drehbuch: William Bowers, William Sellers, nach einer Story von
              William Bowers und André De Toth
Kamera: Arthur Miller
Darsteller: Gregory Peck, Helen Westcott, Millard Mitchell, Jean
              Parker, Mae Marsh

Along the Great Divide (Den Hals in der Schlinge)
USA 1951
Regie: Raoul Walsh

So recht will es noch nicht klappen mit dem Schießen: ›Westward the Women‹

Drehbuch: Walter Doniger, Lewis Meltzer, nach dem gleichnamigen Roman von Walter Doniger

Kamera: Sid Hickox

Musik: David Buttolph

Darsteller: Kirk Douglas, Virginia Mayo, Walter Brennan, John Agar

Westward the Women (Karawane der Frauen)

USA 1951

Regie: William A. Wellman

Drehbuch: Charles Schnee

Kamera: William Mellor

Darsteller: Robert Taylor, John McIntire, Denise Darcel, Marilyn Erskine, Hope Emerson

Gregory Peck als Jimmy Ringo in ›The Gunfighter‹

Distant Drums (Die Teufelsbrigade)
USA 1951
Regie: Raoul Walsh
Drehbuch: Niven Busch, Martin Rakkin
Kamera: Sid Hickox
Musik: Max Steiner
Darsteller: Gary Cooper, Mari Aldon, Richard Webb, Ray Real,
              Arthur Hunnicutt

Across the Wide Missouri (Colorado)
USA 1951
Regie: William A. Wellman
Drehbuch: Talbot Jennings, Frank Cavett, nach dem gleichnamigen Buch von Bernard De Voto
Kamera: William Mellor
Musik: David Raksin
Darsteller: Clark Gable, Ricardo Montalban, John Hodiak, Adolphe Menjou, Maria Elena Marques

Man in the Saddle (Mann im Sattel)
USA 1951
Regie: André De Toth
Drehbuch: Kenneth Garnet, nach dem gleichnamigen Roman von Ernest Haycox
Kamera: Charles Lawton jr.
Musik: Morris Stoloff
Darsteller: Randolph Scott, Joan Leslie, Ellen Drew, Alexander Knox, John Russell

High Noon (Zwölf Uhr Mittags)
USA 1952
Regie: Fred Zinnemann
Drehbuch: Carl Foreman, nach der Erzählung *The Tin Star* von John W. Cunningham
Kamera: Floyd Crosby
Musik: Dimitri Tiomkin
Darsteller: Gary Cooper, Grace Kelly, Lloyd Bridges, Katy Jurado, Thomas Mitchell

The Big Sky (Weiter Himmel, früher: Das Geheimnis der Indianerin, auch: Flußpiraten am Missouri, Trapper am Missouri, Weiter Horizont)
USA 1952
Regie: Howard Hawks
Drehbuch: Dudley Nichols, nach dem gleichnamigen Roman von A. B. Guthrie jr.
Kamera: Russell Harlan

Gary Cooper und Grace Kelly in ›High Noon‹

Musik: Dimitri Tiomkin
Darsteller: Kirk Douglas, Dewey Martin, Elizabeth Threatt,
            Arthur Hunnicutt, Buddy Bear

Battle at Apache Pass (Schlacht am Apachenpaß)
USA 1952
Regie: George Sherman
Drehbuch: Gerald Drayson Adams
Kamera: Charles P. Boyle

Musik: Hans J. Salter
Darsteller: Jeff Chandler, John Lund, Susan Cabot, Bruce Cow-
           ling, Beverly Tyler

Hondo (Man nennt mich Hondo)
USA 1953
Regie: John Farrow
Drehbuch: James Edward Grant, nach dem gleichnamigen Roman
           von Louis L'Amour
Kamera: Robert Burks, Archie Stout
Musik: Emil Newman, Hugo Friedhofer
Darsteller: John Wayne, Geraldine Page, Ward Bond, Michael
           Pate, James Arness

Shane (Mein großer Freund Shane)
USA 1953
Regie: George Stevens
Drehbuch: A. B. Guthrie jr., Jack Sher, nach dem gleichnamigen
           Roman von Jack Schaefer
Kamera: Loyal Griggs
Musik: Victor Young
Darsteller: Alan Ladd, Jean Arthur, Van Heflin, Brandon De Wil-
           de, Jack Palance

Arrowhead (Die Bestie der Wildnis)
USA 1953
Regie: Charles Marquis Warren
Drehbuch: Charles Marquis Warren, nach einem Roman von
           W. R. Burnett
Kamera: Ray Rannahan
Musik: Paul Sawtell
Darsteller: Charlton Heston, Jack Palance, Katy Jurado, Brian
           Keith, Mary Sinclair

The Naked Spur (Nackte Gewalt)
USA 1953
Regie: Anthony Mann
Drehbuch: Sam Rolfe, Harold Jack Bloom

Kamera: William Mellor
Musik: Bronislau Kaper
Darsteller: James Stewart, Robert Ryan, Janet Leigh, Ralph
            Meeker, Millard Mitchell

River of No Return (Fluß ohne Wiederkehr)
USA 1954
Regie: Otto Preminger
Drehbuch: Frank Fenton, nach einer Story von Louis Lantz
Kamera: Joseph La Shelle
Musik: Cyril Mockridge
Darsteller: Robert Mitchum, Marylin Monroe, Rory Calhoun,
            Tommy Rettig, Murvyn Vye

Robert Mitchum und Marilyn Monroe in ›River of no Return‹

Vera Cruz (Vera Cruz)
USA 1954
Regie: Robert Aldrich
Drehbuch: Roland Kibee, James R. Webb, nach einer Story von
             Borden Chase
Kamera: Ernest Laszlo
Musik: Hugo Friedhofer
Darsteller: Gary Cooper, Burt Lancaster, Denise Darcel, Cesar
             Romero, Sarita Montiel

Broken Lance (Arizona, früher: Die gebrochene Lanze)
USA 1954
Regie: Edward Dmytryk
Drehbuch: Richard Murphy, nach einer Story von Philip Yordan

Ronald Reagan und Barbara Stanwyck in ›Cattle Queen of Montana‹

Burt Lancaster und Jean Simmons in ›Apache‹

Kamera: Joe MacDonald
Musik: Leigh Harline
Darsteller: Spencer Tracy, Robert Wagner, Jean Peters, Richard
            Widmark, Katy Jurado

Cattle Queen of Montana (Königin der Berge)

USA 1954
Regie: Allan Dwan
Drehbuch: Robert Blees, Howard Estabrook, nach einer Story
            von Thomas Blackburn
Kamera: John Alton
Musik: Louis Forbes
Darsteller: Barbara Stanwyck, Ronald Reagan, Gene Evans,
            Lance Fuller, Anthony Caruso

›The Tall Man‹: Jane Russell und Clark Gable

Apache (Der große Apache, auch: Massai)
USA 1954
Regie: Robert Aldrich
Drehbuch: James R. Webb, nach dem Roman *Broncho Apache*
           von Paul J. Wellman
Kamera: Ernest Laszlo
Musik: David Raksin
Darsteller: Burt Lancaster, Jean Peters, John McIntire, Charles
           Buchinsky (später: Charles Bronson)

Wichita (Wichita)
USA 1955
Regie: Jacques Tourneur
Drehbuch: Daniel B. Ullmann
Kamera: Harold Lipstein
Musik: Hans J. Salter

Darsteller: Joel McCrea, Vera Miles, Lloyd Bridges, Wallace Ford, Edgar Buchanan

The Tall Men (Drei Rivalen)
USA 1955
Regie: Raoul Walsh
Drehbuch: Sidney Boehm, Frank Nugent, nach dem gleichnamigen Roman von Clay Fisher
Kamera: Leo Tover
Musik: Victor Young
Darsteller: Clark Gable, Jane Russell, Robert Ryan, Cameron Mitchell, Juan Garcia

The Man from Laramie (Der Mann aus Laramie)
USA 1955
Regie: Anthony Mann

›The Man from Laramie‹: links vorne James Stewart

285

Drehbuch: Philip Jordan, Frank Burt, nach einer Saturday
Evening Post-Erzählung von Thomas T. Flynn
Kamera: Charles Lang
Musik: George Duning
Darsteller: James Stewart, Arthur Kennedy, Donald Crisp, Cathy
O'Donnell

The Far Country (Über den Todespaß)
USA 1955
Regie: Anthony Mann
Drehbuch: Borden Chase
Kamera: William Daniels
Musik: Joseph Gershenson
Darsteller: James Stewart, Ruth Roman, Corinne Calvet, Walter
Brennan, John McIntire

›Man Without a Star‹: Kirk Douglas als Kämpfer für das Recht

James Stewart in ›The Far Country‹

Man Without A Star (Mit stahlharter Faust)
USA 1955
Regie: King Vidor
Drehbuch: Borden Chase, D. D. Beauchamp, nach einem Roman
          von Dee Linford

›Run of the Arrow‹: Rod Steiger wird vom Häuptling der Ogalala-Sioux mit Sarita Montiel getraut

Kamera: Russell Metty
Musik: Joseph Gershenson
Darsteller: Kirk Douglas, Jeanne Crain, Claire Trevor, William
            Campbell, Jay C. Flippen

Run of the Arrow (Hölle der tausend Martern)
USA 1956
Regie: Samuel Fuller
Drehbuch: Samuel Fuller
Kamera: Joseph Biroc
Musik: Victor Young
Darsteller: Rod Steiger, Sarita Montiel, Brian Keith, Ralph Mee-
            ker, Jay C. Flippen

288

The Searchers (Der schwarze Falke)
USA 1956
Regie: John Ford
Drehbuch: Frank S. Nugent, nach dem Roman *The Search* von
            Alan LeMay
Kamera: Winton C. Hoch
Musik: Max Steiner
Darsteller: John Wayne, Jeffrey Hunter, Vera Miles, Ward Bond,
            Natalie Wood

The Last Wagon (Der letzte Wagen)
USA 1956
Regie: Delmer Daves
Drehbuch: James Edward Grant, Delmer Daves, Gwen Bagni
            Gielgud, nach einer Story von Gwen Bagni Gielgud
Kamera: Wilfried Cline
Musik: Lionel Newman
Darsteller: Richard Widmark, Felicia Farr, Susan Kohner, Tom-
            my Rettig, Stephanie Griffin

3:10 to Yuma (Zähl bis drei und bete)
USA 1957
Regie: Delmer Daves
Drehbuch: Halsted Welles, nach einer Story von Elmore Leonard
Kamera: Charles Lawton jr.
Musik: George Duning
Darsteller: Glenn Ford, Van Heflin, Felicia Farr, Leora Dana,
            Henry Jones

Gunfight at the O. K. Corral (Zwei rechnen ab)
USA 1957
Regie: John Sturges
Drehbuch: Leon Uris, nach einem Zeitschriftenartikel von Geor-
            ge Scullin
Kamera: Charles Lang jr.
Musik: Dimitri Tiomkin
Darsteller: Burt Lancaster, Kirk Douglas, Rhonda Fleming, Joe
            Van Fleet, John Ireland

›*Gunfight at the O.K. Corral*‹

The Sheepman (Colorado City, früher: In Colorado ist der Teufel los)
USA 1958
Regie: George Marshall
Drehbuch: William Bowers, James Edward Grant, William Roberts
Kamera: Robert Bronner
Musik: Jeff Alexander
Darsteller: Glenn Ford, Shirley MacLaine, Leslie Nielsen, Mickey Shaughnessy

The Big Country (Weites Land)
USA 1958
Regie: William Wyler
Drehbuch: James R. Webb, Sy Bartlett, Robert Wilder, Jessamyn West, nach dem Roman *Ambush at Blanco Canyon* von Daniel Hamilton
Kamera: Franz Planer

Darsteller: Gregory Peck, Jean Simmons, Carroll Baker, Charlton Heston, Burl Ives

Man of the West (Der Mann aus dem Westen)
USA 1958
Regie: Anthony Mann
Drehbuch: Reginald Rose, nach dem Roman *The Border Jumpers* von Will C. Brown
Kamera: Ernest Haller
Musik: Leigh Harline
Darsteller: Gary Cooper, Julie London, Lee J. Cobb, Arthur O'Connell, Jack Lord

Lee J. Cobb, Gary Cooper und Julie London in ›The Man of the West‹

The Left-Handed Gun (Billy the Kid, früher: Einer muß dran glauben)
USA 1958

Regie: Arthur Penn
Drehbuch: Leslie Stevens, nach dem Fernsehspiel *The Death of Billy the Kid* von Gore Vidal
Kamera: J. Peverell
Musik: Alexander Courag, unter Verwendung eines Liedes von William Goyen und Alexander Courage
Darsteller: Paul Newman, Lita Milan, John Dehner, Hurt Hatfield, James Congdon

One-Eyed Jacks (Der Besessene)
USA 1959

Regie: Marlon Brando
Drehbuch: Guy Trosper, Calder Willingham, nach dem Roman *The Authentic Death of Henry Jones* von Charles Neider
Kamera: Charles Lang jr.
Musik: Hugo Friedhofer
Darsteller: Marlon Brando, Karl Malden, Katy Jurado, Pina Pellicer, Slim Pickens

The Horse Soldiers (Der letzte Befehl)
USA 1959

Regie: John Ford
Drehbuch: John Lee Mahin, Martin Rackin, nach dem gleichnamigen Roman von Harold Sinclair
Kamera: William Clothier
Musik: David Buttolph
Darsteller: John Wayne, William Holden, Constance Towers, Althea Gibson, Hoot Gibson

They Came to Cordura (Sie kamen nach Cordura)
USA 1959

Regie: Robert Rossen
Drehbuch: Ivan Moffat, Robert Rossen, nach dem gleichnamigen Roman von Glendon Swarthout

›Warlock‹, hier eine Szene mit Richard Widmark

Kamera: Burnette Guffey
Musik: Elie Siegmeister
Darsteller: Gary Cooper, Rita Hayworth, Van Heflin, Tab Hunter, Richard Conte

The Hanging Tree (Der Galgenbaum, auch: Rivalen am Gold River)
USA 1959
Regie: Delmer Daves
Drehbuch: Wendell Mayes, Halstead Welles, nach dem gleichnamigen Roman von Dorothy M. Johnson
Kamera: Ted McCord
Musik: Max Steiner

Darsteller: Gary Cooper, Maria Schell, Karl Malden, Ben Piazza, George C. Scott

Ride Lonesome (Auf eigene Faust)
USA 1959
Regie: Budd Boetticher
Drehbuch: Burt Kennedy
Kamera: Charles Lawton jr.
Musik: Heinz Roemheld
Darsteller: Randolph Scott, Karen Steele, Pernell Roberts, James Best

Warlock (Warlock, auch: Der Mann mit den goldenen Colts)
USA 1959
Regie: Edward Dmytryk
Drehbuch: Robert Alan Arthur, nach dem gleichnamigen Roman von Oakley Hill
Kamera: Joe MacDonald
Musik: Leigh Harline
Darsteller: Richard Widmark, Henry Fonda, Anthony Quinn, Dorothy Malone, Dolores Michaels

The Hangman (Der Henker)
USA 1959
Regie: Michael Curtiz
Drehbuch: Dudley Nichols, nach einer Erzählung von Luke Short
Kamera: Loyal Griggs
Musik: Harry Lukman
Darsteller: Robert Taylor, Tina Louisa, Fess Parker, Jack Lord, Mickey Shaughnessy

Last Train from Gun Hill (Der letzte Zug von Gun Hill)
USA 1959
Regie: John Sturges
Drehbuch: James Poe
Kamera: Charles Lang
Darsteller: Kirk Douglas, Anthony Quinn, Carolyn Jones, Earl Holliman, Brad Dexter

Robert Taylor in ›The Hangman‹

Rio Bravo (Rio Bravo)
USA 1959
Regie: Howard Hawks
Drehbuch: Jules Furthman, Leigh Brackett, nach einer Story von
              B. H. McCampbell
Kamera: Russell Harlan
Musik: Dimitri Tiomkin
Darsteller: John Wayne, Dean Martin, Ricky Nelson, Angie
              Dickinson, Walter Brennan

The Unforgiven (Denen man nicht vergibt)
USA 1960
Regie: John Huston
Drehbuch: Ben Maddow, nach dem gleichnamigen Roman von
             Alan LeMay
Kamera: Franz Planer

›*The Magnificent Seven*‹: *Steve McQueen, James Coburn, Horst Buchholz, Yul Brynner, Brad Dexter, Robert Vaughn und Charles Bronson*

Musik: Dimitri Tiomkin
Darsteller: Burt Lancaster, Audrey Hepburn, Audie Murphy,
               John Saxon, Charles Bickford

North to Alaska (Land der tausend Abenteuer)
USA 1960
Regie: Henry Hathaway
Drehbuch: John Lee Mahen, Martin Rackin, Claude Binyon, nach
            dem Bühnenstück *Birthday Gift* von Lazlo Fodor und
            einer Story von John Kafka
Kamera: Leon Shamroy
Musik: Lionel Newman
Darsteller: John Wayne, Stewart Granger, Capucine, Fabian,
            Ernie Kovacs

The Magnificent Seven (Die Glorreichen Sieben)
USA 1960
Regie: John Sturges
Drehbuch: William Roberts, Walter Newman, nach dem Film *Die
            sieben Samurai,* geschrieben von Shinobu Hashinoto,
            Hideo Oguni und Akira Kurosawa, inszeniert von Ku-
            rosawa
Kamera: Charles Lang jr.
Musik: Elmer Bernstein
Darsteller: Yul Brynner, Eli Wallach, Steve McQueen, Horst
            Buchholz, Charles Bronson

Comanche Station (Einer gibt nicht auf)
USA 1960
Regie: Budd Boetticher
Drehbuch: Burt Kennedy
Kamera: Charles Lawton jr.
Musik: Mischa Balaleinikoff
Darsteller: Randolph Scott, Nancy Gates, Claude Akins, Skip
            Homeier, Richard Dust

The Alamo (Alamo)
USA 1960
Regie: John Wayne
Drehbuch: James Edward Grant
Kamera: William Clothier
Musik: Dimitri Tiomkin

›Comanche Station‹: Randolph Scott gibt nicht auf

Darsteller: John Wayne, Richard Widmark, Laurence Harvey, Richard Boone, Frankie Avalon

Ride the High Country (Sacramento)
USA 1961
Regie: Sam Peckinpah
Drehbuch: N. B. Stone jr.
Kamera: Lucien Ballard
Musik: George Bassman
Darsteller: Randolph Scott, Joel McCrea, Ronald Starr, Mariette Hartley

The Man Who Shot Liberty Valance (Der Mann, der Liberty Valance erschoß)
USA 1961
Regie: John Ford
Drehbuch: James Warner Bellah, Willis Goldbeck, nach einer Erzählung von Dorothy M. Johnson
Kamera: William H. Clothier
Musik: Cyril J. Mockridge
Darsteller: James Stewart, John Wayne, Vera Miles, Lee Marvin, Edmond O'Brien

The Deadly Companions (Gefährten des Todes)
USA 1961
Regie: Sam Peckinpah
Drehbuch: A. S. Fleischman, nach seinem gleichnamigen Roman
Kamera: William H. Clothier
Musik: Marlin Skiles
Darsteller: Maureen O'Hara, Brian Keith, Steve Cochran, Chill Wills, Strather Martin

Two Rode Together (Zwei ritten zusammen)
USA 1961
Regie: John Ford
Drehbuch: Frank Nugent, nach dem Roman *Comanche Captives* von Will Cook
Kamera: Charles Lawton jr.
Musik: George Duning
Darsteller: James Stewart, Richard Widmark, Shirley Jones, Linda Cristal, Andy Devine

Der Schatz im Silbersee
BRD/Jugoslawien 1962
Regie: Harald Reinl
Drehbuch: Harald G. Petersson, nach dem gleichnamigen Roman von Karl May
Kamera: Ernst W. Kalinke
Musik: Martin Böttcher
Darsteller: Lex Barker, Pierre Brice, Götz George, Herbert Lom, Karin Dor

How the West Was Won (Das war der Wilde Westen)
USA 1962
Regie: John Ford, Henry Hathaway, George Marshal
Drehbuch: James R. Webb
Kamera: Joseph La Shelle, William Daniels, Charles Lang jr.
Musik: Alfred Newman
Darsteller: John Wayne, James Stewart, Richard Widmark, Gregory Peck, George Peppard

The Comancheros (Die Comancheros)
USA 1962
Regie: Michael Curtiz
Drehbuch: James Edward Grant, Clair Huffaker, nach dem gleichnamigen Roman von Paul I. Wellman

›Two Rode Together‹: Richard Widmark und James Stewart

Kamera: William H. Clothier
Musik: Elmer Bernstein
Darsteller: John Wayne, Stuart Whitman, Ina Balin, Nehemiah
            Persoff, Lee Marvin

Hud (Der Wildeste unter Tausend)
USA 1962
Regie: Martin Ritt
Drehbuch: Irving Ravetch, Harriett Frank jr., nach einem Roman
            von Larry McMurty
Kamera: James Wong Howe
Musik: Elmer Bernstein
Darsteller: Paul Newman, Melvyn Douglas, Patricia Neal, Bran-
            don De Wilde, Whit Bissell

Lonely Are the Brave (Einsam sind die Tapferen)
USA 1962
Regie: David Miller
Drehbuch: Dalton Trumbo, nach dem Roman *Brave Cowboy* von
            Edward Abbey
Kamera: Phil Lathrop
Musik: Jerry Goldsmith
Darsteller: Kirk Douglas, Walter Matthau, Gena Rowlands,
            Michael Kane, George Kennedy

Four for Texas (Vier für Texas)
USA 1963
Regie: Robert Aldrich
Drehbuch: Teddi Sherman, Robert Aldrich
Kamera: Ernest Laszlo
Musik: Nelson Riddle
Darsteller: Frank Sinatra, Dean Martin, Ursula Andress, Anita
            Ekberg, Charles Bronson

Winnetou I
BRD/Jugoslawien 1963
Regie: Harald Reinl
Drehbuch: Harald G. Petersson, nach dem gleichnamigen Roman
            von Karl May

Kirk Douglas in seiner eigenen Produktion ›Lonely Are the Brave‹

Kamera: Ernst W. Kalinke
Musik: Martin Böttcher
Darsteller: Lex Barker, Pierre Brice, Mario Adorf, Marie Versini,
            Ralf Wolter

Winnetou II (Vinetu II/Der Schatz der blauen Berge)
BRD/Jugoslawien 1964
Regie: Harald Reinl
Drehbuch: Harald G. Petersson
Kamera: Ernst W. Kalinke
Musik: Martin Böttcher
Darsteller: Lex Barker, Pierre Brice, Karin Dor, Anthony Steele,
          Klaus Kinski

Invitation to a Gunfighter (Treffpunkt für zwei Pistolen)
USA 1964
Regie: Richard Wilson
Drehbuch: Elizabeth und Richard Wilson, nach einer Story von
          Hal Goodman und Larry Klein
Kamera: Joe McDonald
Musik: David Raksin
Darsteller: Yul Brynner, George Segal, Janice Rule, Brad Dexter,
          Alfred Ryder

Per Un Pugno Di Dollari (Für eine Handvoll Dollar)
Italien/BRD/Spanien 1964
Regie: Sergio Leone
Drehbuch: Sergio Leone, Duccio Tessari, nach dem japanischen
          Film *Yojimbo*
Kamera: Massimo Dallamano
Musik: Ennio Morricone
Darsteller: Clint Eastwood, Marianne Koch, Gian Maria Volonté,
          Sieghardt Rupp

Cheyenne Autumn (Cheyenne)
USA 1964
Regie: John Ford
Drehbuch: James R. Webb, nach dem gleichnamigen Buch von
          Mari Sandoz
Kamera: William Clothier
Musik: Alex North
Darsteller: Richard Widmark, Carroll Baker, James Stewart,
          Edward G. Robinson, Karl Malden

Der Ölprinz

BRD/Jugoslawien 1965
Regie: Harald Philip
Drehbuch: Fred Denger, Harald Philip, nach dem gleichnamigen
           Roman von Karl May
Kamera: Heinz Hölscher

Marianne Koch und Clint Eastwood in ›Per un puguo di Dollari‹

Musik: Martin Böttcher
Darsteller: Stewart Granger, Pierre Brice, Macha Meril, Harald
            Leipnitz, Mario Girotti (= Terence Hill)

Per Qualche Dollaro in Piu (Für ein paar Dollar mehr)
Italien/BRD/Spanien 1965
Regie: Sergio Leone
Drehbuch: Sergio Leone, Luciano Vincenzoni
Kamera: Massimo Dallamano
Musik: Ennio Morricone
Darsteller: Clint Eastwood, Lee Van Cleef, Gian Maria Volonté,
            Klaus Kinski

Cat Ballou (Cat Ballou)
USA 1965
Regie: Elliot Silverstein
Drehbuch: Walter Newman, Frank Pierson, nach dem Roman *The
            Ballad of Cat Ballou* von Roy Chanslor
Musik: Frank de Vol
Kamera: Jack Marta
Darsteller: Jane Fonda, Lee Marvin, Michael Callan, Dwayne
            Hickman, Nat King Cole

The Sons of Katie Elder (Die vier Söhne der Katie Elder)
USA 1965
Regie: Henry Hathaway
Drehbuch: William H. Wright, Allan Weiss, Harry Essex, nach
            einer Story von Talbot Jennings
Kamera: Lucien Ballard
Musik: Elmer Bernstein
Darsteller: John Wayne, Dean Martin, Michael Anderson jr., Earl
            Holliman, Martha Hyer

Winnetou III
BRD/Jugoslawien 1965
Regie: Harald Reinl
Drehbuch: Harald G. Petersson, J. Joachim Bartsch, nach dem
            gleichnamigen Roman von Karl May

Auf den sturzbetrunkenen Marvin Lee kann Cat Ballou bestimmt nicht bauen

Kamera: Ernest W. Kalinke
Musik: Martin Böttcher
Darsteller: Lex Barker, Pierre Brice, Rik Battaglia, Ralf Wolter,
             Carl Lange

Il Buono, Il Brutto, Il Cattivo (Zwei glorreiche Halunken)
Italien 1966
Regie: Sergio Leone
Drehbuch: Age & Scarpelli, Luciano Vincenzoni und Sergio Leo-
ne, nach einer Idee von Luciano Vincenzoni und Sergio
Leone

Lee Van Cleef in ›Il buono, il bruto, il cattivo‹

Kamera: Tonio Delli Colli
Musik: Ennio Morricone
Darsteller: Clint Eastwood, Eli Wallach, Lee Van Cleef

The Professionals (Die gefürchteten Vier)
USA 1966
Regie: Richard Brooks
Drehbuch: Richard Brooks, nach dem Roman *A Mule for the Marquesa* von Frank O'Rourke
Kamera: Conrad Hall
Musik: Maurice Jarre
Darsteller: Burt Lancaster, Lee Marvin, Robert Ryan, Woody Strode, Claudia Cardinale

The Appaloosa (Südwest nach Sonora)
USA 1966
Regie: Sidney J. Furie
Drehbuch: James Bridges, Roland Kibbee, nach dem Roman *The Appaloosa* von Robert McLeod
Kamera: Russell Metty
Musik: Frank Skinner
Darsteller: Marlon Brando, Anjanette Comer, John Saxon, Rafael Campos, Miriam Colon

Alvarez Kelly (Alvarez Kelly)
USA 1966
Regie: Edward Dmytryk
Drehbuch: Franklin Coen
Kamera: Joe McDonald
Musik: John Green
Darsteller: William Holden, Richard Widmark, Janice Rule, Patrick O'Neal, Victoria Shaw

Nevada Smith (Nevada Smith)
USA 1966
Regie: Henry Hathaway
Drehbuch: John Michael Hayes, nach den Nevada-Smith-Episoden des Romans *The Carpetbaggers* von Harold Robbins

Steve McQueen und Arthur Kennedy in ›Nevada Smith‹

Kamera: Lucien Ballard
Musik: Alfred Newman
Darsteller: Steve McQueen, Karl Malden, Brian Keith, Suzanne
            Pleshette, Arthur Kennedy

Duel at Diablo (Duell in Diablo)
USA 1966
Regie: Ralph Nelson
Drehbuch: Marvin H. Albert, Michel H. Grilikhes, nach dem
            Roman *Apache Rising* von Marvin H. Albert
Kamera: Charles F. Wheeler
Musik: Neal Hefti
Darsteller: James Garner, Sidney Poitier, Bibi Anderson, Dennis
            Weaver, Bill Travers

Hour of the Gun (Die fünf Geächteten)
USA 1967
Regie: John Sturges
Drehbuch: Edward Anhalt
Kamera: Lucien Ballard
Musik: Jerry Goldsmith
Darsteller: James Garner, Jason Robards, Robert Ryan, Frank
            Converse, Sam Melville

Will Penny (Der Verwegene)
USA 1967
Regie: Tom Gries
Drehbuch: Tom Gries
Kamera: Lucien Ballard
Musik: David Raksin
Darsteller: Charlton Heston, Joan Hackett, Donald Pleasence,
            Lee Majors

Charlton Heston in ›Will Penny‹

Hombre (Man nannte ihn Hombre)
USA 1967
Regie: Martin Ritt
Drehbuch: Irving Ravetch, Harriet Frank jr., nach dem gleich-
           namigen Roman von Elmore Leonard
Musik: David Rose
Darsteller: Paul Newman, Frederic March, Richard Boone, Diane
           Cilento, Cameron Mitchell

Paul Newman als ›Hombre‹

James Caan lernt unter Anleitung John Waynes schießen: ›El Dorado‹

Firecreek (Die fünf Vogelfreien)
USA 1967
Regie: Vincent McEveety
Drehbuch: Calvin Clements
Kamera: William Clothier
Musik: Alfred Newman
Darsteller: James Stewart, Henry Fonda, Gary Lockwood, Dean
              Jagger, Ed Begley

El Dorado (El Dorado)
USA 1967
Regie: Howard Hawks
Drehbuch: Leigh Brackett, nach dem Roman *The Stars in their
              Courses* von Harry Brown
Kamera: Harold Rosson
Musik: Nelson Riddle
Darsteller: John Wayne, Robert Mitchum, James Caan, Charlene
              Holt, Michele Carey

313

Richard Widmark und Lola Albright in › The Way West‹

The Way West (Der Weg nach Westen)
USA 1967
Regie: Andrew V. McLaglen
Drehbuch: Ben Maddow, Mitch Lindeman, nach dem gleichnami-
             gen Roman von A. B. Guthrie jr.
Kamera: William H. Clothier
Musik: Bronislau Kaper
Darsteller: Kirk Douglas, Robert Mitchum, Richard Widmark,
             Lola Albright, Michael Whitney

The War Wagon (Die Gewaltigen)
USA 1967
Regie: Burt Kennedy
Drehbuch: Clair Huffaker, nach seinem Roman *Badman*
Kamera: William H. Clothier
Musik: Dimitri Tiomkin
Darsteller: John Wayne, Kirk Douglas, Howard Keel, Robert
             Walker, Keenan Wynn

Hang 'Em High (Hängt ihn höher)
USA 1967
Regie: Ted Port
Drehbuch: Leonhard Freeman, Mel Goldberg
Kamera: Richard Kline
Musik: Dominic Frontiere
Darsteller: Clint Eastwood, Inger Stevens, Ed Begley, Pat Hingle,
             Arlene Golonka

C'era Una Volta Il West (Spiel mir das Lied vom Tod)
Italien 1968
Regie: Sergio Leone
Drehbuch: Sergio Leone, Sergio Donati, nach einer Story von
             Dario Argento, Bernardo Bertolucci, Sergio Leone

›Hang'Em High‹

Kamera: Tonino Delli Colli
Musik: Ennio Morricone
Darsteller: Henry Fonda, Claudia Cardinale, Jason Robards,
            Charles Bronson, Frank Wolff

Bandolero (Bandolero)
USA 1968
Regie: Andrew V. McLaglen
Drehbuch: James Lee Barrett, nach einer Story von Stanley L.
            Hough
Kamera: William Clothier
Musik: Jerry Goldsmith
Darsteller: James Stewart, Dean Martin, Raquel Welch, George
            Kennedy

Eva Marie Saint lebt in ›The Stalking Moon‹ unter Indianern, links von ihr
der Halbblutsohn (Noland Clay)

316

The Stalking Moon (Der große Schweiger)
USA 1968
Regie: Robert Mulligan
Drehbuch: Alvin Sargent, Wendell Mayes, nach dem gleichnami-
            gen Roman von Theodore V. Olsen
Kamera: Charles Lang
Musik: Fred Karlin
Darsteller: Gregory Peck, Eva Marie Saint, Robert Forster,
            Noland Clay

Shalako (Shalako)
USA 1968
Regie: Edward Dmytryk
Drehbuch: J. H. Griffith, Hal Hopper, Scot Finch, nach dem
            gleichnamigen Roman von Louis L'Amour
Kamera: Ted Moore
Musik: Robert Farnon
Darsteller: Sean Connery, Brigitte Bardot, Stephen Boyd, Jack
            Hawkins, Peter Van Eyck

Il grande silenzio/Le grand silence (Leichen pflastern seinen
Weg)
Italien/Frankreich 1968
Regie: Sergio Corbucci
Drehbuch: Sergio Corbucci, Mario Amendola, Vittoriani Petrilli,
            Bruno Corbucci
Kamera: Silvano Ippoliti
Musik: Ennio Morricone
Darsteller: Jean-Louis Trintignant, Klaus Kinski, Frank Wolff,
            Luigi Pistilli

Support Your Local Sheriff (Auch ein Sheriff braucht mal Hilfe)
USA 1968
Regie: Burt Kennedy
Drehbuch: William Bowers
Kamera: Harry Stradling jr.
Musik: Jeff Alexander
Darsteller: James Garner, Joan Hackett, Walter Brennan, Harry
            Morgan, Jack Elam

Death of a Gunfighter (Frank Patch – Deine Stunden sind gezählt)
Regie: Robert Totten, Don Siegel
Drehbuch: Joseph Calvelli, nach dem gleichnamigen Roman von
                Lewis B. Patten
Kamera: Andrew Jackson
Musik: Oliver Nelson
Darsteller: Richard Widmark, Lena Horne, John Saxon, Michael
                McGreevy, Darleen Carr

Tell Them Willie Boy Is Here (Blutige Spur)
USA 1969
Regie: Abraham Polonsky
Drehbuch: Abraham Polonsky, nach dem Roman *Willie Boy* von
                Harry Lawton
Kamera: Conrad Hall
Musik: Dave Grusin
Darsteller: Robert Redford, Katharine Ross, Robert Blake, Susan
                Clark, Barry Sullivan

John Wayne in der Glanzrolle des ›Rooster‹ Cogburn in ›True Grit‹

›Tell Them Willie Boy Is Here‹: Katherine Ross und Robert Redford

True Grit (Der Marshal)
USA 1969
Regie: Henry Hathaway
Drehbuch: Marguerite Roberts, nach dem gleichnamigen Roman
            von Charles Portis
Kamera: Lucien Ballard
Musik: Elmer Bernstein
Darsteller: John Wayne, Kim Darby, Glen Campbell, Jeremy
            Slate

Two Mules for Sister Sara (Ein Fressen für die Geier)
USA 1969
Regie: Don Siegel
Drehbuch: Albert Maltz
Kamera: Gabriel Figueroa
Musik: Ennio Morricone
Darsteller: Shirley MacLaine, Clint Eastwood, Manola Fabregas,
            Alberto Morin, Armando Silvestre

A Man Called Horse (Ein Mann, den sie Pferd nannten)
USA 1970
Regie: Elliot Silverstein
Drehbuch: Jack De Witt, nach einer Story von Dorothy M. John-
            son
Kamera: Robert Houser
Musik: Leonard Rosenmann
Darsteller: Richard Harris, Judith Anderson, Jean Gascon, Manu
            Tupau

Chisum (Chisum)
USA 1970
Regie: Andrew V. MacLaglen
Drehbuch: Andrew J. Fenady
Kamera: William H. Clothier
Musik: Dominiz Frontiere
Darsteller: John Wayne, Forrest Tucker, Christopher George,
            Ben Johnson, Glenn Corbet

There Was a Crooked Man (Zwei dreckige Halunken)
USA 1970
Regie: Joseph L. Mankiewicz
Drehbuch: David Newman, Robert Benton
Kamera: Harry Stardling jr.
Musik: Charles Strouse
Darsteller: Kirk Douglas, Henry Fonda, Hume Cronyn, Warren
            Oates

Monte Walsh (Monte Walsh)

USA 1970

Regie: William A. Fraker

Drehbuch: David Z. Goodman, Lukas Heller, nach dem gleichnamigen Roman von Jack Schaefer

Kamera: David M. Walsh

Musik: John Barry

Darsteller: Lee Marvin, Jeanne Moreau, Jack Palance, Mitch Ryan, Jim Davis

Clint Eastwood verschanzt sich hinter Shirley McLaine in › Two Mules for Sister Sara ‹

McCabe and Mrs. Miller (McCabe & Mrs. Miller)
USA 1970
Regie: Robert Altmann
Drehbuch: Robert Altmann, Brian McKay, nach dem Roman
            McCabe von Edmund Naughton
Kamera: Vilmos Zsigmond
Musik: Lieder von Leonard Cohen, gesungen von Leonard
            Cohen
Darsteller: Warren Beatty, Julie Christie, René Auberjonois,
            Hugh Millais, Shelley Duvall

The Ballad of Cable Hogue (Abgerechnet wird zum Schluß)
USA 1970
Regie: Sam Peckinpah
Drehbuch: John Crawford, Edmund Penney
Kamera: Lucien Ballard
Musik: Jerry Goldsmith
Darsteller: Jason Robards, Stella Stevens, David Warner,
            Strother Martin, Slim Pickens

Soldier Blue (Das Wiegenlied vom Totschlag)
USA 1970
Regie: Ralph Nelson
Drehbuch: John Gay, nach dem Roman *Arrow in the Sun* von
            Theodore V. Olsen
Kamera: Robert Hauser
Musik: Roy Budd
Darsteller: Candice Bergen, Peter Strauss, Donald Pleasence,
            Bob Carraway, Jorge Rivero

Los Chiamavano Trinita (Die rechte und die linke Hand des
Teufels)
Italien 1970
Regie: E. B. Clucher
Drehbuch: E. B. Clucher
Kamera: Aldo Giordani
Musik: Franco Micalizzi
Darsteller: Terence Hill, Bud Spencer, Farley Granger, Steven
            Zacharias, Dan Sturkie

Rio Lobo (Rio Lobo)
USA 1970
Regie: Howard Hawks
Drehbuch: Burton Wohl, Leigh Brackett, nach einer Story von
            Burton Wohl
Kamera: William H. Clothier
Musik: Jerry Goldsmith
Darsteller: John Wayne, Jorge Rivero, Jennifer O'Neill, Jack
            Elam

Little Big Man (Little Big Man)
USA 1970
Regie: Arthur Penn
Drehbuch: Calder Willingham, nach dem gleichnamigen Roman
            von Thomas Berger
Kamera: Harry Stradling jr.
Musik: John Hammond
Darsteller: Dustin Hoffman, Faye Dunaway, Martin Balsam,
            Richard Mulligan, Dan George

Big Jake (Big Jake)
USA 1971
Regie: George Sherman
Drehbuch: Harry Julian Fink
Kamera: William H. Clothier
Musik: Elmer Bernstein
Darsteller: John Wayne, Richard Boon, Patrick Wayne, Maureen
            O'Hara, Christopher Mitchum

Valdez is Coming (Valdez)
USA 1971
Regie: Edwin Sherrin
Drehbuch: Roland Kibbee, David Rayfield, nach dem gleichnami-
            gen Roman von Elmore Leonard
Kamera: Gabor Pogany
Musik: Charles Gross
Darsteller: Burt Lancaster, Susan Clark, Jon Cypher, Barton
            Heyman, Richard Jordan

Ulzana's Raid (Keine Gnade für Olzana)
USA 1972
Regie: Robert Aldrich
Drehbuch: Alan Sharp
Kamera: Joseph Biroz
Musik: Frank DeVol
Darsteller: Burt Lancaster, Bruce Davidson, Jorge Luke, Richard
            Jaeckel, Joaquin Martinez

The Life and Times of Judge Roy Bean (Das war Roy Bean)
USA 1972
Regie: John Huston
Drehbuch: John Milius
Kamera: Richard Moore
Musik: Maurice Jarre
Darsteller: Paul Newman, Jacqueline Bisset, Ava Gardner, Tab
            Hunter, John Huston

Robert Redford in ›Jeremiah Johnson‹

Junior Bonner (Junior Bonner)
USA 1972
Regie: Sam Peckinpah
Drehbuch: Jeb Rosebrook
Kamera: Lucien Ballard
Musik: Jerry Fielding
Darsteller: Steve McQueen, Robert Preston, Ida Lupino, Joe Don
                 Baker, Barbara Leigh

Chato's Land (Chato's Land)
USA 1972
Regie: Michael Winner
Drehbuch: Gerald Wilson
Kamera: Robert Painter
Musik: Jerry Fielding
Darsteller: Charles Bronson, Jack Palance, Richard Basehart,
                 James Whitmore, Simon Oakland

Jeremiah Johnson (Jeremiah Johnson)
USA 1972
Regie: Sydney Pollack
Drehbuch: John Milius, Edward Anhalt, nach dem Roman *Moun-
                 tain Man* von Vardis Fisher und der Story *Crow Killer*
                 von Raymond W. Thorp und Robert Bunker
Kamera: Andrew Callaghan
Musik: John Rubinstein, Tim McIntire
Darsteller: Robert Redford, Will Geer, Stefan Gierasch, Allyn
                 Ann McLerie

Joe Kidd (Sinola)
USA 1972
Regie: John Sturges
Drehbuch: Elmore Leonard
Kamera: Bruce Surtees
Musik: Lalo Schifrin
Darsteller: Clint Eastwood, Robert Duvall, John Saxon, Don
                 Stroud, Stella Garcia

The Train Robbers (Dreckiges Gold)
USA 1972
Regie: Burt Kennedy
Drehbuch: Burt Kennedy
Kamera: William H. Clothier
Musik: Dominic Frontiere
Darsteller: John Wayne, Ann-Margret, Rod Taylor, Ben Johnson,
            Christopher George

The Cowboys (Die Cowboys)
USA 1972
Regie: Mark Rydell
Drehbuch: Irving Ravetch, Harriet Frank jr., William Dale Jen-
            nings, nach dem gleichnamigen Roman von William
            Dale Jennings
Kamera: Robert Surtees
Musik: John Williams
Darsteller: John Wayne, Roscoe Lee Brown, Bruce Dern, Colleen
            Deshurst, Slim Pickens

High Plains Drifter (Ein Fremder ohne Namen)
USA 1972
Regie: Clint Eastwood
Drehbuch: Ernest Tidyman
Kamera: Bruce Surtees
Musik: Dee Barton
Darsteller: Clint Eastwood, Verna Bloom, Mariana Hill, Mitchell
            Ryan, Jack Ging

Pat Garrett and Billy the Kid (Pat Garrett jagt Billy the Kid)
USA 1973
Regie: Sam Peckinpah
Drehbuch: Rudolph Wurlitzer
Kamera: John Coquillon
Musik: Bob Dylan
Darsteller: James Coburn, Kris Kristofferson, Bob Dylan,
            Richard Jaeckel, Katy Jurado

Blazing Saddles (Der wilde Westen, früher: Is' was, Sheriff?)
USA 1974
Regie: Mel Brooks
Drehbuch: Mel Brooks, Norman Steinberg, Andrew Bergmann,
           Richard Pryor, Alan Unger
Kamera: Joseph Biroc
Musik: John Morris
Darsteller: Cleavon Little, Gene Wilder, Slim Pickens, Harvey
           Korman, Mel Brooks

Il mio nome e Nessuno/Mon nom est Personne (Mein Name ist
Nobody)
Italien/Frankreich/BRD 1974
Regie: Tonino Valerii

Verna Bloom und Clint Eastwood in ›High Plains Drifter‹

Drehbuch: Ernesto Gastaldi, Sergio Leone
Kamera: Armando Nannuzzi
Darsteller: Terence Hill, Henry Fonda, Jean Martin, Remus
           Peets, Giuseppe Ruzzolini

The Shootist (Der Scharfschütze, auch: Der letzte Scharfschütze)
USA 1976
Regie: Don Siegel
Drehbuch: Miles Hood Swarthout, Scott Hale
Kamera: Bruce Surtees, Tom Del Ruth
Musik: Elmer Bernstein
Darsteller: John Wayne, Richard Boone, Lauren Bacall, James
           Stewart, Ron Howard

Breakheart Pass (Nevada Pass)
USA 1976
Regie: Tom Gries
Story: Alistair MacLean
Darsteller: Charles Bronson, Ben Johnson, Richard Crenna, Jill
           Ireland, Charles Durning

Rooster Cogburn (Mit Dynamit und frommen Sprüchen, auch:
Rooster Cogburn)
USA 1975
Regie: Stuart Miller
Drehbuch: Martin Julien
Kamera: Harry Stradling jr.
Musik: Laurence Rosenthal
Darsteller: John Wayne, Katharine Hepburn, Anthony Zerbe,
           Richard Jordan, John McIntire

The Outlaw Josey Wales (Der Texaner)
USA 1976
Regie: Clint Eastwood
Drehbuch: Phil Kaufman, Sonia Chernus
Kamera: Bruce Surtees
Musik: Jerry Fielding
Darsteller: Clint Eastwood, Chief Dan George, Sondra Locke,
           Bill McKinney, John Vernon

Bronson in ›Breakheart Pass‹

Bronco Billy (Bronco Billy)
USA 1980
Regie: Clint Eastwood
Drehbuch: Dennis Hackin
Kamera: David Worth
Musik: Snuff Garrett
Darsteller: Clint Eastwood, Sondra Locke, Geoffrey Lewis, Scat-
man Crothers, Bill McKinney

Long Riders (Long Riders)
USA 1980
Regie: Walter Hill
Drehbuch: James und Stacy Keach, Steven Phillip Smith
Kamera: Rick Waite
Musik: Ry Cooder

Darsteller: David Carradine, Keith Carradine, Robert Carradine, James Keach, Stacy Keach

Tom Horn (Ich, Tom Horn)
USA 1980
Regie: William Wiard
Drehbuch: Thomas McGuane, Bud Shrake
Kamera: John Alonzo
Musik: Ernest Gold
Darsteller: Steve McQueen, Richard Farnsworth, Linda Evans, Billy Green Bush, Slim Pickens

Heaven's Gate (Heaven's Gate)
USA 1980
Regie: Michael Cimino
Drehbuch: Michael Cimino
Kamera: Vilmos Zsigmond
Musik: David Mansfield
Darsteller: Kris Kristofferson, Isabelle Huppert, Christopher Walken, John Hurt, Jeff Bridges

Silverado (Silverado)
USA 1985
Regie: Lawrence Kasdan
Drehbuch: Lawrence Kasdan, Mark Kasdan
Kamera: John Bailey
Musik: Bruce Broughton
Darsteller: Kevin Kline, Scott Glenn, Rosanna Arquette, John Cleese, Kevin Costner, Brian Dennehy

Pale Rider (Pale Rider – Der namenlose Reiter)
USA 1985
Regie: Clint Eastwood
Drehbuch: Michael Butler, Dennis Shryack
Kamera: Bruce Surtees
Musik: Lennie Niehaus
Darsteller: Clint Eastwood, Michael Moriarty, Carrie Snodgress, Christopher Penn, Richard Dysart

Bibliographie

William K. Everson
A PICTORIAL HISTORY OF THE WESTERN FILM
Secaucus, New Jersey, 1969

Jay Hyams
THE LIFE AND TIMES OF THE WESTERN MOVIE
Bromley, Kent, 1983

Les Adams & Buck Rainey
SHOOT-EM-UPS
Metuchen, New Jersey, 1985

Peter Bogdanovich
JOHN FORD
London, 1967

Gerald Cole/Peter Williams
CLINT EASTWOOD
München, 1986

Michael Kerbel
HENRY FONDA
München, 1982

sowie zahlreiche andere Werke, Zeitschriften, Zeitungen und
persönliche Aufzeichnungen und Interviews

Register